W0064755

Marina Zwetajewa, neben Anna Achmatowa eine der größten russischen Dichterinnen dieses Jahrhunderts, veröffentlichte 1910 auf eigene Kosten ihren ersten Gedichtband, der ihr den Zugang zu Moskauer Literatenkreisen öffnete und ihr selbst das Gefühl gab, zur Dichterin bestimmt zu sein. Bei einem Aufenthalt auf der Krim lernte sie ihren späteren Mann Sergej Efron kennen, dem sie ihr ganzes Leben lang emotional verbunden blieb – trotz anderer Liebesbeziehungen und ihrer »Brief-Lieben« zu Rilke und Pasternak. Nach Krieg, Revolution und Bürgerkrieg entschloß sie sich denn auch ihrem Mann in die Emigration nach Berlin, Prag, später nach Paris zu folgen – eine Zeit der Mühsal und der Armut, da die ganze Last, ihre Familie zu erhalten, auf ihren Schultern lag. Als sie 1939 in die Sowjetunion zurückkehrte, war ihre Kraft erschöpft, und sie wählte 1941 den Freitod.

Elaine Feinstein, wohnhaft in London, begann Ende der sechziger Jahre mit der Übersetzung von Marina Zwetajewas Gedichten. 1975 reiste sie in die UdSSR, um Freunde der Dichterin aufzuspüren und für ihre Biographie zu interviewen. Sie veröffentlichte neun Romane und fünf Lyrikbände.

Elaine Feinstein

Marina
Zwetajewa

Eine Biographie

Aus dem Englischen
von Hans J. Schütz

Fischer Taschenbuch Verlag

Ungekürzte Ausgabe
Veröffentlicht im Fischer Taschenbuch Verlag GmbH,
Frankfurt am Main, Juli 1993

Lizenzausgabe mit freundlicher Genehmigung
der Frankfurter Verlagsanstalt GmbH, Frankfurt am Main
Originaltitel der bei Hutchinson, London, Melbourne, Auckland, Johannesburg
erschienenen Originalausgabe:
›A Captive Lion – The Life of Marina Tsvetayeva‹
© 1987 Elaine Feinstein
Für die deutsche Ausgabe:
© 1990 Frankfurter Verlagsanstalt, Frankfurt am Main
Umschlaggestaltung: Buchholz / Hinsch / Hensinger
Satz: Photosatz Reinhard Amann, Aichstetten
Druck und Bindung: Clausen & Bosse, Leck
Printed in Germany
ISBN 3-596-11284-2

Gedruckt auf chlor- und säurefreiem Papier

Für Arnold

Inhalt

Einleitung

Marina Zwetajewa
1914

Marina Zwetajewa ist eine der größten europäischen Dichterinnen dieses Jahrhunderts. Zu ihren Lebzeiten pries Boris Pasternak ihre Schöpferkraft als »golden, unvergleichlich«, und Anna Achmatowa zählte sie zu der erhabenen Schar von Ebenbürtigen, zu der auch Mandelstam gehörte. Nach ihrem Tod haben ihr so verschiedenartige Dichter wie Jewgenij Jewtuschenko und Josef Brodskij Anerkennung gezollt. Und doch nimmt sie erst allmählich im Westen den ihr gebührenden Platz ein. Die Jahre der Mißachtung haben ihre Ursachen ebenso in den Paradoxien ihrer Persönlichkeit wie in den Zufälligkeiten des Exils und der Isolation.

Seit jeher haben Dichter hingebungsvolle Diener angezogen, die sie in ihrer Weltfremdheit beschützten. Marina Zwetajewa, der dieses Glück nicht beschieden war, hat sich während des größten Teils ihres Lebens freiwillig der mühevollen Aufgabe unterzogen, ihre Familie zu ernähren. Trotz ihres leidenschaftlichen Wesens kannte sie in ihrem Leben keine tiefere Bindung als die an das eigene Blut. Und doch ist sie ihrer dichterischen Berufung nie untreu geworden. Ihren Mit-Emigranten, deren Selbstachtung darauf beruhte, mit dem hauszuhalten, was ihnen geblieben war, erschien ihr unpraktisches Naturell oft als zügellos. Sie begriffen die Ungeheuerlichkeit ihres Kampfes nicht.

Sie war keine rücksichtslose Frau, wenngleich ihre Tochter über sie schrieb: »Sie war imstande, alle Dinge ihrem Werk unterzuordnen. Ich betone: *alle*.«[1] Die meiste Zeit ihres Ehelebens mußte sie arbeiten und zugleich mit den Bedingungen unaufhörlicher Armut fertigwerden, eine Aufgabe, auf die ihre sorglose Kindheit sie nur wenig vorbereitet hatte. Als sie Boris

Pasternak in einem Brief tadelte, daß er durch Deutschland
reise, ohne seine Mutter zu besuchen, fügte sie ungläubig
hinzu: »Unter euch, Über-Menschen, war ich *nur* Mensch...
Ich selbst (meine Seele) war ich nur in meinen Heften und auf
einsamen Wegen (die selten waren), denn das ganze Leben habe
ich ein Kind an der Hand geführt.«[2] Zu diesen Kindern hätte sie
sehr wohl auch ihren Gatten zählen können.

Trotz ihrer Vitalität fand sie sich schließlich ohne Bitterkeit
damit ab, selber zu verehren, anstatt geliebt zu werden; vielleicht entschied sie sich sogar dafür. Eine Vorstellung davon,
was Liebe sein konnte, ergriff zum ersten Mal von ihr Besitz,
als man ihr als Kind Puschkins *Eugen Onegin* vorlas, und sie
sehnte sich nach einer ebenso verzehrenden und intensiven
Liebe. Ihre Freundschaft hatte eine Intensität, daß man, wie
Mark Slonim bemerkte, das Gefühl hatte, »einer einsamen,
nackten Seele«[3] zu begegnen, und es verwundert nicht, daß
manche davon abgeschreckt wurden. Andererseits bewahrte sie
jemandem, dem sie einmal Treue geschenkt hatte, diese ein Leben lang. Diese Hingabe war es, die sie trotz aller Schicksals-
schläge an ihrer langen Ehe festhalten ließ.

Obgleich sie immer mit den Großen ihrer Zeit im Briefwechsel stand, konnte sie diese kaum zu ihrem täglichen Umgang
rechnen. Nicht, daß sie diese Distanz für wünschenswert hielt,
im Gegenteil, sie brauchte die Gesellschaft von Freunden und
Kollegen, auch, wenn es beinahe unvermeidlich war, daß sie Wi-
derspruch erregte, was nicht nur ihrem exzentrischen Wesen
zuzuschreiben war.

Trotz ihrer Ablehnung des kommunistischen Regimes, war
sie den großen Dichtern der Sowjetunion gegenüber immer
loyal, denn sie, als wahre Dichterin, konnte an Ideologien kein
Interesse haben. Für sie war der Zustand des Schaffens ein
Zustand des Traumerlebens, »wenn du plötzlich, einer unbekannten Notwendigkeit gehorchend, ein Haus anzündest oder
deinen Freund von einem Berg stößt«.[4] Doch im politischen

Kontext der 30er Jahre wurden solche hochfliegenden Ansichten mißdeutet; auch ohne die anderen Umstände mußte man ihr in der Emigration mißtrauen.

Nach ihrem Gefühl war nur Prag eine Stadt gewesen, die von intensivem, wenn auch quälendem Reiz erfüllt war. Schon 1926 schrieb sie aus Paris an Anna Tesková, wie sehr sie sich danach sehne, dorthin zurückzukehren und wie ein menschliches Wesen zu leben: »Ich habe nicht wie ein Mensch gelebt, und ich bin es leid, so zu leben. Ich habe es schon jetzt satt.«[5] Sie schrieb, sie wünsche sich, einen Platz mitten in der Stadt zu finden, der es ihr ermögliche, Konzerte und Ausstellungen zu besuchen, ohne durch die Verantwortung für ihre Kinder gänzlich eingeschränkt zu sein.

Doch es war so, daß ihr ganzes Leben eine unerbittliche Bewegung in die Isolation an den Peripherien war – von Moskau ins Exil, dann von der Stadt in die Vorstädte, wo, weit vom Mittelpunkt des Geschehens, die Plackerei des Alltagslebens noch schwerer erträglich war. Sie spürte die Gefährlichkeit solcher Situationen für ihr psychisches Überleben, weshalb sie auch verzweifelt versuchte, nicht in einem Dorf außerhalb Moskaus isoliert zu werden, als sie in die Sowjetunion zurückkehrte. Um so mehr begreift man ihre endgültige Einsamkeit, die sie 1941 in der kleinen Stadt Jelabuga umfing, dem Ort, der ihr zur letzten Prüfung bestimmt war.

Vor zwanzig Jahren habe ich begonnen, Marinas Gedichte zu übersetzen (sie erschienen schließlich 1971 als *Selected Poems of Marina Zwetajewa* bei der Oxford University Press); und in dieser Zeit habe ich begriffen, was es war, das mich an ihr so anzog. Ein Werk wie das der Zwetajewa gibt es in der englischen Literatur nicht. Es ist nicht nur die Leidenschaftlichkeit ihrer Empfindungen oder die Heftigkeit ihres Ausdrucks, sondern ihr außerordentlicher Mut zur Menschlichkeit und ihre Aufrichtigkeit. Als ich mehr über ihr Leben erfuhr, war ich beeindruckt von der Kraft, die dieses Werk überhaupt erst möglich gemacht hatte.

1975 übernahm ich erstmals einen Auftrag, eine Biographie über Marina Zwetajewa zu schreiben. Bevor ich im Herbst jenes Jahres nach Moskau fuhr, sorgten zwei glückliche Zufälle dafür, daß sich mir mehrere wichtige Türen öffneten.

Während eines Essens im Churchill College erfuhr Jewgenij Jewtuschenko, daß in Cambridge eine Zwetajewa-Übersetzerin lebte. Später am Abend machte er mir einen Besuch. Wir sprachen die ganze Nacht über die Zwetajewa und über ihre letzten Wochen in Jelabuga, und als ich in Moskau eintraf, tat er alles, um mir behilflich zu sein. Darüber hinaus hatte Mascha Enzensberger, damals Fellow des King's College, Cambridge, dafür gesorgt, daß ich während meines Aufenthaltes mit ihrer Mutter, der Dichterin Margarita Aliger, zusammentreffen konnte. Durch deren Vermittlung war ich in der Lage, mit einigen Leuten (in erster Linie Viktoria Schweitzer) Kontakt aufzunehmen, die bei der Publikation des Werks von Marina Zwetajewa in der Sowjetunion geholfen hatten; und ich konnte auch mit Leuten sprechen, die, wie Pawel Antokolski, Marina Zwetajewa zur Zeit der Revolution und nach ihrer Rückkehr in die Sowjetunion gekannt hatten.

In Frau Aligers Wohnung lernte ich in Viktoria Schweitzer eine eindrucksvolle und kenntnisreiche Frau kennen, und ich befragte sie ausgiebig, besonders nach dem Charakter von Zwetajewas Gatten Sergej Efron. (Unglücklicherweise war Marinas Tochter Ariadna nur wenige Wochen vor meiner Ankunft verstorben.)

Pawel Antokolski war weniger zugänglich. Er war früher offenbar ein gutaussehender Mann gewesen und verwandte noch immer viel Mühe auf die Pflege seiner Haare und seines Schnurrbartes, doch seine Augenlider waren bräunlich und unter den Augen hatte er dicke Tränensäcke. Aber sein Erinnerungsvermögen war besser als er behauptete, und er erzählte anschaulich, wie sich Marinas Auftreten nach ihrer Rückkehr nach Moskau verändert hatte.

Es erwies sich als sehr nützlich, daß Frau Aliger mir die Pariser Adresse von Konstantin Rodzewitsch geben konnte, dem Helden von Zwetajewas »Poem vom Ende«. Im Frühling 1976 besuchte ich ihn in seiner Pariser Wohnung, und er erzählte mir sehr bereitwillig von seiner Beziehung zu Marina in Prag und Paris. Er beantwortete alle meine Fragen mit großem Charme und Entgegenkommen und zeigte großen Schmerz, als er eine Photographie von Marinas Sohn Georgi (der unter seinem Kosenamen »Mur« besser bekannt war) betrachtete, der während des Zweiten Weltkrieges im Knabenalter gestorben war. Später, nachdem ich viele alte Freunde Marinas getroffen hatte, die schroff von dem Jungen sprachen und mit einiger Schärfe über ihn schrieben, wunderte ich mich über die Tränen von Rodzewitsch.

Bei meinem zweiten Moskau-Besuch 1978 stellte mir Frau Aliger ihr Auto zur Verfügung, und ich konnte den Ort besichtigen, wo früher in Marinas Kindheit das Haus in der Straße der Drei Teiche gestanden hatte, sowie auch die Wohnung in der Boris-und-Gleb-Straße, in der Marina zuerst als jungverheiratete Frau und später während der Hungersnot und des Bürgerkrieges gewohnt hatte.

Zwei weitere Zufälle brachten mich mit Leuten in Verbindung, die Marina persönlich gekannt hatten. Anna Kallin, eine Schulfreundin Zwetajewas, schrieb mir und lud mich zum Tee ein, nachdem sie eine Rundfunksendung von mir gehört hatte. Sie wohnte damals bei Salomea Halpern (früher Prinzessin Andronikowa und die »Solominka« aus Mandelstams Gedichten). Die zwei Frauen beeindruckten mich außerordentlich, und ich wußte nicht, ob ich es wagen durfte, sie mit den zudringlichen Fragen zu belästigen, die ich stellen mußte. Bald darauf machte ich jedenfalls die Bekanntschaft einer weiteren russischen Emigrantin, Vera Traill (früher Suwtschinski). Sie war mit schweren Verbrennungen in das Addenbrooke-Krankenhaus in Cambridge eingeliefert worden, und im Laufe der folgenden Jahre besuchte ich sie oft. Vera, eine geistreiche, kluge Frau mit einem enormen Erinnerungsvermögen, vermittelte mir faszinierende Einblicke in das Leben der russischen Kolonie in Paris während der 20er und 30er Jahre, als Salomea Halpern, der Kritiker D. P. Mirski (Fürst Swjatopolk) und Marina Zwetajewa und ihre Familie dort lebten. Daneben erwies sie sich als unschätzbare Hilfe bei der Korrespondenz mit Salomea Halpern und anderen, denen sie in meinem Auftrag eine Reihe taktloser Fragen über Marina Zwetajewas Verhalten stellte.

Ich hatte das große Glück, daß mich die Slawisten außerordentlich unterstützten, und ich möchte ihnen für die ungeheuren Mühen danken, die sie mit außerordentlicher Hilfsbereitschaft auf sich nahmen. Mein Dank gilt besonders Angela Livingstone und Simon Franklin, Dozent für Russisch an der Universität Cambridge; Richard Davies, Bibliothekar in der Russischen Sammlung der Universität Leeds, Jana Howlett, Dozentin für Russisch an der Universität Cambridge, Patrick Miles, Fellow von Gonville und Caius College, Cambridge, Bernard Comrie und Natascha Franklin. Ihre jeweiligen Beiträge sind in der Danksagung aufgezählt.

Schließlich möchte ich darauf hinweisen, daß mit diesem Buch keine kritische Analyse von Marina Zwetajewas Lyrik beabsichtigt wird, ausgenommen in Fällen, wo sich dieses unmittelbar aus dem Lebenszusammenhang ergibt. In der Auswahlbibliographie empfehle ich zahlreiche Bücher, die sich mit ihrem sprachlichen Reichtum befassen und sie in den Zusammenhang mit der russischen Lyrik ihrer Zeit stellen.

Auch bin ich mir sehr wohl des Mißtrauens bewußt, das russische Emigranten in den Vereinigten Staaten gegenüber in der Sowjetunion veröffentlichten Erinnerungen von Zwetajewa hegen, in denen notwendigerweise jene Fakten ausgespart sind, welche im Gegensatz zur Sowjetideologie stehen: ich hoffe gegen diese Art von Beschönigung gefeit zu sein. Da Marinas Kindheit von ihrer Schwester Anastassja anders geschildert wird als von Marina selbst, waren Abgrenzungen notwendig. Ich habe mich dafür entschieden, im Falle von Diskrepanzen, Marinas Darstellung der Ereignisse zu folgen, nicht weil sie genauer ist, sondern weil meine persönliche Anteilnahme mich dazu geführt hat, ihr Leben nach Möglichkeit mit ihren Augen zu sehen.

TEIL I
RUSSLAND

1
»Die Kindheit ist die Geschichte meiner Wahrheiten«
1892 - 1907

Marina Zwetajewas Eltern
Maria Alexandrowna Zwetajewa
und Iwan Wladimirowitsch Zwetajew

Die beherrschende Erscheinung in Marina Zwetajewas Kindheit war die ihrer Mutter, Maria Alexandrowna, die die meiste Kraft ihres kurzen Lebens der Erziehung ihrer ältesten Tochter widmete. Es war etwas Tyrannisches in der Intensität ihrer Zuwendung; und diese Intensität vererbte sie ihrer Tochter: »Nach so einer Mutter blieb mir nur eins: Dichter zu werden.«[6]

Wer nur einen Blick auf das sanfte Antlitz der einundzwanzigjährigen Maria Alexandrowna warf, konnte diese Intensität leicht übersehen, und Professor Iwan Wladimirowitsch Zwetajew ging es bestimmt so. Als Maria Alexandrowna heiratete, dürfte sie sich nicht viele Illusionen gemacht haben. Zwetajew war fünfundvierzig Jahre alt, eine grauhaarige, leicht gebückte Erscheinung mit Goldbrille und immer etwas zerstreut. Seine erste Frau und Mutter seiner beiden Kinder war vor weniger als einem Jahr gestorben. Es war keine Liebesheirat, doch da der Mann, den Maria Alexandrowna immer noch liebte, von seiner Frau getrennt lebte, die die Scheidung verweigerte, hatte sie die Hoffnung auf eine leidenschaftliche Liebe bereits aufgegeben und erhoffte sich von der Heirat mit Zwetajew lediglich ein wenig Verständnis und Zuneigung.

Doch auch in diesem Punkt unterlag sie einem schweren Irrtum. Zwetajew hatte seine erste Frau, Warwara Dmitriewna, tief geliebt, und diese Liebe hatte überall ihre Zeichen hinterlassen. Warwara Dmitriewna war eine Frau von außergewöhnlicher Schönheit gewesen, die in früheren Jahren in Neapel Gesang studiert hatte. In ihrer Liebe zur Musik ähnelten sich die beiden Frauen ohne Zweifel, doch Warwara Dmitriewna verfügte lediglich über ein mittelmäßiges Talent zum Gesang, während Maria Alexandrowna eine hervorragende Pianistin

war, die von einem Schüler Nikolai Rubinsteins unterrichtet
worden war. Ihr Talent erschöpfte sich nicht im Musizieren für
den Hausgebrauch; sie brachte dazu Leidenschaft und Disziplin
mit. Es war für ihre Ehe sicher nicht fördernd, als sich herausstellte, daß Zwetajew überhaupt kein Gehör für Musik hatte.

Iwan Wladimirowitsch Zwetajew war Professor an der Moskauer Universität, zuerst für römische Literatur, dann für
Kunstgeschichte und Direktor des Rumjanzew-Museums.
Diese Stellungen sicherten seiner ganzen Familie ein sorgen-
freies Leben, obwohl sein Vater ein Pfarrer in dem Dorf Taliza
gewesen war und er und seine Brüder in außerordentlicher Armut aufwuchsen.

Trotz seiner Zuneigung zu den Schönen Künsten verrät
das Gesicht des Professors Zwetajew in mittleren Jahren eine
törichte Robustheit. Für jemanden, der Extravaganzen verab-
scheute, war es erstaunlich, daß er einen Künstler beauftragte,
ein Porträt seiner toten Gattin zu malen, ohne daß er darüber
nachdachte, daß seine neue Frau vielleicht Schmerz darüber
empfinden könnte. In ihrem Tagebuch tadelte sich Maria Alexandrowna traurig wegen ihrer Eifersucht: »Eifersüchtig auf
wen? Auf die armseligen Gebeine auf dem Friedhof?« Und doch
war sie eifersüchtig und schon bald tief unglücklich. Als das
Porträt fertig war, wurde es hoch an der golden und weiß tape-
zierten Wand des Salons aufgehängt, wo es den Raum mit der
Präsenz der toten Schönheit erfüllte. Immerhin war das Haus
ein Teil von Warwara Dmitrijewnas Mitgift gewesen: ein einge-
schossiges Holzhaus in der Straße der Drei Teiche Nr. 8, mit sieben großen Fenstern und einer Silberpappel am Eingang. Im
Inneren gab es einen schönen Ballsaal, wo auf einem glattge-
bohnerten Parkettfußboden das Klavier stand. In Marinas frühesten Gedichten war es ein »fabelhaftes, ein wunderbares
Haus«.[7]

Maria Alexandrowna war von ihrem Vater keineswegs ver-
wöhnt worden, doch das Wesen ihres Gatten empfand sie als be-

drückend. Sie fand es auch schwierig, mit der Abneigung ihrer
Stieftochter Valeria fertigzuwerden, die mit ihren neun Jahren
nur zwölf Jahre jünger war als sie selbst. (Andrej, der Sohn aus
erster Ehe, paßte sich leichter an.) Und als Maria Alexandrowna 1892 schwanger wurde, konzentrierte sich ihr ganzes
Bedürfnis nach Liebe auf das Kind, das sie trug und das, wie sie
beschloß, ein Sohn sein mußte.

Marina Iwanowna wurde nach alter Zeitrechnung am 26.
September 1892 geboren.*

Sie war nicht der lange erwartete Sohn, doch sie zeigte früh
Anzeichen hoher Intelligenz. Maria Alexandrownas Einsamkeit veranlaßte sie bald, dieses erste Kind wie eine erwachsene
Freundin zu behandeln. Das großäugige kleine Mädchen nahm
alles, was man ihm beibrachte, als ganz natürlich hin. Halb
begriffene Andeutungen blieben Marina ihr Leben lang leben-
dig – zum Beispiel die Überzeugung, daß das alltägliche Leben
allem Heiligen feindlich sei, so wie die Notwendigkeit, anzuer-
kennen, daß das Talent, wie der Sinn für Musik, von Gott
stammte.

Einige Lektionen waren sonderbarer. Als Marina vier Jahre
alt war, zeigte man ihr ein Bild, das im Schlafzimmer ihrer
Mutter hing, auf dem das Duell dargestellt war, in dem Puschkin von d'Anthes getötet wurde. Die kleinen schwarzen, krake-
ligen Bäume und daneben die zwei Gestalten, die den Dichter
zu einem Schlitten geleiteten, blieben Marina im Gedächtnis.
Ihre Mutter erzählte ihr nie, daß Puschkins Frau, die berühmte
Schönheit Gontscharowa, der Anlaß für das Duell gewesen
war; das Kind verwandelte das Duell in einen Mythos, der aus
nur zwei Figuren bestand, dem Dichter und seinem Mörder.

Maria Alexandrowna fand die Geschichte aufregend und erwartete, daß Marina sich den großen Dichter vorstellte, der,
zwischen den Schneewehen an seinen Wunden sterbend, den-

---

* Oder nach dem Gregorianischen Kalender, wie er jetzt gebräuchlich ist, am
9. Oktober 1892. Marina zog ihr Leben lang den Julianischen Kalender vor.

noch nicht auf seinen Gegenschuß verzichtete: »Zielte, traf
und sagte noch zu sich: ›Bravo!‹«.[8] Die Lektion hatte mehr mit
Stolz und Leidenschaft zu tun als mit christlichem Glauben,
und Marina behielt sie ein Leben lang im Gedächtnis. Es war,
als fließe das schwarze und weiße Bild in das Schlafzimmer ihrer Mutter hinein, das in Marinas Erinnerung ohne jede Farbe
war. Es gab nur ein schwarz-weißes Fenster, draußen die
Bäume, ihre Mutter und die furchteinflößende Schneeszene an
der Wand.

Alle Bilder im Haus in der Straße der Drei Teiche, an die Marina sich erinnerte (zwei Mordszenen und eine Geistererschei-
nung), waren in gewisser Weise furchteinflößend. Sie waren,
wie Marina vierzig Jahre später schrieb, »eine hervorragende
Vorschule für das beklemmende Zeitalter«[9], das sie erwartete.

Wie sie alles begriff, so verstand Marina auch, daß sie sich
von anderen Kindern unterschied und nach anderen Maßstä-
ben beurteilt werden würde. Man legte keinen Wert darauf, daß
sich eine Tochter aus gutem Haus gewöhnliche häusliche Fer-
tigkeiten aneignete. Irgendwo in dieser Mischung aus Privile-
gien und außergewöhnlichem Druck liegen die Keime von Marinas Weltfremdheit.

Es war nicht Maria Alexandrownas Absicht, aus ihrer Tochter eine Dichterin zu machen. Im Gegenteil: Sie war entschlossen, sie zu der Konzertpianistin zu erziehen, die zu werden ihr
selbst nicht gelungen war. Der Druck hatte einen Anstrich von
Grausamkeit, von der ihr nächstes Kind, Anastassja (Assja), die
zwei Jahre später geboren wurde, verschont blieb. Der Grund
lag darin, daß Maria Alexandrowna keinen Nutzen darin sah,
das begrenzte Talent ihrer jüngeren Tochter zu forcieren:
»Naja, der ganze Iwan Wladimirowitsch«, sagte sie mit trauriger Resignation, als sie hörte, wie Assja versuchte, richtig zu
singen. Sie wurde nicht dafür bestraft, daß ihr Gaben fehlten,
die Marina im Überfluß besaß. Mit ihr ging sie viel nachsichti-
ger um.[10] Das machte Marina ärgerlich. Nur sie sollte glänzen,

so schien es; Anastassja wurde ohne diesen Anspruch geliebt. Es war eine Ungerechtigkeit, welche das Verhältnis der beiden Schwestern komplizierte. Anastassja bewunderte ihre Schwester und überließ sich in allem ihrer Führung, doch Marina behandelte sie immer mit Ungeduld und manchmal mit Feindseligkeit. Sie beneidete Anastassja um die Bestätigung, die sie mit ihrem sanfteren Wesen fand, doch sie konnte ihr darin nicht nacheifern. Und ihrer mächtigen Mutter konnte sie schon gar nicht entkommen.

Die Erbarmungslosigkeit, mit der ihre Mutter sie ans Klavier trieb, blieb eine der bittersten Kindheitserinnerungen Marinas (in späteren Jahren empfand sie es als reine Erlösung, kein Metronom mehr hören zu müssen), obwohl sie die gelben Tasten des Becker-Klaviers und die Musik, die ihre Mutter spielte, liebte. Besonders gern saß sie mit ihrer Schwester unter dem Klavier wie in einer Unterwasserwelt: Unter Wasser nicht nur, weil die Musik über sie hinwegströmte, sondern weil sich die Palmen und Philodendren im glänzenden Holz des Klaviers wie in einem schwarzen See spiegelten und der Parkettfußboden ein Wassergrund wurde mit grünem Licht auf Gesichtern und Händen und richtigen Wurzeln, die die Kinder mit den Fingern berühren konnten, und wo sich lautlos die Pedale und die Füße der Mutter bewegten.

Obwohl Marina jeden Tag zwei Stunden lang übte, ohne zu klagen, erkannte ihre Mutter schnell, daß es dem Kind an ihrer eigenen Begeisterung fehlte. Diese Erkenntnis enttäuschte sie, schreckte sie aber nicht ab. Sie rügte Marina deswegen: »Mich, als ich vier war, hat man vom Klavier nicht weggekriegt! ›Noch ein wenig!‹* Wenn du mich doch einmal, einmal – darum bitten würdest.«[11] Marina tat es nie. Obwohl sie in ihrer Frühreife die Bedingungen begriff, unter denen man sie lieben würde, mochte sie kein Vergnügen vortäuschen, das sie nicht empfand.

* Im Original deutsch [A. d. Ü.]

Was sie neben der starken Liebe ihrer Mutter zum Klavier in sich aufnahm, war der Zusammenhang zwischen Kunst und Kult. Sie lernte das Klavier als einen heiligen Gegenstand anzusehen, auf dem nichts abgelegt werden durfte – auf keinen Fall Zeitungen. Das machte Maria Alexandrowna jeden Morgen mit der unbestimmten, erhabenen Ausdauer einer Märtyrerin wortlos klar, wenn Marinas Vater nichtsahnend die Zeitung dort ablegte. Marina erinnerte sich an die Geste der Mutter, und als sie viel älter war, rief sie sich die spiegelgleiche absolute Sauberkeit und Schwärze des Klaviers ins Gedächtnis und stellte ihr das unordentliche Rascheln der väterlichen Zeitungen gegenüber. Daraus zog sie mit großer Klarheit für ihr restliches Leben den Schluß, daß Zeitungen etwas Unreines seien und zu einer Welt gehörten, die ihr feindlich gesonnen war.

Obwohl es Gouvernanten gab, erhielt Marina den größten Teil ihres Unterrichts in den frühen Jahren durch ihre Mutter. (Ihr Halbbruder Andrej bekam als junger Mann Hauslehrer, die größere pädagogische Fähigkeiten hatten.) Es überrascht nicht, daß sich Marina weder an die Gouvernanten noch an die Kindermädchen, die sich um sie kümmerten, klar erinnerte. Sie alle wurden durch die zentrale Bedeutung verdrängt, die ihre Mutter für sie hatte. Selbst ihr lebenslanges Interesse an Märchen und Sagen wurde in erster Linie durch das Vorlesen der Mutter und weniger durch das traditionelle Geschichtenerzählen der fröhlichen bäuerlichen Kindermädchen geweckt. Meistens war Marina selbst die Geschichtenerzählerin, sie hatte Spaß an ihrer Fähigkeit, gespannte Aufmerksamkeit zu erregen und die Zuhörer zu beeindrucken, wenn es ihr auch nie gelang, auf ihre Mutter Eindruck zu machen.

Als Marina sechs Jahre alt war und auf die Musikschule von Madame Sograf-Plaxina nach Moskau geschickt wurde, hatte sie ein festes, rundes Gesicht, wenngleich man bereits um den Mund einen Zug von Eigensinn erkennen konnte, der ihrer Schwester Anastassja fehlte. (Von den beiden Schwestern hatte

Anastassja das schmale Gesicht und die scharfen Züge ihrer Mutter geerbt.) Marina war auch körperlich ein kräftiges Kind und in der Lage, es mit Andrej aufzunehmen, obgleich er zwei Jahre älter war als sie.

Einmal las die Mutter den Kindern die Geschichte von zwei Jungen vor, die von zu Hause fortliefen, um eine Prinzessin im Grünen zu suchen. Keiner von beiden fand sie, doch den Jungen, der nicht so weit gelaufen war, überkam ein sonderbares Wohlgefühl.

Als die Mutter geendet hatte, fragte sie: »Na, Kinder, wer war denn diese Königstochter im Grünen?« Andrej antwortete gleichmütig: »Woher soll ich das wissen?«, während Anastassja zögerte. Marina war mit ihrer Antwort schnell bei der Hand: »Das war die *Natur*.« Und obgleich nicht eindeutig klar ist, ob diese Antwort richtig war, wurde sie diesmal dafür belohnt, daß sie ein kluges Mädchen gewesen war. Dieses Lob war ungewöhnlich, denn Marinas frühe und instinktive Liebe zur Literatur wurde von ihrer Mutter mißbilligt. Sie war verärgert, als sie merkte, um wie vieles klüger Marina war als die anderen Kinder. »Und warum bist *du* es immer, die alles weiß, wenn ich doch *euch allen* vorlese?«[12] Maria Alexandrowna spürte schon sehr früh, daß eine rivalisierende Leidenschaft Marina von der Musik ablenken würde; als sie also entdeckte, daß Marina Bücher für Erwachsene las, nahm sie ihr diese mit unentschuldbarer Grausamkeit weg und machte sich über die ersten Gedichte lustig, die Marina ihr zeigte. Ihr Widerwillen gegen jegliches Interesse dieser Art nahm schon fast pathologische Züge an und veranlaßte sie, das Notizbuch zu vernichten, in das Marina ihre Verse geschrieben hatte.

Zum Glück hatte Valeria, Marinas zwölf Jahre ältere Halbschwester, Freude an der russischen Literatur, und auf diese Weise bekam Marina Zugang zu Gogols *Toten Seelen* und verschlang begierig Puschkins *Die Zigeuner*. In Valerias Zimmer wuchs der ganze Baum der Erkenntnis; ein Bücherschrank mit

verbotenen Früchten, die um so süßer waren, als man sie nicht
genießen durfte. Auch eine Welt weiblicher Sexualität lag unter
Valerias grünem venezianischen Spiegel: Kosmetika und Sil-
berpillen gegen Menstruationsbeschwerden ließen bedrük-
kende Geheimnisse ahnen.

Zwischen Marina und Valeria entwickelte sich ein unerlaub-
tes Bündnis, das sowohl in der Fehde des älteren Mädchens mit
seiner Stiefmutter wie in der Zuneigung der Halbschwester
seine Wurzeln hatte. Im Schlafzimmer ihrer Halbschwester erschien Marina die erotische Version eines doppeltgeschlechtli-
chen Kindheitsteufels, der alle mächtigen Kräfte der Triebwelt
ahnen ließ, die Marinas Mutter verleugnete. Das war ein weiterer Faden in dem Netz von Spannungen, das über Marinas
Kindheit lag.

Andere erwuchsen aus der Persönlichkeit von Dmitri Iwanowitsch Ilowajski, Valerias und Andrejs Großvater, einem mürri-
schen und beängstigenden Mann mit überaus reaktionären Ansichten und leidenschaftlichem Antisemiten. In Erinnerung an
sein Haus am Alten Pimen schrieb Marina viele Jahre später
von einem Ort, »wo alles starb, außer dem Tod. Außer dem Alter. Alles: Schönheit, Jugend, Anmut, Leben.«[13] Ironischerweise sollte sie von dieser Seite ihrer ausgedehnten Familie die
erste Ermutigung erfahren, weiterzuschreiben, und zwar durch
Sergej, dem jungen Sohn des Historikers.

Ilowajski war ein unerbittlicher Mann, nicht nur in seinen
politischen Ansichten. Die Tuberkulose, die alle seine Kinder
ergriff und schließlich tötete, konnte ihm nichts anhaben; er
lebte in einem kalten Haus bei geöffneten Fenstern und lehnte
es stets ab, eine Kutsche zu benutzen, selbst im hohen Alter. In
seiner Langlebigkeit lag etwas Monströses.

Wenn er in das Haus der Zwetajews kam, brachte er nur für
Andrej Goldmünzen mit. Er hatte weder Interesse an Mädchen
noch an den Kindern von Zwetajews zweiter Frau und machte
sich nicht einmal die Mühe, sich ihre Gesichter zu merken, um

sie korrekt mit ihren Namen ansprechen zu können. Maria Alexandrowna nahm die Münzen feierlich entgegen und gab sie ihrem Stiefsohn. Doch wenn er sie nahm, bestand sie darauf, daß er sich die Hände schrubbte, weil »alles Geld Schmutz« sei.

In der Unterhaltung im Haus der Ilowajskis, die zumeist aus Kartenspielen bestand, dominierte der furchteinflößende alte Mann. Maria Alexandrowna hatte daran kein Interesse und suchte das Haus so selten wie möglich auf. Manchmal drängte sie ihr Gatte dazu und sagte: »Du warst schon einen ganzen Monat nicht mehr da... überwinde dich, Herzchen.«[14] Obwohl sie mit ihren Kindern nie über die Lebensweise Ilowajskis sprach, war sie über dessen unmenschliche Kälte entsetzt. Ihr mißfiel der selbstgerechte Haß des alten Mannes auf alle Minderheiten. Sie war sich ihrer deutschen Wurzeln bewußt (ihr Vater war Baltendeutscher), liebte Heinrich Heine und bewunderte Rubinstein. In ihren Augen gab es »weder Griechen noch Juden«. Dieses Verständnis, zusammen mit der Liebe zu dem Reichtum der deutschen Sprache, erbte Marina von ihrer Mutter. Das war ein Bereich des Lebens ihrer Mutter, den sie mit ihr teilen durfte.

Im Gegensatz zu so viel familiärer Härte war Marinas Großvater, Alexander Danilowitsch Meyn, ein fröhlicher, geschäftiger Mann, der, immer wenn er das Haus der Zwetajews besuchte, Geschenke mitbrachte. Das Milieu, dem dieser wohlhabende Balte entstammte, spielte bei Marinas Entwicklung eine wichtige Rolle. Nur wenig später als Russisch lernte sie Deutsch lesen und schreiben und könnte, ebenso wie Mandelstam geschrieben haben: »So lernen wir denn Ernst und Ehre leichter / Im Westen dort, in fremder Kumpanei.«[*]

Obgleich Maria Alexandrowna Marina oft mit ungeduldigem Unmut behandelte, hatten sie ein Vergnügen gemeinsam – eine Leidenschaft für Sprachspiele –, die die übrigen Familien-

---

[*] Aus Mandelstams Gedicht »An die deutsche Sprache«. Zitiert nach »Mitternacht in Moskau« (Zürich 1986). Deutsch von Ralph Dutli.

mitglieder nicht teilten. Was immer ihre Mutter sie fragte, in ihren Antworten suchte Marina nach Reimen, als liege in der Art, wie Worte sich aufeinander reimten, eine geheimnisvolle Bedeutung; und ihre Mutter antwortete ernst, beanstandete manchmal die Genauigkeit des Reims, ließ sie jedoch gewähren. Das Kind orientierte sich mehr an Wort-Assoziationen als an der Etymologie; als man es nach der Bedeutung von »roter Karfunkel« fragte, verfiel es auf »rote Flasche«, weil ihm die Ähnlichkeit mit *Karaffe* und *funkeln* ins Auge stach, und es wurde durch die verständnisvolle Zustimmung belohnt, der Bedeutung zumindest nahegekommen zu sein. Wie aber erklärt sich bei dieser Übereinstimmung die Boshaftigkeit, ja der Triumph, wenn Marinas Mutter beweisen konnte, daß ihre Tochter die Welt der Erwachsenen nicht verstehen konnte? Sie verspottete die leidenschaftliche Antwort der Sechsjährigen auf ein Zitat aus Puschkins *Eugen Onegin*: »Du hast doch nichts verstanden! Oder hast du etwas verstanden?«[15] Marina spürte, daß die Feindseligkeit tiefere Gründe hatte, als die Enttäuschung der Mutter über ihr Geschlecht.

Ein Jahr nach der Geburt ihres ersten Kindes traf Maria Alexandrowna rein zufällig bei einer Vorlesung von Professor Zwetajew mit dem Mann zusammen, den sie einmal geliebt hatte. Als er sich höflich nach ihrem Befinden erkundigte, antwortete sie: »Meine Tochter ist ein Jahr alt. Sie ist sehr groß und intelligent. Ich bin vollkommen glücklich.« Das war eine tapfere Lüge für eine junge Frau, die einen älteren Witwer geheiratet hatte, der seine tote Frau immer noch liebte.

Als Marina vier Jahrzehnte später diesen Vorfall beschrieb, bemerkte sie dazu: »O Gott, wie muß sie mich, das kräftige und kluge Mädchen, in diesem Augenblick gehaßt haben, weil ich nicht *sein* Kind war!«[16]

Ihr unterdrücktes Unglück war ein Grund ihrer Feindseligkeit gegenüber ihrer Tochter, aber es war mehr als das. Eine alte ukrainische Volkserzählung, die Marina liebte, erzählt von einem jungen Mädchen, das bei Nacht in eine Kirche geht und dort eine unnatürlich stille Versammlung vorfindet. Plötzlich spürt sie, wie jemand ihre Schulter packt. Es ist ihre tote Taufpatin, die ihr den sonderbaren Rat gibt, davonzulaufen, ehe ihre Mutter (die ebenfalls tot ist) sie sehe und in Stücke reiße. Das entsetzte Mädchen ergreift die Flucht, die Mutter dicht auf den Fersen. Aber warum hatte die Mutter ihre Zähne geschärft und seit dem Tage ihres Todes auf die Gelegenheit gewartet, ihre Tochter zu verspeisen?

In ihrem späteren Leben begriff Marina, daß es sich um Neid handelte. Natürlich bedeutet jede Tochter eine Rivalin für die Mutter, doch Maria Alexandrownas Ambitionen und Wünsche waren so gründlich durchkreuzt worden, daß ihre Eifersucht der einer toten Frau auf eine noch lebende glich, zusammen mit der grausamen Erkenntnis, daß sie keine Chance mehr hatte, zu leben.

Professor Zwetajew war oft unterwegs, und das Haus in der Straße der Drei Teiche war immer wieder für lange Zeit ein Haus der Frauen. Bedenkt man, daß Valeria manchmal die Rolle der Beschützerin spielte und ihre Mutter Marina abwechselnd ermutigte und zügelte, ist es nicht verwunderlich, daß sie sich im späteren Leben höchst erfolgreich Frauen zuwandte, um enge Freundschaften aufzubauen. Es überrascht auch nicht, daß sie einen fast erotischen Reiz in der Vorstellung fand, von altgläubigen Nonnen entführt zu werden, die in einem Kloster in der Nähe des Landhauses der Familie in Tarussa lebten.

Die Familie Zwetajew verbrachte die Sommer in Tarussa, einer kleinen Stadt an der Oka, nicht weit von Moskau, in der Provinz Kaluga. Es war eine stille Stadt, von Wäldern umgeben und weitab von der Eisenbahn, mit ausgedehnten Feldern zu beiden Seiten des Flusses. In Marinas Kindheit waren die meisten Häuser einstöckige hölzerne Datschen, die umgeben waren von Gärten voller dicht gepflanzter Apfel- und Kirschbäume. In den Straßen und Höfen wimmelte es von Hähnen,

Hennen, Gänsen und Küken. Der Ort war dem städtischen Leben zwar gänzlich entrückt, lag aber in einer anspruchslosen
Landschaft, die weder die Majestät des Kaukasus noch die Üppigkeit Georgiens aufwies.

Das Haus der Zwetajews in Tarussa hatte einen großen Garten oder besser, mehrere Gärten. Im alten Obstgarten gab es
Apfelbäume, die man hatte verwildern lassen; diese Äpfel verschenkten die Zwetajews. Doch es gab auch noch andere Gärten
voller Früchte, die im Sommer alle auf einmal reiften: Erdbeeren, Kirschen, Johannisbeeren und Holunderbeeren. In einer
Erzählung über die »Kirillstöchter«, einer Gruppe altgläubiger
Nonnen, die im Dorf lebten und Marina sehr zugetan waren,
rief sie sich die Röte und unerlaubte Süße dieser Beeren in Erinnerung. Die Nonnen hatten die Mädchen so gern, daß sie Marina und ihre Schwester mit Erdbeeren fütterten, sobald
die Mutter ihnen den Rücken zugedreht hatte. Sie begriffen
sehr gut, daß diese die Gefräßigkeit nie gutgeheißen hätte –
Maria Alexandrownas Blicke hatten es ihnen und den Kindern
unmißverständlich klargemacht – doch weiterhin nahmen sie
Beeren aus ihren Sieben und stopften sie in die dreisten, hungrigen Münder der Kinder.

Marina erinnerte sich sehnsuchtsvoll an die spaßhafte Drohung der Nonnen, sie würden sie mitnehmen und bei sich wohnen lassen:

»Marinuschka, du Schöne, bleib bei uns, wirst unsre Tochter
sein, mit uns im Garten leben, unsre Lieder singen...«

»Mama erlaubt's nicht.«

»Und würdest du bleiben?« Ich schweige.

»Natürlich würdest du nicht bleiben wollen, hättest Mitleid
mit Mama. Sie liebt dich doch so sehr!« Ich schweige. »Würde
dich wohl um keinen Preis hergeben?!« – »Wir fragen die
Mama gar nicht, nehmen dich einfach mit!« sagte eine Jüngere. »Nehmen dich mit und schließen dich in den Garten ein

und lassen keinen herein. So wirst du bei uns leben hinterm Zaun.« (In mir entflammt eine wilde brennende unerfüllbare hoffnungslose Hoffnung: ist's Ernst?)[17]

Wenn Marina sich vielleicht auch gewünscht hat, entführt zu werden, so liebte sie doch die Datscha und die dortige Lebensweise. Sie erinnerte sich an ihren Vater mit seiner Jacke aus Tussahseide, an die Mutter mit roten Handschuhen, an das gelbe Freudenfeuer und an den Fluß Oka; die Geschichte von den Kirillstöchtern enthält ein bemerkenswert warmherziges Porträt von Professor Zwetajew, der sich den Einwänden der Mutter widersetzt, um Marina doch auf einen Familienausflug mitzunehmmen. Maria Alexandrowna konnte Familienausflüge jeder Art nicht ausstehen und fürchtete, Marina könne beim Rütteln des Fuhrwerks übel werden. Marina fand ihren Vater einsichtiger als ihre Mutter, obwohl er ihr nur schüchtern widersprach.

»Zu Fuß wird mir nicht übel«, bemerkte ich schüchtern-aufbrausend, durch Vaters Gegenwart ermutigt. – »Wir setzen sie in Fahrtrichtung, nehmen Pfefferminzplätzchen mit und ein Kleid zum Wechseln«, redete Vater Mutter zu.
    »Ich aber will nicht neben ihr sitzen, weder neben ihr noch ihr gegenüber!« sagte Andrjuscha verärgert, mit finsterem Gesicht. »Immer muß ich neben ihr sitzen, wie damals im Waggon, weißt du noch Mutter, als . . .«
    »Wir nehmen Kölnischwasser mit«, fährt Vater fort, »und neben ihr sitzen werde – ich. (Zu mir aber, vertraulich:) Bitte unterdrück es nicht, sag's geradeheraus, wenn dir übel wird, dann halten wir an, du steigst vom Wagen und atmest tief durch.«[18]

Neben den Ferien in Tarussa nahm Marina ein Moskau der Klöster, Türme und Kirchen mit goldenen Kuppeln in Besitz – wie es auch Pasternak in Erinnerung behalten sollte. Die Atmosphäre im Haus der Pasternaks war allerdings von der des Zwetajew'schen völlig verschieden. Auch Leonid Pasternak war ein Mitglied des Lehrkörpers der Universität Moskau und unterrichtete an der Schule für Malerei, Skulptur und Architektur; seine Gattin Rosa war wie Maria Alexandrowna eine talentierte Pianistin, die öffentliche Konzerte gegeben hatte, bevor sie ihre Karriere aufgab, um sich dem Gatten und der Familie zu widmen. Aber Leonid und Rosa hingen zärtlich aneinander; da sie beide von Juden aus Odessa abstammten, war ihnen eine südländische Überschwenglichkeit eigen, an der es in Marinas Familie spürbar mangelte. Pasternaks früheste Erinnerung war die an ein Trio, das von seiner Mutter und von zwei Professoren des Konservatoriums zu Gehör gebracht wurde, während sich Marinas Familie auf diese Weise kaum zu unterhalten schien. Bei einem Mann vom Naturell Zwetajews ist das kaum verwunderlich. Er war nicht nur zerstreut, sondern introvertiert und ein wenig geizig. Die barfüßige Armut seiner Kindheit als Priestersohn in Taliza ist nur zum Teil dafür verantwortlich: es war ihm zutiefst zuwider, Geld zu verschwenden. Für ihn bedeutete bereits der Kauf neuer Kleider Unbehagen und Besorgnis. Zwetajew mag tölpelhaft, einfältig und exzentrisch erschienen sein, doch er stand jeder Form von Extravaganz tyrannisch ablehnend gegenüber, und diese asketische Haltung kann sich sehr wohl in Marinas Seele eingewurzelt haben.

Die nach innen gekehrte, fast einsiedlerische Atmosphäre in ihrer Familie hemmte Marina in mehr als einer Hinsicht und engte sie ein; zum Beispiel machte sie sich nie den ungezwungenen Umgang mit anderen zu eigen, den Pasternak für den größten Teil seines Lebens zu pflegen vermochte, so daß sogar sein gelegentliches Stottern als liebenswerter Tick angesehen wurde, an den sich Freunde mit Zuneigung erinnerten. Andererseits war Marinas Isolation eine Quelle späterer Stärke. Sie lernte unnatürlich früh, sich selbst richtig einzuschätzen, eine

Gewohnheit, die sie in einer Einsamkeit am Leben erhielt, wie
sie nur wenige Schriftsteller zu ertragen hatten.

Pasternak hatte weitaus mehr Glück. Vielleicht war es das Talent, das Tolstoi bestimmte, seinen Vater als Illustrator für
Auferstehung auszuwählen, doch es war wohl die Ungezwun-
genheit der Pasternak'schen Gastlichkeit, die Tschaikowski,
Gorki, Rilke und Einstein auf ihrem Weg zum Atelier des
Künstlers durch ihren Salon führte. In deutlichem Kontrast
dazu, gab es in Marinas Kindheitserinnerungen fast ausschließlich nahe Familienmitglieder. Und selbst hier wurde ihre Beziehung zu ihrer Schwester Assja unerquicklich: einerseits durch
die unterschiedlichen Ansprüche, welche die Mutter an die beiden Kinder stellte, andererseits dadurch, daß Assja sie so bewunderte, daß sie alles nachahmte, was Marina tat oder sagte.
Dafür hatte Marina stolze Verachtung.

Serjoscha und Nadja, Kinder der Ilowajskis, die der Familie
Zwetajew oft in den Ferien in Tarussa Gesellschaft leisteten,
standen ihr viel näher, und sie war fast in sie verliebt. Als sie
vier Jahre alt war, konnte sie stundenlang in völligem Schweigen neben Serjoscha ausharren und zusehen, wie er mit dem
Spaten von der Oka zur Datscha der Zwetajews in die steile
Flanke des Berges eine Treppe grub. Über diese Faszination war
Marinas Kindermädchen völlig verblüfft, und Marina konnte
bloß seufzend erklären: »Ich gucke seine blauen Hosen an.«[19]

Als Serjoscha siebzehn war (und Marina erst sieben), kannte
er sie gut genug, um sie dazu zu bringen, ihre heimlich geschriebenen Gedichte ins reine zu schreiben. Es war eine Aufforderung, die sie verlegen machte. In seiner Gegenwart verließ
sie ihr freches, herausforderndes Benehmen vollkommen, und
als die Gedichte abgeschrieben waren, konnte sie sie ihm nur
nervös, verlegen, schamhaft und wortlos aushändigen. Seine
Aufmerksamkeit war wertvoller für sie, als er wußte, wenn sie
auch nur eine Freundlichkeit darstellte, eine Freundlichkeit
(und eine tiefe Arglosigkeit), die aus dem Wissen entsprang,

daß er bald sterben würde. Serjoscha und Nadja waren bereits
an Tuberkulose erkrankt. Zuerst brachte Ilowajski sie nach
Spasskoje, wo man sie Hafergrütze essen und im dortigen ausnehmend feuchten Klima bei offenen Fenstern schlafen ließ,
doch 1902 war er vernünftiger und brachte sie nach Nervi am
Golf von Genua.

Wenn Serjoscha Marinas erste Liebe war, so war es Nadja, für
die sie die tiefste Leidenschaft empfand; das zaghafte Lächeln
des Mädchens, seine dunklen Augen und kränkliche Schönheit
(ihrem eigenen derben, gesunden Gesicht so unähnlich) waren
Züge, die in Marina höchst romantische Gefühle weckten. Aber
über den beiden Menschen, die sie liebte, lag das Verhängnis
des Todes. Zuerst starb Serjoscha; einen Monat später wurde
Nadjas Sarg durch den Februarschnee davongetragen. Ihr Tod
war grausamer als der von Serjoscha, denn Nadja hatte bis zum
Ende gehofft und um ihr Leben gebetet.

Der Tod dieser beiden Menschen ließ Marina das Ausmaß ihrer Isolation erfahren. Es war eine Isolation, die zu ihrer Frühreife ebenso beitrug wie zu ihrer unnatürlichen Gier nach Büchern. (Bevor sie zwölf Jahre alt war, hatte sie Racine, Corneille, Victor Hugo und die meisten der russischen Klassiker
gelesen.) In dieser Isolation eignete sie sich auch die kluge
Selbstzufriedenheit des natürlichen Außenseiters an.

Im Alter von neun Jahren kam Marina in die erste Klasse des
sogenannten Vierten Gymnasiums in der Sadowaja uliza, einem
unförmigen gelben Gebäude, in der Nähe des Kudrinskaji-Plat-
zes. Das Gymnasium war eine von vielen staatlichen Schulen,
auf denen neben Griechisch und Latein auch naturwissenschaft-
liche Fächer gelehrt wurden. Pasternak besuchte eine ähnliche
Schule. Trotz ihrer erstaunlichen Kenntnisse im Russischen,
Französischen und Deutschen (beide Sprachen hatte sie von ihrer Mutter gelernt), haßte Marina den Wechsel. Es fiel ihr nie
leicht, sich auf den Wechsel vom Elternhaus zur Schule, von
Schule zu Schule, ja von einer Klasse zur anderen einzustellen.

Maria Alexandrowna spielte mehr und mehr für sich selbst Klavier im leeren Salon und träumte vielleicht von einem Publikum, das zu würdigen wußte, was sie spielte. Sie machte keine Besuche in anderen Häusern, wenn sie auch gelegentlich mit Freunden zu Theateraufführungen oder Konzerten ging.

Im Frühling 1902 begann sie zu kränkeln, und im November desselben Jahres erfuhr sie von ihrem Arzt, daß sie ebenfalls an Tuberkulose erkrankt sei. Damit begannen die Reisen der Familie ins Ausland. Andrej blieb bei seinem Großvater in Moskau, während die übrige Familie nach Nervi reiste, das Professor Zwetajew als Ausgangspunkt für kunsthistorische Ausflüge nutzte. Die Aussicht, das Meer zu sehen, erregte Marina ungeheuerlich. Zwar war sie erst zehn, doch sie liebte bereits Puschkins herrliche Lobpreisung dieser elementaren Gewalt. Doch ihre romantischen Erwartungen zerstoben, als sie das Meer zum ersten Mal sah: »Das Meer – hier, und doch nicht da«,[20] klagte sie.

Als die Familie in Nervi anlangte, erlitt Maria Alexandrowna einen schweren Tuberkuloseanfall, und für die Kinder gab es an diesem Tag keine Gelegenheit mehr, das Meer näher in Augenschein zu nehmen. Am Morgen zwang sich Maria Alexandrowna, krank wie sie war, zum Aufstehen und setzte sich ans Klavier. Ein paar Minuten darauf klopfte es an der Tür.

»Darf ich mich vorstellen: Dr. Mancini. Und Sie, wenn ich nicht irre, sind Signora Soundso, meine künftige Patientin?« (in mühevollem Französisch). »Ich kam vorbei und hörte Sie spielen. Ich muß Sie warnen – wenn Sie so fortfahren, werden Sie nicht nur selber verbrennen, sondern unsere ganze Pension Russe in Flammen setzen.« Und, in unsäglichem Wohlgefallen, nun Italienisch: »Geniale... Geniale...« Zu spielen verbot er ihr natürlich für lange.[21]

In Nervi wurde der Bekanntenkreis der Kinder ein wenig größer. Der Sohn des Hotelbesitzers, ein Junge namens Wolodja, erbot sich, ihnen die Stadt zu zeigen. Sein Aussehen ließ ihn wenig verläßlich erscheinen, und obgleich die Kinder nur zu gern gegangen wären, zögerte Maria Alexandrowna. Es war Valeria, die sie dazu überredete, sie ihren ersten unabhängigen Ausflug wagen zu lassen.

Marina muß gehofft haben, das Nervi zu erblicken, das den Bildern auf den Postkarten entsprach, die ihr die traurige, geliebte Nadja Ilowajska geschickt hatte – Karten mit einem tiefblauen Meer vor dem Hintergrund schwarzer Pinien und einem strahlenden Mond von blau-schwarzen Wolken. Dieses tiefe Blau fand sich nirgendwo in dem Nervi, das Marina und Anastassja mit Wolodja durchstreiften. Und Marina entdeckte bald, daß sie, deren Name doch auf eine Beziehung zum Meer hindeutete, sich beim aufrechten Gehen auf Bergen wohler fühlte als in der Gegenwart des unbeständigen, blassen Ungeheuers, das im Golf von Genua lebte.

Wolodja hatte ein gewisses Vergnügen an Marinas Ungeschicklichkeit. Während er und Assja fröhlich auf den Schieferflächen und Felsen des Strandes herumkletterten, fiel Marina fast sofort ins Wasser und mußte vom grinsenden Wolodja herausgezogen werden. Während sie untröstlich dasaß, Wasser aus ihren Schuhen goß und versuchte, ihr Kleid zu trocknen, damit ihre Mutter nicht böse wurde, erhaschte Marina in der Ferne einen kurzen Schimmer des ersehnten Blaus. So schrieb sie auf die Schieferwand die tiefste Wahrheit, die sie der Erfahrung abgerungen hatte; es war die Wahrheit, von der sie ausgegangen war: Puschkins »Lebt wohl, frei waltende Gewalten!«

Unter den Gästen, die in derselben Pension wohnten, war eine Gruppe von Anarchisten, die Marina und Assja revolutionäre Lieder beibrachten. Ihre Opposition gegen den Zaren hatte sie zu Emigranten gemacht, und sie sprachen freimütig über die Zuchthausstrafen, die sie wegen ihrer feindlichen Ein-

stellung zum Regime erlitten hatten. Einer der Diener, der die
Familie begleitet hatte, gehörte auch zu ihnen.

Im Jahr 1903 begann sich die Gesundheit der Mutter zu
verschlechtern, und weil es notwendig wurde, daß sie ein Sanatorium aufsuchte, schickte man Marina und Anastassja nach
Lausanne in ein Internat – das Pensionat von Mademoiselle Lacaze.

Marina war noch keine elf Jahre alt, doch zum Glück be-
herrschte sie die französische Sprache vorzüglich. Im Unterricht war sie immer selbstsicher, doch sie fand es schwierig, mit
Kindern ihres Alters Freundschaft zu schließen, die sich über
ihre Altklugheit ärgerten. Dagegen wurde sie für ältere Mädchen so etwas wie ein Hätschelkind. Monsieur l'Abbé war über
ihren Widerstand gegen die katholische Kirche weniger erfreut
und machte es sich zur Aufgabe, ihre verlorene Seele zu gewinnen. An Sonntagen wurden die Kinder zweimal in die Kirche
geführt: einmal zur Frühmesse und noch einmal um vier Uhr
am Nachmittag. Das war kaum geeignet, Marina zum Entgegenkommen zu bewegen, und häufig hinderte sie ihre weniger
aufsässige Schwester daran, etwas in den Sammelteller zu legen. Als die Mädchen jedoch ein paar Monate in dem Internat
zugebracht hatten, machte der neue Glaube soviel Eindruck auf
sie, daß sie Briefe schrieben, die Maria Alexandrowna beängstigend fand. Sie schrieb an Zwetajew:

»Unglaublich, was für Erzieher diese Katholiken sind! Unsere
Mädchen sind keine Mädchen mehr, sondern fast schon Nonnen!«[22]
Offensichtlich war Professor Zwetajew weniger besorgt, denn
sie wurden nicht auf der Stelle aus dem Internat genommen.
Hauptsächlich um Kinder und Mutter näher zusammenzu-
bringen, wurden sie im Februar 1905 auf eine andere Schule
geschickt, dieses Mal nach Freiburg im Breisgau: das Pensionat der Schwestern Brink. Ihre Mutter nahm in einem na-

hen Hotel Quartier, vielleicht, um soweit wie möglich schädliche Einflüsse von ihnen fernzuhalten. Das Leben im Internat war von spartanischem Zuschnitt, und die Strenge stand in einem schrecklichen Gegensatz zur toleranten Atmosphäre im Pensionat von Mademoiselle Lacaze. Man erhielt »schlechte Noten«, wenn das Bettuch nicht glatt genug gespannt war, wenn man im Kamm ein einziges Haar zurückließ oder im Unterricht mit dem Kopf eine unvorsichtige Bewegung zum Fenster machte. In vielen Fächern mußte Marina am Unterricht in der dritthöheren Klasse teilnehmen, was ihre Isolation verstärkte.

Wenn auch noch viele Jahre später die Landschaft um Freiburg und der Schwarzwald für Marina den Inbegriff der Großartigkeit Deutschlands darstellten, waren die Tage im Brinkschen Internat trübselig. Sehnsüchtig erwarteten die Kinder den Beginn der Sommerferien als einen Tag der Befreiung, an dem Professor Zwetajew kommen sollte, um sie abzuholen. Unter dem strengen Regiment der Schule entwickelte Marina neue Eigenschaften wie Bösartigkeit und Zorn. Sie spielte ihrer Lehrerin, Fräulein Enni, Streiche, z. B. strickte sie für eine kleine Figur mit Schwanz und Hörnern im Handarbeitsunterricht ein Kleid. Das empfand man nicht nur als frech, sondern als bösartig, und Marina wurde bestraft. Sie war charakteristischerweise unbußfertig und stolz, und als ihr Vater einen Brief von der Vorsteherin erhielt, der ihn aufforderte, die Kinder vor Ablauf des Sommerhalbjahres abzuholen, wäre sie glücklich gewesen, wenn er eingewilligt hätte. Unglücklicherweise konnte er Rußland nicht sofort verlassen, und die Mutter war zu krank, als daß man sie behelligte.

Trotz allen Elends gab es ein erfreuliches Ereignis, an das sich Marina deutlich erinnerte, wenn sie an ihren Aufenthalt im Pensionat der Schwestern Brink zurückdachte. Diese ermöglichten es nämlich, daß sie einen Besuch bei der Fürstin von Thurn und Taxis machen konnte. In späteren Jahren fand Marina heraus, daß die zauberhafte Gestalt, die ihrer begeisterten Nacherzählung von *Heidi* und ihren patriotischen Ansichten über den russisch-japanischen Krieg so freundlich zugehört hatte, eine enge Freundin des Dichters Rainer Maria Rilke war.

Im Winter 1904/05 wurde Maria Alexandrownas Krankheit erheblich schlechter. Zwetajew sah sich gezwungen, in ihrer Nähe zu bleiben, und sie mußte nach St. Blasien im Schwarzwald in ein Sanatorium gebracht werden. Da Maria Alexandrowna jetzt nicht mehr ins Freie durfte und die Kinder wenig zu tun hatten, unternahmen sie mit ihrem Vater Wanderungen.

Zwetajew war kein geselliger Wanderer. Er zog es vor, gedankenverloren vorwärtszuschreiten und fand weder Gefallen an der Landschaft noch an einem Gespräch. Er konnte nicht einmal den Schmerz mit anderen teilen, den er über die Krankheit seiner zweiten Frau empfand. Marina gab sich alle Mühe, die Kluft zwischen sich und ihrem Vater zu überbrücken, aber oft herrschte bedrückendes Schweigen. Welche Erinnerungen auch immer zwischen ihm und dem Ausdruck seiner Liebe gestanden haben mögen, so war doch Maria Alexandrownas Hilfe in praktischen Dingen für ihn wichtig geworden. Nicht nur, weil sie französische und deutsche Briefe für ihn schrieb; sie war auch die einzige in der Familie, die, wie er selbst, das Schicksal des Museums als festen Bestandteil ihres eigenen Lebens betrachtete. Als sie erfuhr, daß es im Rumjanzew-Museum einen größeren Brand gegeben hatte, zeigte sie sich ebenso entsetzt wie Zwetajew, obwohl sie krank war, und sie bestand darauf, daß er vorläufig nach Rußland zurückkehrte.

Bald darauf beschloß auch Maria Alexandrowna, heimzukehren. Die Kinder hatten sich inzwischen an ein Nomadendasein gewöhnt und waren bereit, beim Packen all der Koffer, Bündel und Körbe zu helfen, doch Maria Alexandrowna bestand darauf, das meiste selbst zu machen. Inzwischen war sie sehr krank, hustete die ganze Zeit, lächelte aber immer noch und fühlte sich offensichtlich kräftig genug, für das Museum

einige Briefe zu schreiben, die Zwetajew auf Russisch diktierte
und die sie ins Französische übersetzte. Offensichtlich war ihre
Lebenskraft noch nicht verbraucht, und so ist es vielleicht ver-
zeihlich, daß die Kinder dankbar waren, daß sie wieder unterwegs nach Rußland waren.

Die Familie hatte beschlossen, zunächst in der Datscha eines
gewissen Dr. Weber in Jalta zu wohnen, wo unter den Nachbarn
auch Jekaterina Peschkowa war, die Gattin Maxim Gorkis. Sie
blieben nicht lange dort. Professor Zwetajew mißbilligte eine
Neigung, die sich rasch zwischen Marina und Vera, der ältesten
Weber-Tochter, entwickelte. Vera war ein bleiches, dunkeläugi-
ges Mädchen mit Zöpfen, das querköpfig und eigenwillig war
und auf der Stelle Marinas Idol wurde. Man munkelte, daß sie
eine Revolutionärin sei, weshalb Professor Zwetajew beschloß,
auf der anderen Seite Jaltas Wohnung zu nehmen, um Marina
diesem gefährlichen Einfluß zu entziehen. Trotzdem gab es
keine Möglichkeit, die Familie vom Wissen um die wachsende
Woge des Aufruhrs fernzuhalten, denn es war damals eine Zeit,
da die Revolution, ob begrüßt oder gefürchtet, kein Traum, sondern eine tägliche Drohung war, die selbst in Jalta Repressionen
und Verhaftungen mit sich brachte. Es war das Jahr, in dem vor
dem Winterpalast des Zaren ikonentragende Arbeiter hinge-
metzelt wurden und der revolutionäre Leutnant Pjotr Schmidt
hingerichtet wurde; es war auch das Jahr der Meuterei auf dem
Panzerkreuzer *Potemkin*.

Professor Zwetajew und Maria Alexandrowna traten für eine
konstitutionelle Demokratie ein, die sie durch schrittweise und
unblutige Reformen verwirklicht sehen wollten. Das entsprach
nicht Marinas Naturell, sie zog einzelne heldenhafte Revolutionäre vor. Aber obwohl es ein Winter der Streiks und Schieße-
reien war, wurde sie von einem ganz persönlichen Schmerz
gequält. Dies war der Winter, da man sich damit abfinden
mußte, daß die Krankheit der Mutter tödlich war. Ende März
1906 erlitt Maria Alexandrowna einen schweren Blutsturz, der

den Beginn ihres letzten, jähen Verfalls bildete. Sie mußte die meiste Zeit im Bett zubringen, mußte Eis schlucken, und zum ersten Mal gestand sie sich ohne Vorwand ein, daß sie sterben würde.

Die Familie beschloß, nach Moskau zurückzukehren, brachte die Reise jedoch nicht zu Ende. Maria Alexandrowna konnte nicht mehr schlafen. Sie brauchte frische Luft und hatte Schwierigkeiten, zu atmen.

»Das Letzte – Sterbensletzte. Juni 1906. Moskau erreichten wir nicht mehr, auf der Station ›Tarusskaja‹ stiegen wir aus. Die ganze Reise von Jalta nach Tarussa war die Mutter getragen worden. (›Ich steige im Passagierwagen ein und komme im Güterwagen an‹, hatte sie gescherzt.) Auf den Armen wurde sie in den Reisewagen gehoben. Doch ins Haus tragen ließ sie sich nicht. Sie stand auf, wehrte die Hilfe ab und ging allein, vorbei an uns Erstarrten, die wenigen Schritte von der Treppe zum Klavier – nicht wiederzuerkennen und riesig nach mehreren Monaten Horizontale, in der beigefarbenen Reisepelerine, die sie als Pelerine hatte machen lassen, um sich keine Ärmel anmessen zu lassen. ›Nun, schauen wir, wieweit ich noch tauge!‹ sagte sie ernst lächelnd und sichtlich – zu sich. Sie setzte sich. Alle standen. Und da, hervor unter den schon entwöhnten Händen – doch die Stücke möchte ich noch nicht nennen, das ist noch mein und ihr Geheimnis...

Das war ihr letztes Spiel. Ihre letzten Worte, gesprochen in dem von noch demselben Jasmin verschatteten Anbau aus frischer Kiefer, waren: ›Leid tut es mir nur um die Musik und die Sonne.‹«[23]

Nach dem Tod seiner zweiten Frau teilte sich Professor Zwetajews Haushalt auf. Valeria verließ das Haus, Andrej wurde der Schützling von Professor Ilowajski und die beiden Töchter Maria Alexandrownas kamen aufs Gymnasium.

Maria Alexandrownas Testament zeigt deutlich, wie sehr sie
an der Reife ihrer Töchter zweifelte. Sie hinterließ ihnen ihr
ganzes Geld, unter der Bedingung, daß sie es erst anrühren
durften, wenn sie vierzig Jahre alt waren. In späteren Jahren
glaubte Marina, diese Klausel sei aus der Angst entstanden, ihr
jugendlicher revolutionärer Überschwang könne sie vielleicht
veranlassen, das ganze Geld für einen törichten Zweck zu ver-
geuden. Ironischerweise ging das ganze Geld verloren, als die
Kommunisten an die Macht kamen.

Ein Jahr nach Maria Alexandrownas Tod fand auf dem Wa-
gankowski-Friedhof ein Gedenkgottesdienst statt, und die
ganze Familie kehrte für kurze Zeit in das Haus an der Straße
der Drei Teiche zurück. Die Jalousien waren halb geschlossen,
das Haus roch nach Kampfer, doch der Samowar summte und
auf seinem offenen Deckel wurden Eier gekocht. Marina ging
zum Klavier und berührte die Tasten, und die Töne erfüllten die
Stille des Zimmers, doch dann schloß sie energisch den Deckel
und ging leise fort. In diesem Augenblick waren Maria Alexandrownas Hoffnungen auf eine musikalische Karriere Marinas
endgültig vorüber. Marina hörte auf zu üben, und obwohl sie
auch weiterhin von Lehrern unterrichtet wurde, war ihr nicht
mehr daran gelegen, ihre Technik zu vervollkommnen.

Zu Lebzeiten ihrer Mutter hatte Marina sich bemüht, ihr
Glück zu schenken, weil sie wußte, daß ein Mangel an Zuwendung eine Qual für sie gewesen wäre. Ihre Lehrer waren zuerst
über ihr Verhalten verwundert, begriffen aber bald, daß die
Musik in Marinas Leben jetzt nicht mehr so viel Bedeutung
hatte.

»So hinterläßt das Meer Mulden, wenn es zurückgeht, zuerst
tiefe, dann flachere, dann etwas feuchte. Solche musikalischen
Mulden – die Spuren der mütterlichen Meere – sind in mir für
immer geblieben.«[24]

Hätte ihre Mutter länger gelebt, wäre Marina sicherlich auf das Konservatorium gegangen und hätte es als beachtliche Pianistin verlassen. Weil es ihr aber an der wundersamen Eigenschaft der langsamen geistigen Entwicklung fehlte, die Pasternak über Musik und Philosophie seiner dichterischen Bestimmung zuführte, war Marina frei, frühzeitig zu ihrem wahren Ich zu finden, indem sie sich von der Liebe löste, die sie für ihre Mutter empfunden hatte.

Und diese allerletzte Trennung war nicht so verschieden von der Lektion, die sie in der Kindheit aus *Eugen Onegin* empfangen hatte, als ihre Begeisterung ihre Mutter so erbost hatte: die Lektion, daß die Liebe bei der Trennung am tiefsten erfahren wird. Es war eine Lektion, die sie auch von ihrer Mutter lernte, und vielleicht hatten andere Generationen sie überliefert: »Eine Lehre in Mut. Lehre in Stolz. Lehre in Treue. Schicksalslehre. Lehre in Einsamkeit.«[25]

2
»Der süßeste Schmerz...«
1907 - 1912

Marina und Assja
1905

Achtzehn Monate nach dem Tod ihrer Mutter war Marinas Leben immer noch vom Gefühl eines Verlustes erfüllt. Mit Schmerz und Mitgefühl las sie die neun dicken Bände des Tagebuches, das Maria Alexandrowna seit ihrem siebzehnten Lebensjahr geführt hatte. In der Beschreibung von »S. E.« (der Artillerieoffizier, den ihre Mutter geliebt hatte) fand sie eine Bitterkeit, die sie an Andrej Bolkonski in *Krieg und Frieden* erinnerte. Und als das Tagebuch schloß »Ich bin 32 Jahre alt, ich habe Mann und Kinder, aber...«[26], und sie sah, daß alle folgenden Seiten sorgfältig herausgeschnitten waren, erschauerte Marina angesichts der Begegnung mit einer tiefen und unerwiderten Liebe.

Als Kind hatte Marina ihr unromantisches, vor Gesundheit strotzendes Aussehen immer gehaßt. Mittlerweile war sie vierzehn Jahre alt, kräftig gebaut, groß für ihr Alter, oft mit einem aufgesteckten kurzen, dicken Zopf. Ihre riesigen grünen Augen waren stark kurzsichtig, doch sie trug selten eine Brille. Um die unangenehmen Zeichen von Gesundheit von ihren Wangen zu tilgen, schränkte sie das Essen ein und trank Essig. Zwar war ihr nicht die körperliche Schönheit Anna Achmatowas gegeben, doch sie strahlte Vitalität aus, und diese sollte, wie sie beschloß, ihr neues russisches Internat nicht bändigen. Es überrascht nicht, daß ihr Eigensinn dafür sorgte, daß sie bald von der Schule verwiesen wurde.

Sie war jetzt finanziell unabhängig und konnte es sich 1908 leisten, ins Ausland zu gehen, um an einem Sommerkurs an der Sorbonne über französische Literatur teilzunehmen. Wie ihr Entschluß, allein nach Paris zu gehen, zeigt, war Marina nicht ängstlich. Wäre ihre Mutter noch am Leben gewesen, hätte sie ihr das schwerlich erlaubt, doch Professor Zwetajews Einwilli-

gung war leicht zu erhalten. Er war ganz mit seinen eigenen
Angelegenheiten beschäftigt, und um seine eigenwillige Tochter schien er sich als Vater bemerkenswert wenig Sorgen zu machen.

Im Sommer 1909 ging sie abermals nach Paris und konnte
dort Sarah Bernhardt auf der Bühne sehen. Nach ihrem
Auftritt in Edmond Rostands *L'Aiglon* wartete Marina draußen,
um ein Autogramm von der großen Schauspielerin zu bekommen – sie hatte eine neue Heldin gefunden. Sie hatte inzwischen bemerkenswerte Gedichte geschrieben und dabei
entdeckt, daß es möglich war, sich in eine Phantasiewelt zurückzuziehen und von dieser getragen zu werden.

In dieser Gemütsverfassung begann Marina am Ende des
Sommers im Haus der Familie in Tarussa, *L'Aiglon* zu übersetzen; sie brachte den ganzen Winter ihres siebzehnten Lebensjahres damit zu. Was sie, abgesehen von ihrer Bewunderung
für Rostand, zu dem Stück hinzog, war ihre Liebe für die Figur
Napoleons II. Sie füllte ihr Zimmer mit Bildern des Kaisers und
seines unglücklichen Sohnes, schottete sich in ihrer Arbeit gegen den Alltag von Menschen und Haushalt ab und zog es vor,
mit ihren Büchern und zwischen den Porträts an ihren Wänden
zu leben. Sie liebte es, Napoleons Worte »*L'Imagination gouverne le monde!*«, die er im Stück sagt, zu zitieren, die zum
Motto in ihrem ersten Gedichtband, *Abendalbum*, wurden.
Marina vertiefte sich so gründlich in das Leben Napoleons, daß
sie die Hälfte jedes Tages in ihrem engen Zimmer verbrachte,
als habe sie sich ganz und gar in ein anderes Zeitalter und in das
Leben eines anderen Menschen versetzt. Sie kannte Victor Hugos *Oden an Napoleon* auswendig und sammelte Stiche ihres
Helden, die sie an den Wänden ihres Zimmers aufhängte.

Ihre Übersetzung ist nicht erhalten. Nachdem sie sie beendet
hatte, entdeckte sie, daß das Stück bereits übersetzt worden
war. Die rivalisierende Arbeit war lächerlich phantasielos, doch
Marina, verständlicherweise enttäuscht, warf ihre ganze Arbeit

fort, als sie von der Existenz der anderen Übersetzung erfuhr, eine Geste, aus der ein verzogenes, herrisches Kind spricht. Doch dahinter verbarg sich mehr: die Weigerung, auch nur im geringsten mit Schund zu wetteifern.

Marina sollte bald in Moskau eine andere Welt entdecken, eine Welt der Dichter und Literaturkritiker – und ihrer ersten Liebesaffäre. Sie war siebzehn Jahre alt, als Wladimir Nilender in ihr Leben trat, eingeführt durch Lew Kobylinski (besser bekannt unter dem Pseudonym »Ellis«), mit dem er die Wohnung teilte. Ellis, der an der Moskauer Universität Geschichte studiert hatte und ein glühender Verehrer Baudelaires war, gewann als Freund von Andrej Bely in Marinas Augen enormes Ansehen. Bely seinerseits war, was Marina nicht wußte, fasziniert, daß Ellis die Zwetajew-Schwestern kannte, doch ein Zusammentreffen mochte Ellis nicht zulassen. Nichtsdestoweniger war Ellis der erste seriöse Kritiker von Marinas Arbeiten, und während er Marinas Übersetzung von *L'Aiglon* lobte, machte er sie mit der zeitgenössischen russischen Dichtung bekannt. Marina (in Begleitung ihrer Schwester) führte Gespräche mit Ellis und Nilender, die sie in einem dunkelblauen, goldverzierten Album festhielt, das Marina und Assja »Unser Abendalbum« nannten. Später übertrugen sie Marinas neue Gedichte in dasselbe Album, und Marina benutzte den Titel *Abendalbum* für ihren ersten veröffentlichten Gedichtband.

Ellis verfügte über die Eigenschaften eines Zauberers, der Marina eine neue Welt eröffnete, und so schrieb sie auch im »Abendalbum« über ihn, doch es war Nilender, zu dem sie sich hingezogen fühlte. Vermutlich waren beide Schwestern entzückt, als sie entdeckten, daß man sie attraktiv fand. Sowohl Ellis als auch Nilender waren in Marina verliebt, und Nilender machte Marina an eben jenem Abend einen Heiratsantrag, an dem Ellis ihn mit einem Brief zu Marina geschickt hatte, der ebenfalls einen Antrag enthielt. Als es Nilender endlich über sich brachte, Marina den Brief auszuhändigen, empfing diese ihn mit Verwunderung. Es war Anastassja, die als erste begriff, daß Nilender ebenso sehr verliebt war wie Ellis, und zwar in Marina und nicht in sie, sie stand auf, nahm ihren Mantel und ließ die beiden allein, obwohl Marina sie zum Bleiben überreden wollte. Anastassja wußte, daß Marina nicht den Wunsch hatte, zu heiraten, doch sie irrte sich, wenn sie dachte, daß Marina nicht geliebt zu werden wünschte.

An jenem Abend gingen Marina und Nilender zusammen durch die Straßen von Moskau. Nachdem sie vor Kälte zitternd heimgekehrt war, blieb sie für den Rest des Abends stumm. Offenbar war sie verwirrt und konnte sich nicht schlüssig werden, was sie ihrer Schwester sagen sollte. Mehrere Tage vergingen, ehe Marina sich entschloß, das Schweigen zu brechen; sie sagte mit Verzweiflung in der Stimme: »Es ist aus! An jenem Abend, als wir durch die Gassen streiften, haben wir Abschied voneinander genommen. Wir werden uns nicht mehr sehen.«[27]

Marina war durch ihre Gefühle für Nilender in tiefe Bestürzung geraten, und sie empfand diese Trennung als schmerzhaft. Als sie eines Abends mit Anastassja über den Arbat ging, geriet sie plötzlich aus der Fassung, als sie Nilender auf sie zukommen sah. Es blieb nur Zeit, sein trauriges Lächeln wahrzunehmen, das Winken seiner Hand und das Lüften seines Hutes, bevor er an ihr vorüber war, doch Marina wurde blaß und sagte auf dem ganzen Spaziergang kein Wort mehr. Sie hielt ihre Gefühle in einem Gedicht fest, geschrieben im März 1910, das den Titel »Begegnung« trägt. Er hatte ihr mehr bedeutet, als sie geahnt hatte, obgleich ihre Zuneigung zu Nilender weniger heftig war als spätere Bindungen.

Trotz der an Nilender gerichteten Liebesgedichte, waren es Frauen, die zu dieser Zeit in Marina die tiefsten Gefühle hervorriefen. Wer auch immer ihr Herz gewann, sie begann diesen Menschen in gewissem Sinn mit Eigenschaften auszustatten, die er in Wirklichkeit nicht besaß. Doch im Fall von Assja Turgenjewa wurde Marinas Bewunderung von vielen Verehrern

geteilt. Im Moskau des Jahres 1910 waren über die drei Turgen-
jew-Schwestern viele Legenden im Umlauf. Der Dichter Solo-
wjow war in Natascha, die älteste, Andrej Bely in Assja verliebt; und selbst der jüngsten (damals erst zwölf Jahre alt) sollte
bald ganz Moskau zu Füßen liegen. Währenddessen hielt Assja
Turgenjewa Hof, den kleinen Kopf anmutig nach vorn geneigt,
zart wie eine Radierung. Marina beobachtete, daß ihre spitz zu-
laufenden Finger ständig eine Zigarette hielten und ihr schöner
Kopf immer in eine graue Rauchwolke gehüllt zu sein schien.
Einmal war auch Nilender zugegen, als Marina die Schwestern
besuchte. Marina glaubte, daß auch er ein wenig in Assja verliebt war: »Aber man konnte gar nicht umhin, sich in sie zu verlieben.«[28]

Bei diesen Besuchen wurde wenig gesprochen. Assja scheint
schweigend in ihrer mühelosen Überlegenheit verharrt zu haben, und Marina verstummte angesichts der unvergleichlichen
Eleganz Assjas. Einmal trug sie ein Leopardenfell um die Schultern, und Marina gewann ihre Aufmerksamkeit durch den Aus-
ruf, sie, Assja, sei ein solches Tier. Dafür empfing sie einen langen, ernsten Blick und eine Bemerkung über ihre auffallend
grünen Augen.

Was Marina, abgesehen von ihrer mädchenhaften Schönheit, an Assja gefiel, war ihre sachliche Art, fast die eines höfli-
chen jungen Mannes, die sie als ihre eigene erkannte. Zwischen
ihnen war entschieden mehr als Freundschaft: eher eine Liebe
als ein Verliebtsein, wie Marina es auffaßte, denn für sie stand
fest: »Verlieben werden wir uns nur in das Fremde, das Verwandte lieben wir.« Den beiden Mädchen war die Wildheit gemeinsam, und nachdem das erste Wort gefallen war, hatten sie
Freude an ihrer eigenen Kühnheit. Doch diese Liebe war nicht
auf Dauer angelegt, und bald darauf verlor Marina Assja, als
diese Andrej Bely heiratete.

Marina war jetzt siebzehn, trug einen Bubikopf und hohe Absätze und hatte zu rauchen angefangen. Zuerst verheimlichte sie es, um die Gefühle ihres Vaters zu schonen. (In der Tat war er über die Art, in der sie sich entwickelte, ziemlich besorgt.) Obwohl er, als er im Sommer 1910 mit ihr nach Deutschland aufbrach, andere Sorgen als die mangelnde Disziplin seiner Tochter hatte.

Nilenders Verbindung mit Ellis hatte dazu beigetragen, daß Professor Zwetajew dem weiteren Umgang Marinas mit ihrem früheren Verehrer ablehnend gegenüberstand. Und auch Marina hegte keine romantischen Gefühle für Ellis, der bald im Zentrum eines Skandals stehen sollte, in den ihr Vater verwickelt war und der ihn beinahe ruinierte. Die Tatsachen sind nicht ganz klar. Im Sommer 1909 wurde entdeckt, daß aus Zwetajews Museum eine Anzahl von graphischen Blättern gestohlen worden war, als ein Großfürst in einem Moskauer Kunstantiquariat ein paar davon aufstöberte und bemerkte, daß die Museumsstempel nicht gänzlich entfernt worden waren. Die Spur führte zu Kosnow, einem Freund des Museumskurators Schurow. In der Folge gelang es Zwetajew, die Rückgabe von Dreivierteln des Diebesgutes zu erwirken. Nichtsdestotrotz ordnete der Volksbildungsminister Alexander Nikolajewitsch Schwarz an, eine spezielle Untersuchungskommission einzusetzen. Dahinter verbarg sich eine persönliche Feindschaft, ein Überbleibsel aus der gemeinsamen Studienzeit beider Männer. Die Bestände des Museums wurden überprüft und gegen Zwetajew zahlreiche Anschuldigungen erhoben. Diese Vorwürfe gelangten in die Presse, und Zwetajew verfaßte eine lange Erwiderung, die er veröffentlichen wollte. Seine Pläne wurden durchkreuzt, als er einen Brief von Schwarz erhielt, in dem er aufgefordert wurde, innerhalb von drei Tagen zurückzutreten. Zwetajew weigerte sich.

Im Dezember desselben Jahres (1909) folgte ein Bericht des Senats, des Inhalts, es gebe keinen Anlaß zum Rücktritt Zwetajews von seinem Amt als Direktor des Rumjanzew-Museums. Als er das hörte, schrieb Zwetajew glücklich an R. I. Klein, den Architekten des neuen Museums:

Lieber Iwanowitsch,
gestern abend erhielt ich Nachricht von den Beschlüssen des Senats und von meinem moralischen Sieg aus Petersburg. Der Senat hat einstimmig erklärt, die Anschuldigungen seien grundlos ... das macht mich sehr froh, trotz der Betäubung, die mich angesichts solch bösartiger und in die Länge gezogener Verfolgung durch Verwaltung und Zeitungsreporter befallen hat. Irgendwie muß ich, für mich völlig unerwartet, Gegenstand von Arglist und Verleumdung geworden sein ... Sie haben an meiner Unschuld nie gezweifelt...[29]

Die Affäre hätte hier zu Ende sein können. Doch Anfang 1910 ordnete der Kustos des Museums eine neue Bestandsaufnahme an, die auf die Denunziation zweier Angestellter des Museums zurückging. Im März wies der Senat abermals alle Anschuldigungen gegen Zwetajew zurück, doch Schurow schickte einen bösartigen Bericht an den Senat, und im Mai berichteten die Zeitungen wiederum über den Skandal. Warum Ellis genau diesen Zeitpunkt wählte, um aus mehreren Büchern, die dem Museum gehörten, Seiten herauszutrennen, ist absolut unklar. Es könnte sich um eine Art Sympathieerklärung für den Anarchismus gehandelt haben, mit dem er ebenso liebäugelte wie Bely, der darin keinen böswilligen Akt gegen die Familie Zwetajew zu sehen vermochte. In seiner Weltfremdheit glaubte Bely, Ellis habe einfach vergessen, welche Bücher ihm und welche dem Museum gehörten. Keines der Bücher war besonders selten oder kostbar. Zwetajew selbst mochte nicht glauben, daß Ellis in verbrecherischer Absicht gehandelt hatte. Indes war die Sache in der Presse inzwischen zu einem *cause célèbre* geworden, und obwohl man die Anklage gegen Ellis in der Folge mangels ausreichender Beweise fallen ließ, wurde Professor Zwetajew von seinem Amt als Direktor entbunden. Von diesem Schlag erholte er sich nie, wenn er ihn auch mit großer Standhaftigkeit ertrug und weiterhin pflichtbewußt an der Errichtung eines neuen Museums, das er plante, arbeitete. Aber er war ein gebrochener Mann.

Die Begleitumstände der Entlassung ihres Vaters waren für Marina doppelt schmerzlich, weil jemand darin verwickelt war, den sie einmal für einen wichtigen Freund gehalten hatte. Mit Nilender hatte sie bereits jeden Kontakt abgebrochen: Jetzt sollte eine Reise mit ihrem Vater nach Dresden helfen, den Bruch endgültig zu machen. Aber sie dachte weiterhin an ihn, und ihr erstes Gedichtbuch enthält eine Anzahl lyrischer Episteln, die an ihn gerichtet sind, als stünden sie stellvertretend für die wahren Briefe, die zu schreiben ihr verboten worden war.

Marinas Frühreife als Dichterin geht aus dem *Abendalbum* unmißverständlich hervor: dieser Gedichtband, den sie 1910 auf eigene Kosten veröffentlichte, enthielt viele Gedichte, die sie geschrieben hatte, als sie erst fünfzehn Jahre alt war. Viele davon befassen sich mit dem Tod:

> Auf ewig tot zu sein. Rührt's vielleicht daher,
> Daß das Schicksal mich soviel verstehen ließ?[30]

Doch die meisten sprechen ein Verlangen nach einer vulkanischen Leidenschaft aus, deren Qualen sie gern erdulden wollte als den »süßesten Schmerz«.

Nach dem Druck trug sie die ganze Auflage in eine Buchhandlung und ließ die Sache auf sich beruhen; trotzdem schickte sie Widmungsexemplare an die Dichter Brjussow und Woloschin, denen sie noch nicht begegnet war. Unter den Dichtern, deren Aufmerksamkeit sie bereits jetzt erregte, war Gumiljow, der Führer der akmeistischen Bewegung in der russischen Dichtung. Er schrieb über sie:

»Marina Zwetajewa ist von Natur aus talentiert und originell. Es spielt keine Rolle, daß ihr Buch dem strahlenden Andenken Maria Baschkirzewas gewidmet ist, das Motto von Rostand stammt und das Wort ›Mama‹ fast auf jeder Seite auftaucht – all das verrät nur die Jugend der Dichterin, die durch ihre eigenen Bekenntnisse bestätigt wird. In diesem Buch ist vieles neu: die kühne (manchmal exzessive) Intimität des Tons; die Themen, wie zum Beispiel, die kindliche Verliebtheit; die spontane unreflektierte Bewunderung der Dinge des Alltags. Und wie zu erwarten war, sind hier die wichtigsten Gesetze der Dichtkunst instinktiv erraten worden, so daß dieses Buch nicht nur das reizende Zeugnis eines mädchenhaften Bekenntnisses, sondern auch ein vorzüglicher Gedichtband ist.«[31]

Von diesem Augenblick an muß Marina gewußt haben, daß sie sich, wer immer es ihr auch bestreiten mochte, unerschrocken unter die Dichter einreihen konnte.

Ihr Heranwachsen vollzog sich weiterhin ungehemmt auf ungestüme Weise, nur einmal kurz durch die Aussicht auf eine neuerliche Heirat ihres Vaters bedroht. Zwetajew glaubte irrtümlicherweise, die Kinder bräuchten eine Mutter, die sich um sie kümmere, doch auf Druck Ilowajskis ließ er von dem Vorhaben ab, und die Familie blieb wie sie war.

Marinas literarischer Bekanntenkreis begann sich zu erweitern. Max Woloschin, einer der schwärmerischsten Kritiker ihres ersten Buches, wurde bald ihr Freund. Er leitete ihre Beziehung ein, indem er Marina einfach zu Hause aufsuchte: er trug einen Zylinder, und sein großes Gesicht wurde von einem kurzen gekräuselten Bart umrahmt. Sie hatte seine Besprechung über das *Abendalbum* noch nicht gelesen, und er kam, um sie ihr selbst zu bringen. Marina nahm das uneingeschränkte Lob mit scheinbarer Gelassenheit entgegen. Woloschin zeigte sich erstaunt, als er erkannte, daß sie eine Schuluniform trug, worauf Marina ihm erklärte, offiziell besuche sie immer noch die

Schule, tue aber nichts anderes als Gedichte zu schreiben. Sie
zeigte keine Scheu. Woloschin sah, daß sie eine Kappe trug, um
ihren kahlen Kopf zu verbergen, und bat um die Erlaubnis, sie
abzunehmen, damit er die Form ihrer Schädelhöcker befühlen
könne. Marina willigte ohne Zimperlichkeit sofort ein. Woloschin untersuchte sie sorgfältig und erklärte, ihr Schädel gleiche dem eines römischen Seminaristen. Die Kahlköpfigkeit war
versehentlich zustandegekommen. In diesem Sommer war sie
für ein paar Tage in Moskau zurückgeblieben, während die Familie nach Tarussa fuhr. Um eine vollere Haarpracht zu erreichen, hatte sie sich eine Flüssigkeit in die Haare massiert, die,
ohne daß sie es wußte, Wasserstoffsuperoxyd enthielt. Das
Ergebnis war kein üppiger Haarwuchs, sondern hellgelb ge-
färbte Haare.

Um diese Entstellung zu beseitigen, hatte sie zum äußersten
Mittel gegriffen.

Sie und Woloschin gingen in das alte Kinderzimmer hinauf,
ein Raum von der Größe einer Schiffskabine mit einer Tapete,
die goldene Sterne auf rotem Grund zeigte. Woloschin zwängte
seinen massigen Körper in den Raum und betrachtete Marinas
Idole, besonders die Bilder von Napoleon. Er musterte die
schmale Couch, die von einem Schreibtisch eingeengt wurde.
Dann begannen die beiden, fast als Ebenbürtige, über das
Schreiben zu reden; über die Bücher, die sie noch lesen sollte
und über die, die sie am meisten bewunderte. Woloschin war
über ihre Wissenslücken erstaunt, doch als er ihr am nächsten
Tag ein Bücherpaket sandte, empfing Marina es entrüstet, weil
sich ein Werk von Henri de Regnier darunter befand, das sie für
anstößig hielt. Woloschin war nicht sonderlich zerknirscht. Er
war es auch, der Marina mit den Memoiren von Casanova
bekannt machte, und zumindest diese fand sie ungemein fes-
selnd. Sie las sie in Französisch, und die leidenschaftliche Viel-
seitigkeit von Casanovas Charakter versetzte sie rasch in Entzücken.

Woloschin wußte genau, wie er das junge Mädchen behandeln mußte. Er hatte ein besonderes Talent, Frauen, die zu Dichterinnen geboren waren, aus der Reserve zu locken. Außerdem war er jenen gegenüber besonders freundlich, die die »unschönen Günstlinge der Götter« waren. Viel später noch erinnerte sich Marina daran, daß niemand die Gedichte ihrer Reifezeit mit solcher verehrenden Sorgfalt betrachtet habe, wie sie der sechsunddreißigjährige Woloschin ihren frühen Versen hatte zuteil werden lassen.

Bald wurde Marina zu literarischen Abenden eingeladen, wo sie unter anderen Adamowitsch und Chodassewitsch begegnete. Unter Dichtern und Schriftstellern wurde die talentierte Dichterin rasch berühmt, und durch Woloschin wurde sie in den »Mussagetes« eingeführt (eine Mischung aus literarischem Salon und Verlag); bald lud man sie ein, öffentlich zu lesen. Mit dem erwachenden Interesse für das andere Geschlecht waren sich Marina und ihre Schwester Anastassja nähergekommen. Marina vertraute Assja nicht nur, sondern erfuhr durch sie auch Unterstützung ihrer dichterischen Arbeiten. Deswegen bat sie Assja, mit ihr gemeinsam zu rezitieren. Die beiden traten in ihren Schuluniformen auf und lasen nebeneinanderstehend, wobei sie so intonierten, daß jedes Heben und Senken der Stimmen so verschmolz, als sprächen sie mit einer. Marina hatte ihr noch nicht geschnittenes Haar zurückgebunden, um die Stirn zu entblößen, während Assjas dickes Haar ihr bis auf die Schultern fiel. Sie rezitierten nicht, sondern nutzten den natürlichen Rhythmus der Stimme und vermieden jedes Pathos. Als sie geendet hatten, war ein Augenblick Stille, und dann brach der ganze Saal in Beifall aus, obwohl Applaus eigentlich verpönt war. Die beiden Mädchen standen verwirrt da und verbeugten sich linkisch. An dieses Erlebnis erinnerte sich Anastassja Jahrzehnte später mit Stolz und sah darin einen Höhepunkt, der die Richtung der Entwicklung ihres eigenen Talents bestimmte.

*

Im Herbst des gleichen Jahres verließ Marina ihr Zimmer mit
dem Sternenplafond im Zwischengeschoß und bezog das ehe-
malige Mädchenzimmer im Parterre. (Später wurde es eine
Vorratskammer.) Sie schlief nun dicht neben dem kleinen
Tisch, auf dem in ihrer Kindheit ein Paraffin-Öfchen gestanden
hatte, auf dem in einer blau-weiß gestreifen Kasserolle die
Milch für die Kinder gewärmt wurde. Ihr neuer Raum war qua-
dratisch, mit einer niedrigen Decke. Sie schmückte ihn mit
Zimmerpflanzen (besonders üppig blühenden, wie Begonien)
und hielt sich eine Katze. Sie erwarb auch ein Grammophon,   .
aus dessen uraltem Trichter die Serenaden Schuberts, die Musik Glinkas und alle Melodien ertönten, die ihr die Mutter und
die Kindheit wieder ins Gedächtnis riefen.

Marina war auf Abenteuer aus, und als Woloschin ihr begei-
stert von seiner Datscha in Koktebel auf der Krim erzählte, wo
er und seine Mutter Pra ein offenes Haus führten, beschloß sie,
seine Gastfreundschaft in Anspruch zu nehmen. Obgleich sie
noch nicht älter als achtzehn Jahre war, gelang es ihr, den Vater
zu überreden, sie vor dem Ende des Schuljahres auf die Krim
reisen zu lassen und außerdem seine Einwilligung für einen Besuch in Koktebel zu bekommen. Inzwischen war auch Assjas
Leben aufregend geworden: beim Schlittschuhlaufen war sie
dem Mann begegnet, den sie später heiraten sollte: Boris Tru-
chatschow. Marinas Programm für die Reise wurde immer um-
fangreicher – zum Beispiel wünschte sie Puschkins Gursuf zu
besuchen – so, als wolle sie ihr ganzes russisches Erbe auf einmal in sich aufnehmen.

Aus Gursuf schrieb Marina an ihre Familie über den Zauber
des Alleinseins, über Spaziergänge im Mondschein und über
die Freude, am Meer zu sein. Sie erwähnte auch einen Tartaren-
jungen, der ihr so zugetan war, daß er ihr überallhin folgte,
aber so, wie sie darüber schrieb, ließ sie keinen Zweifel darüber,
daß ihr Herz davon unberührt blieb.

Nach einem Monat der Einsamkeit auf den Ruinen einer Festung kam Marina am 5. Mai 1911 in Koktebel an. Woloschins Mutter, eine bemerkenswerte Frau, die ihr graues Haar zurückgebunden trug, um ihr Adlerprofil zu betonen, empfing Marina in einem langen weißen, mit Blau und Silber bestickten Kaftan. Ihr Kosename »Pra« war von »Pramater« abgeleitet, was »Mutter dieser Gefilde« bedeutete. In der Tat stand Pra in Koktebel einer matriarchalischen Gemeinschaft vor. Das einsam gelegene Haus, das einzige an diesem Stück der Schwarzmeerküste, war von einer kimmerischen Landschaft umgeben, die man von alters her für die Heimat der Amazonen hielt. Max, der Freude an Mythen hatte, ersann selber viele über die Landschaft, die Grotten und die Küste in der Umgebung seines Hauses. Er hielt auch Hunde; einige davon gehörten der Rasse der Krim-Schäferhunde an und ähnelten riesigen Wölfen. Doch in erster Linie war Koktebel wegen seiner ungezwungenen Freundlichkeit und Gastfreundschaft berühmt, die Max mit Freuden besonders jungen Schriftstellern gewährte, und dort, in Woloschins Datscha in Koktebel, traf Marina den Mann, der ihr Gatte werden sollte.

Marina war achtzehn und Sergej Jakowlewitsch Efron siebzehn Jahre alt, als sie sich zum ersten Mal an einem einsamen Strand in der Nähe von Koktebel begegneten, das Geräusch des Meeres in ihren Ohren. Der Strand war voll von kleinen Bergkristallen; Marina war dabei, einige besonders schöne Steine zu sammeln, und Sergej begann ihr zu helfen. Er war ein ausnehmend schlanker Junge, weniger hübsch als von einer traurigen und sanften Schönheit, mit erstaunlich großen Augen. Marina spürte sofort, wie ungeheuer groß sein Verlangen war, geliebt zu werden. Mit jäher, verwegener Entschiedenheit (an die sie sich oft erinnerte) sagte Marina voraus: »Wenn dieser Junge eine Karneolperle findet und mir schenkt, werde ich ihn heiraten.«[32] Er fand die Perle auf der Stelle.

Sergej, sechstes von neun Kindern, entstammte einer außergewöhnlichen Familie. Seine Mutter, Jelisaweta Petrowna Dur-

nowo, kam aus einem alten Adelsgeschlecht, worauf Marina
später stolz war. Jelisaweta war die einzige Tochter eines Ar-
meeoffiziers, der Adjutant von Zar Nikolaus I. gewesen war.
Ihr Gatte Jakow Konstantinowitsch Efron stammte aus einer
weitverzweigten literarischen Moskauer Familie jüdischer Herkunft, die einige Rabbiner hervorgebracht hatte. Sergejs Vater
war Student an der Moskauer Technischen Hochschule gewesen, und nur die Politik hatte ihn und Sergejs Mutter zusam-
mengeführt. Sie gehörten beide einer revolutionären Partei an
(seit 1879), die eine gerechtere Neuverteilung des Grundbesit-
zes zum Ziel hatte. Sergejs Mutter war zu der Zeit ein schönes,
schwarzhaariges Mädchen, das bei revolutionären Treffen im
Ballkleid und mit Samtcape erschien. Aber wie aristokratisch
ihre Erscheinung auch sein mochte, ihre politischen Ansichten
waren radikal und standen unter dem Einfluß von Kropotkin,
und sie war Mitglied der Ersten Internationale. Überdies war
sie außerordentlich mutig. In der Anfangszeit ihrer Freundschaft führten Jakow und Jelisaweta zahlreiche terroristische
Aktionen durch. Zum Beispiel hatte Jakow, zusammen mit zwei
anderen, am 26. Februar 1879 den Polizeispitzel Reinstein um-
gebracht – dem es gelungen war, sich in ihre Moskauer Organisation einzuschleichen –, bevor er als *agent provocateur* ent-
tarnt wurde. Der Verantwortliche für den Mord an Reinstein
wurde nicht entdeckt, doch im Juli 1880 wurde Jelisaweta wegen
der Verarbeitung von illegalem Material verhaftet und in die be-
rüchtigte Peter-Pauls-Festung in St. Petersburg gebracht.

Sie hatte mehr Glück, als zu erwarten war. Obwohl ihr Vater
(ein unerschütterlicher Monarchist) darüber entsetzt war, daß
seine Tochter anarchistische Neigungen hatte, verfügte er doch
über weitreichende Verbindungen und konnte ihr die Flucht ins
Ausland ermöglichen; Jakow folgte ihr. Dort heirateten sie und
verbrachten sieben Jahre im Exil, in denen ihre ersten drei Kinder geboren wurden.

Als die Efrons nach Rußland zurückkehrten, stellten sie fest, daß die meisten ihrer Freunde im Gefängnis saßen oder deportiert worden waren. Jakow selbst wußte, daß er unter ständiger Polizeiüberwachung stand. Er hatte nur die Möglichkeit, als Versicherungsagent zu arbeiten, eine Tätigkeit, die ihm weder Freude machte, noch Aussichten bot, und die geringe Entlohnung reichte kaum, seine große und ständig wachsende Familie zu unterhalten. Jelisawetas Eltern, die wohlhabend waren, hätten leicht helfen können, doch sie mißbilligten das Leben ihrer Tochter ganz entschieden. Da Jelisaweta das wußte, verbot ihr Stolz es ihr, sie um Hilfe zu bitten, und die Efrons schlugen sich allein durch.

Das alltägliche Elend der Familie Efron wurde noch vergrößert, als sie drei der jüngsten Kinder durch Krankheit verlor. Hirnhautentzündung und erbliche Herzschäden waren die Ursachen. Ihr Familienleben war harmonisch und liebevoll; ihre idealistischen Ziele gaben sie nie auf. Ende der 90er Jahre nahm Jelisaweta Kontakt zu einigen ihrer alten Gefährten auf und begann abermals beim Drucken von Flugblättern zu helfen, sie beteiligte sich an der Herstellung von Sprengstoffen und versteckte sogar Waffen.

Einige der älteren Kinder beteiligten sich ebenfalls an diesen Aktionen. Auf Photographien aus dieser Zeit wirkt Jelisawetas Gesicht grau und müde. Obgleich die Härten des Lebens, denen sie ausgesetzt gewesen war, sie nicht zerbrochen hatten, war ihre schmale hohe Stirn nicht mehr glatt und in den Mundwinkeln nisteten Falten. Ihre bescheidenen Kleider waren zu weit geworden und der Glanz aus den Tagen der Ballkleider und Capes war einer augelaugten Zähigkeit gewichen. Auf einer Photographie, die das Ehepaar Efron zeigt, erkennt man bei Jakow Züge, die auch Sergejs Gesicht prägten. Jakows Gesicht ist schlicht, offen, schutzlos und er hat sehr helle, klare Augen. Er und seine Frau sind umringt von ihren Kindern, von denen viele in späteren Jahren die revolutionäre Tätigkeit gegen den Zaren fortsetzen sollten.

Jelisawetas revolutionäre Aktivitäten erreichten in der Revolution von 1905 ihren Höhepunkt. In diesem Jahr wurde die Familie durch Zwangsmaßnahmen der Polizei zerstört. Jelisaweta kam mit der Bedrohung, zur Zwangsarbeit verurteilt zu werden, in das Butyrkij-Gefängnis, doch Jakow gelang es, ihre Freilassung zu erwirken, indem er als Kaution eine riesige Geldsumme hinterlegte, die er mit der Hilfe seiner Freunde zusammengebracht hatte. So konnte er seine Frau ins Ausland bringen; sie war krank und erschöpft und sollte Rußland nie mehr wiedersehen. Beide starben im Exil, zuerst Jakow, und als kurz darauf sein jüngster Sohn, der ihnen ins Exil gefolgt war, erkrankte und starb, verließ auch Jelisaweta der Lebensmut. Am folgenden Tag beging sie Selbstmord.

Sergej war 1905 erst zwölf Jahre alt. Er nahm keinen direkten Anteil an der Revolution, wahrscheinlich machte er sie für die Zerstörung seiner Familie verantwortlich. Als seine Eltern Rußland verlassen mußten, verlor seine ganze Existenz ihren Mittelpunkt. Sein Zuhause war verloren. Noch als Knabe erkrankte er zum ersten Mal an Tuberkulose, und die Krankheit sollte ihn sein Leben lang begleiten. Seine Krankheit und seine Sehnsucht nach der Mutter, von der er glaubte, daß sie ihn im Stich gelassen habe, lösten in ihm eine solche Bitterkeit und Qual aus, daß seine Familie es für klüger hielt, die Tatsache, daß seine Mutter tot war, vor ihm zu verbergen – eine irrige Ansicht, wenn auch eine verständliche. Als Sergej schließlich die Wahrheit entdeckte, konnte er nicht mehr um sie trauern.

Das war Sergejs tragische Geschichte. Auch er hielt sich für einen Schriftsteller und hatte unter den Dichtern in Moskau und St. Petersburg viele Freunde. Trotz seiner dauernden Schwermut gehörte er zu der Gruppe junger Leute, die regelmäßig nach Koktebel kamen. Doch erst in Marina fand er einen Menschen, der imstande war, ihn von dem einsamen Elend zu erlösen, das ihn seit seinen frühen Jahren erfüllt hatte... und sie genoß ihre Rolle als Retterin.

Während des Herbstes 1911 führten die beiden ein sonderbares, kindliches, verspieltes Leben, obgleich sich Marina sehr bald als Sergejs Verlobte ansah. Als Anastassja auf die Krim reiste, um ihre Schwester in Woloschins Datscha aufzusuchen, führten Marina und Sergej sie auf sorgfältig geplante Weise hinters Licht, und alle Gäste Woloschins spielten mit. Marina war nicht nur Teil der Gruppe, sondern eines ihrer dominierenden Mitglieder geworden, und sie kleidete und benahm sich jetzt auch ganz anders als in Moskau. Sie sah wie ein Junge aus. Ihr Haar war dicht gekräuselt und hatte von der Sonne einen goldenen Glanz; ihr Gesicht, ihr Nacken und die bloßen Waden waren fast schwarz. In Moskau hatte Marina hohe Absätze getragen, doch auf der Krim trug sie Sandalen und weite jungenhafte Pumphosen. Sie sah jünger und viel ungezwungener aus als Assja, die sorgfältig gekleidet aus Moskau angekommen war und einen passenden Reisemantel und einen breitkrempigen Strohhut trug. Vielleicht war es dieser Gegensatz, der Marina in Versuchung führte, doch der Streich, den sie ihr spielte, war unfreundlich und töricht. Er beruhte darauf, daß man kunstreiche neue Identitäten für die anderen Gäste erfand, von denen einer so tat, als sei er schwachsinnig, und ein anderer sich als taub und stumm ausgab. Marina täuschte vor, Sergej lächerlich zu finden. Später war Assja sehr aufgebracht, daß sie sich dazu hergegeben hatte, dabei mitzuwirken, sich über den unbekannten jungen Mann lustig zu machen; und als sie am nächsten Morgen Marina und Sergej dicht beieinander beim Frühstück sitzend fand, so sehr voneinander in Anspruch genommen, daß sie ihr Eintreten kaum bemerkten, war sie überaus peinlich berührt. Ihr Stolz hielt sie davon ab, ihren Schock zu zeigen, doch sie empfand es als grausam, daß alle ihr einen solchen Streich gespielt hatten. Viel später merkte sie, daß das einzige, was an diesem Spiel stimmte, die Beschreibung von Sergejs Aussehen war – zwar hübsch, aber ein wenig einfältig.

An diesem Abend vertraute Marina ihrer Schwester an, daß

sie in eben diesen Sergej verliebt sei, und daß er ihr wegen der
Tragödie seines Lebens um so teurer sei. Weil er, nachdem er
vom Selbstmord seiner Mutter erfahren hatte, nur um Haares-
breite dem Tod entgangen sei, wolle sie ihn nun für immer lieben und beschützen. Besonders liebe sie seine körperliche Zart-
heit. Indessen blieb Marina, obwohl sie zu dieser Zeit durch
und durch glücklich war, eigensinnig und quälerisch; so forderte sie ihre Schwester auf, die Liebe, die sie für Boris emp-
finde, mit der ihren zu Sergej zu vergleichen. Anastassjas Antwort war steif und kühl, sie machte sich Sorgen, denn Boris, der
versprochen hatte, auf die Krim zu kommen, war noch nicht
eingetroffen.

Wie allen anderen, blieb auch Anastassja Sergej Efrons
Charme nicht verborgen. Alle Russen lieben Kosenamen, doch
nur wenige Leute verkürzten Marinas Namen, nachdem sie erwachsen war. Sergej jedoch kannte jedermann als Serjoscha,
eine Verkleinerungsform, die ihn sein Leben lang begleitete.
Sie war ein Teil seiner ewigen Jungenhaftigkeit.

Serjoscha und Boris begegneten einander zum ersten Mal auf
dem Bahnhof von Koktebel, als Anastassja und Boris kamen, um
sich von Marina und Serjoscha zu verabschieden, die vor ihnen
nach Moskau zurückkehrten. Die vier jungen Leute standen auf
dem Bahnsteig, betrachteten die Wolken über der Stadt und warteten auf den Zug. Die beiden Jungen waren etwa gleichaltrig.
Die Schwestern sprachen über ihren Vater, der krank war, und
dem die Ärzte eine Kur in Bad Nauheim verordnet hatten. Er
wollte nur ungern gehen, weil das neue Museum noch nicht fer-
tiggestellt war. Schließlich schüttelten die beiden jungen Paare
sich die Hände, anstatt sich zu küssen, und Marina und Serjoscha fuhren zum Haus an der Drei-Teiche-Straße.

Im Juli reisten Marina und Serjoscha zusammen in den Ural;
als sie nach Hause zurückkehrten, war Marinas Vater abgereist,
und sie bezogen zusammen das Haus der Familie. Später zogen
sie zu Serjoschas Schwestern.

Marinas Heirat im Januar 1912 dürfte ihrem Vater kaum behagt haben. Sie war erst neunzehn, und Serjoschas Familiengeschichte gab Anlaß zur Besorgnis. Ganz abgesehen vom Antisemitismus der Ilowajskij-Familie, wären auf der Durnowo-Seite, falls Professor Zwetajew sich für eine große Hochzeit entschieden hätte, eine Gefängnisstrafe und ein Selbstmord geheimzuhalten gewesen. Dementsprechend wurde die Hochzeit in aller Stille gefeiert. Anschließend fuhren die Neuvermählten nach Sizilien und machten auch einen kurzen Abstecher nach Paris, bevor sie nach Moskau zurückkehrten, um ihren eigenen Hausstand zu gründen.

3
»Ich könnte niemand anderen lieben . . . «
1912 - 1916

*Marina und Sergej Efron
in Koktobel 1911*

Die zwei Jahre zwischen ihrer ersten Begegnung und dem Ausbruch des Ersten Weltkrieges erwiesen sich als die einzige Zeitspanne gemeinsamen Glücks im Leben von Serjoscha und Marina. Dank der Hilfe der zweiten Frau von Marinas Großvater Meyn konnten sie sich ein Haus im alten Kaufmannsviertel kaufen. Zwei Jahre darauf zogen sie in eine zentraler gelegene Wohnung um. Sie lag in der Boris-und-Gleb-Straße Nr. 6 und gehörte einem Priester, der in der gegenüberliegenden Kirche tätig war. Es war eine bescheidene, hübsch gestrichene Wohnung, in der sie, ohne Verantwortung tragen zu müssen, lebten und ihre priviligierte Heiterkeit nicht in Frage stellten.

Marina wußte, daß ihr Glück mit Serjoscha auf der Kindlichkeit beruhte, die sie umfing, als wären sie Teil desselben Traums. In einem an ihn gerichteten Gedicht aus dieser Zeit drückte sie ihre Absicht aus, ein kleines Mädchen zu bleiben und ihn so zu behexen, daß er immer jung blieb. Kindheit war für sie die goldene Zeit von Huck Finn und Tom Sawyer, von Prinz und Bettler. Dies waren die Jahre, in denen sie und Serjoscha sich am nächsten und ebenbürtigsten waren. Serjoscha hatte seinen eigenen literarischen Ehrgeiz (er arbeitete an einem Band mit Erzählungen), doch sein größtes Talent bestand darin, die Größe anderer aufzuspüren. Er liebte es, von Künstlern aller Art umgeben zu sein, und es war kein Zufall gewesen, daß er Marina in Woloschins Datscha begegnet war. Er war auf Marinas Talent nicht neidisch, denn die Aufmerksamkeit und Hingabe, die sie ihm schenkte, waren unmißverständlich, und in der Bereitwilligkeit, mit der er von anderen akzeptiert wurde, sah er die Bestätigung der hohen Meinung, die sie von ihm hatte.

In mancher Beziehung machte sein ungezwungener Charme ihn anziehender als Marina, besonders in Schauspielerkreisen. Marina war nicht eigentlich schüchtern, doch die extrovertierten nicht-intellektuellen Schauspieler verunsicherten sie, und ihre Unfähigkeit, Eindruck auf sie zu machen, ärgerte sie. Sie hatte es immer gehaßt, wenn ihre besonderen Qualitäten nicht beachtet wurden, und wurde dann regelmäßig mürrisch. Aber Serjoschas unbekümmerte Heiterkeit machte ihre Ungeschicklichkeit wett und sorgte für ihre Aufname in die freundschaftliche Welt der Schauspieler.

Marina und Serjoscha unterstützten sich gegenseitig. Seine Schwäche und seine Gutmütigkeit kamen aus derselben Quelle: er hatte den Wunsch, zu gefallen. Und da es niemanden gab, dem er mehr gefallen wollte als Marina, hielt sich der eine glücklich am anderen fest.

Serjoscha besuchte wieder die Schauspielschule, und 1912 wurde Marinas zweites Buch *Laterna magica*, veröffentlicht. Doch zum ersten Mal in ihrem Leben stellte sie das Schreiben nicht mehr über alles andere, ja sie schrieb nicht einmal mehr täglich. Am 5. September 1912 wurde ihr erstes Kind geboren. Taufpaten waren Professor Zwetajew und Maximilians Mutter Pra; das Kind wurde auf den Namen Ariadna getauft, obgleich es in der Regel Alja gerufen wurde. Plötzlich gab es viele neue Interessen und Ablenkungen, und an allen hatte auch Serjoscha teil.

Selbst nach ihrer Heirat erledigte Marina für ihren Vater die ganze Korrespondenz, wie ihre Mutter es früher getan hatte. Sie war entzückt zu hören, daß bei der Eröffnung des vom Vater lange ersehnten neuen Museums der Schönen Künste nicht nur der Zar anwesend sein, sondern Professor Zwetajew auch einen Verdienstorden erhalten würde. Beide Töchter fühlten tiefe Zuneigung zu dem alten Mann, und gemeinsam schenkten sie ihm ein prächtiges Silbertablett. Er nahm das Geschenk überrascht entgegen und brummte nur milde, daß sie als verheiratete Frauen (Assja und Boris hatten kurz nach Marina und Serjoscha geheiratet) das Geld besser hätten anlegen können. Es war ein gutmütiges Brummen, obgleich Marina (in einer in den 30er Jahren geschriebenen Erinnerung) sich über seine fortgesetzte Sparsamkeit ein wenig lustig machte, die ihn darauf bestehen ließ, die Kleider für seine Töchter selber einzukaufen, um sicherzugehen, daß die Stoffe haltbar waren.

Im Alter, und nachdem er all seinen Mißgeschicken zum Trotz hartnäckig weitergearbeitet hatte, bekam seine Weltfremdheit etwas Anrührendes. Am Tage der Museumseröffnung war er in einen alten grünlich-grauen Gehrock gekleidet, und ein alter Freund kam zu ihm, um ihm einen Lorbeerkranz zu überreichen. Diesen lehnte er aus Bescheidenheit ab, stand allerdings einen Augenblick bekränzt da, ohne auf die Idee zu kommen, er könne komisch aussehen.

Als die Familie Zwetajew das Museum betrat, hatte sich dort die große und vornehme Welt im Glanz der Orden versammelt. Die schwangere Marina und Serjoscha wirkten in dieser Menge unnatürlich jung. Einer der Höhepunkte des Tages bestand für Marina darin, zu beobachten, wie der Zar sich mit ihrem Vater unterhielt; in der Tat hatte sie die Anwesenheit des Herrschers so erregt, daß sie später nicht davon abzubringen war, der Zar habe sie direkt angeschaut. Ihr Vater pflichtete ihr gleichmütig bei und sagte, das könne sehr wohl der Fall gewesen sein, denn »schließlich muß man ja irgendwohin sehen«.[33] Die Pracht des Schauspiels verursachte ihr keine Skrupel, denn sie war durch das Spektakel und die Freude, daß ihr Vater einen verdienten Orden erhielt, viel zu aufgewühlt, um die damaligen politischen Verhältnisse in Erwägung zu ziehen. Im übrigen war niemand unter den Gästen, für den der Zar und die Pracht der höfischen Festlichkeiten ein Beispiel für unerträgliche Gleichgültigkeit gegenüber der Verwahrlosung und Not der russischen Massen gewesen wäre. Auch Serjoscha blieb trotz seines jüdischen und revolu-

tionären Erbes von dem reformerischen Aufbegehren in der Intelligenzija unberührt.

Marinas Vater starb unerwartet am 30. August, fünfzehn Monate nach der Eröffnung des Museums. Er hatte sein Leben
lang anspruchslos gelebt, und für Marina war gut gesorgt. Sie
hatte sich zu ihrem Vater nie so leidenschaftlich hingezogen gefühlt wie zu ihrer Mutter, doch als er am Ende mehr Hilfe von
ihr brauchte, begann sie größere Wärme für·ihn zu empfinden.
Sie hatte seinen Wunsch, den bildenden Künsten zu dienen,
und den Mut, mit dem er seinen Kritikern entgegentrat, immer
respektiert. Nun machte sein Tod sie zur Waise und führte
dazu, daß sie, um Sicherheit zu gewinnen, die Bande zwischen
sich und Serjoscha noch enger knüpfte. Nicht jeder begriff, wie
tief Marina Serjoscha liebte. So schrieb sie am 7. März 1914 an
eine Freundin: »Ich könnte nie jemand anderen lieben... nicht
einer, nicht ein einziger meiner Freunde, versteht meine
Wahl.«[34]

Indessen verging das Jahr nach dem Tode ihres Vaters, ohne
daß sich am Ablauf ihres Lebens oder an den Vergnügungen,
die sie mit ihrem jungen Gatten teilte, etwas änderte. Dazu gehörte die Leidenschaft für das Theater. Es war seit ihren ersten
Bemühungen, *L'Aiglon* in Verse zu übertragen, für sie wichtig
gewesen, und natürlich hatte auch ihr Idol Sarah Bernhardt
dazu beigetragen. Sowohl Serjoscha als auch seine beiden
Schwestern besuchten eine Schauspielschule und traten in
Studioaufführungen auf; der älteste Bruder, Pjotr, war Be-
rufsschauspieler gewesen. Serjoscha verfügte über ein gewisses, wenn auch nicht überragendes Talent, und er genoß den
Auftritt auf der Bühne, während Marina anfangs einfach nur
glücklich war, zur Gruppe zu gehören. Diese jungen Leute
konnten nicht voraussehen, von welch kurzer Dauer ihr unbe-
schwertes Leben sein würde, und sie hätten auch nicht die geringste Neigung dazu verspürt, darüber nachzudenken. Wenn

sie überhaupt in die Zukunft blickten, dann geschah das durch
Wahrsagen, und beim Gedanken an die unbekannte Welt, die
vor ihnen lag, empfanden sie einen wohligen Schauder.

Eine solche Gelegenheit bot sich am Neujahrstag 1914 in Koktebel. Um diese Zeit war Marinas sinnliche Ausstrahlung am
stärksten: Ihr Gesicht war voll, doch nicht schwammig, ihre
Kleider waren lang und aus kostbaren Stoffen angefertigt, und
sie trug viele Ketten und Amulette auf ihrem vollen Busen. Sie
bevorzugte steife Seidenkleider, tief ausgeschnittene Mieder
und lange, bauschige Röcke. Sie und Serjoscha kamen zusammen mit Assja und Boris in einem Schneesturm an, der so
schlimm war, daß die Fahrer gezögert hatten, die Fahrt zu
riskieren. In Woloschins behaglicher Bärenhöhle wurden sie
willkommen geheißen. Die Ausgelassenheit, die sie überkam,
nachdem sie in einem solchen Wetter heil angelangt waren, verlieh dem Abend einen besonderen Reiz, und sie begannen, mit
Hilfe von Woloschins Bibel, sich einander wahrzusagen: Derart
in ihr Spiel vertieft, bemerkten sie erst, daß der Turm, in dem
sie saßen, in Flammen stand, als sie den Rauch, der durch die
Ritzen der Dielenbretter aufstieg, rochen. Später beschrieb Marina, daß Woloschin seine Hand gegen die Flammen ausstreckte
und magische Beschwörungsformeln sprach, während die anderen, praktischer veranlagt, sich beeilten, Eimer voller Meer-
wasser zum Löschen herbeizuschleppen. In ihrer Erinnerung
an diesen Vorfall erlosch das Feuer auf Woloschins Geheiß.
Diese Metapher deutete nicht darauf hin, daß sie leicht mit den
bevorstehenden Ereignissen fertig werden würde.

Als der Krieg begann, war Serjoscha im ersten Studienjahr
an der Moskauer Universität, und er war begierig, am Kampf
teilzunehmen. Seine Motive waren, wie sich zeigen wird, nicht
nur die eines ausgeprägten Patrioten. Jedenfalls wurde er als
Krankenpfleger mit einem Sanitätszug an die Front geschickt.
Zuerst versuchte er – erfolglos – mehrere Gesundheitsbehör-
den davon zu überzeugen, daß er für den aktiven Dienst voll

tauglich sei. Seine heftige Entschlossenheit führte schließlich
dazu, in ein Ausbildungslager für Offiziere aufgenommen zu
werden, für das er nicht besonders geeignet war. Ein entschei-
dender Bestandteil seines Verlangens, an die Front zu kommen,
war das Bedürfnis, auf Marina Eindruck zu machen. Sein
Dienst im Sanitätskorps hatte ihn zum ersten Mal seit ihrer
Heirat von ihr getrennt; jetzt spürte er, nach langen Tren-
nungsperioden, eine unangenehme Verlagerung ihrer Interessen. Sie hatte wieder zu schreiben begonnen, und dabei wuchs
ihr Selbstvertrauen ständig. Er konnte ihre ungeheure Energie
nicht verkennen und wußte bereits, daß sie aufgehört hatte,
ihre Leidenschaft einzig auf die Familie zu richten.

Marinas Leben war um diese Zeit ausgelassen und eigenwillig, doch es erhielt sich eine feste häusliche Struktur. Das war
zum Teil eine finanzielle Frage. Sie konnte sich für Alja ein Kindermädchen leisten und war in der Lage, einen komplizierten
Haushalt auf ihre gebieterische Weise zu führen. Alja berichtet
in ihren Erinnerungen von einer ganzen Reihe von Kindermädchen, doch es ist ganz klar, daß Marina immer alles in der Hand
hatte. Ein Kindermädchen wurde entlassen, weil es das kleine
Kind in die falsche Kirche gebracht hatte, ein anderes, weil es
schmutzige Hände hatte. Marina entschied über alles, auch
über den Zeitpunkt, wann das Spielzeug weggepackt werden
und Alja zu Bett gehen mußte. Spaziergänge mit Marina waren
für Alja herrliche Abenteuer, wenn ihre Mutter auch immer
darauf bestand, daß Alja mit äußerster Korrektheit gekleidet
war: »Schuhe, Kapuzen, Gamaschen, Bänder, Haken, Knöpfe,
unzählige Knöpfe.«[35] Marinas Wille entschied über alles, was
in der Familie geschah. Alja kam es so vor, als verfüge Marina
über Zauberkräfte, denn sie konnte den Winter in den Sommer
verwandeln, indem sie plötzlich beschloß, in den Süden zu fahren und ihre vertraute Moskauer Welt mit der Datscha in Koktebel zu vertauschen.

Alja wurde dazu erzogen, klar und zusammenhängend sprechen zu lernen, und sobald sie überhaupt sprechen konnte, behandelte Marina sie wie eine Erwachsene. In mancher Hinsicht erinnerte Marinas Verhalten an das ihrer Mutter, bis hin zur gelegentlichen Grausamkeit. Als Alja ihr erstes kleines Männchen zeichnete, das Beine wie Stöckchen und einen Kopf wie ein Kohlkopf hatte, muß sie, als sie ihrer Mutter das Werk zeigte, Lob erwartet haben. Statt dessen tat Marina so, als falle es ihr schwer, überhaupt eine Gestalt zu erkennen. Darauf zählte sie die Finger an den Händen des Ungetüms und ließ Alja ihre eigenen zählen, damit sie die Lächerlichkeit ihres Fehlers begriff, bevor sie sich über die Streichholzbeine, die Zähne, die einem Zaun glichen, und die anderen unproportionalen Einzelheiten der Zeichnung lustig machte.

Bei Alja blieb der Eindruck, daß Marinas damaliger Spott grausamer war, als es der Anlaß verdiente. Es mußte um mehr gegangen sein, als um die ersten künstlerischen Versuche eines Kindes. Marina konnte das Elend ihrer eigenen Kindheit schwerlich vergessen haben, als die Mutter ihre ersten dichterischen Versuche verspottete. Jetzt begann sie wie in einer zwanghaften Nachahmung darauf zu beharren, daß Alja vor allen anderen Künsten die Dichtkunst liebte.

Marina war entschlossen, keine Gelegenheit auszulassen, um Aljas wachsende Intelligenz zu formen, und sie überwachte jede Phase ihrer Entwicklung. Sie lehrte Alja selbst Lesen und Schreiben, sobald sie sah, daß das Kind in der Lage war, Buchstaben zu malen. Selbst ein Besuch im Zirkus wurde nicht nur zum Vergnügen unternommen. Marina ließ nicht zu, daß Alja ihre Blicke ziellos herumwandern ließ, um den Elektrikern zuzusehen, die hoch in der Kuppel arbeiteten. Sie drehte Aljas Kopf, damit sie sich statt dessen auf die Tiere in der Manege konzentrierte. Traurigerweise hatte das Kind nur Spaß bei den lärmenden Kapriolen der Clowns, und Marina wies sie deswegen zurecht. Marina war alles andere als humorlos, doch sie wollte Alja beibringen, daß es falsch war, über Leute zu lachen, die so häßlich oder unglücklich waren, über ihre eigenen Füße zu fallen. Das Resultat dieses intensiven persönlichen Unterrichts war, daß Alja noch Jahre später in ihrem Inneren die Stimme ihrer Mutter wie die des Gewissens hörte.

Trotzdem war Marina, trotz ihrer vielen herrschsüchtigen und willkürlichen Züge, oft eine hinreißende Mutter, besonders wenn sie ihre Tochter im Theater mit hinter die Bühne nahm oder sie eine Parade farbenfroh gekleideter Soldaten zu Pferde anschauen ließ, die hinter einer goldenen Trommel ritteln. Die Belohnungen für gutes Benehmen bestanden gewöhnlich darin, daß Marina das Kind mit ihrer Anwesenheit beschenkte: Sie las Alja aus einem Lieblingsbuch vor oder nahm sie mit auf einen Spaziergang. Eine besondere Vergünstigung war ein Besuch in Mutters Zimmer, denn diesen Raum betrachtete Marina ganz und gar als ihre Privatsphäre. Alja erinnert sich an Marinas Zimmer als an einen Ort entzückender Unordnung:

»Ein Zimmer mit vielen Ecken und Winkeln, mit einem märchenhaften blauen Kronleuchter aus der Zeit Kaiserin Elisabeths, der vom Plafond herunterhing, und einem Wolfsfell (ziemlich furchteinflößend und faszinierend zugleich) vor dem niedrigen Divan ... Ich erinnere mich, wie meine Mutter sich rasch zu mir herabbeugte, ihr Gesicht an meinem, an den Geruch von korsischem Jasmin, das Rascheln ihres Seidenkleides und an die Art, wie sie sich behende neben mir auf dem Boden niederließ.«[36]

Das Zentrum der Privatsphäre Marinas bildete natürlich ihr Schreibtisch, auf dem Porträts von Sarah Bernhardt und Maria Baschkirzewa (deren freimütiges Tagebuch Marina sehr bewunderte) standen; ein lackiertes Bleistiftkästchen mit einem Porträt des jungen Helden von 1812, General Tuschkow; ein Vogel aus Ton, mit Silber überzogen, der Sirim darstellte – in der russischen Volksüberlieferung ein Vogel mit dem Gesicht und den Brüsten einer Frau. Eines ihrer kostbarsten Besitztümer war eine Ausgabe der Märchen Perraults, illustriert von Gustave Doré, die ihre Tochter nur anschauen durfte, wenn sie ihre Hände sorgfältig gewaschen hatte und respektvoll damit umging. Bücher wurden von Marina mit übertriebener Sorgfalt behandelt; Gleichgültigkeit gegenüber *Dingen* gehörte noch nicht zu ihrem Lebensstil.

Es gab viele Gegenstände in Marinas Zimmer, die ihr die eigene Kindheit wachriefen, und die es für ein Kind zu einem Ort voller Zauber machten. Zum Beispiel besaß sie die Spieldose ihrer Großmutter, die ein Menuett spielte, und es gab auch ein Grammophon, auf dem Marina gern Zigeunerlieder abspielte, die sie zum ersten Mal in einem Konzert gehört hatte. Zu dieser Zeit war Marinas Interesse für Zigeuner Teil ihrer Liebe zu allem, was exotisch war. Sie glaubte an die Gabe der Zigeuner, die Zukunft vorherzusagen, und sie hatte ihre Freude an ihrem hochstaplerischen Geschwätz. In einer Art vorahnender Erkenntnis ihrer eigenen Schwäche pries sie ihrer Tochter deren »souveräne Hilflosigkeit«.

Marinas Fehler als Mutter bestanden eher in penibler Härte als in Vernachlässigung. Trotzdem ist es schwer, nicht zu erschrecken, wenn man die Schilderung liest, die die sechsjährige Alja in ihrem Tagebuch von der Mutter gibt:

MEINE MUTTER

Meine Mutter ist sehr merkwürdig.

Meine Mutter ist überhaupt nicht wie eine Mutter. Mütter bewundern immer ihr Kind und alle Kinder, aber Marina mag keine kleinen Kinder. Sie hat hellbraune Haare; an den Seiten sind sie gelockt. Sie hat grüne Augen, eine gebogene Nase und rosa Lippen. Sie ist schlank und hat Arme, die mir gefallen. Sie ist traurig, flink und liebt Gedichte und Musik. Sie schreibt Gedichte. Sie ist sehr geduldig und nachsichtig. Sogar wenn sie wütend wird, ist sie zum Liebhaben. Sie rennt dauernd irgendwohin. Sie hat ein großes Herz. Eine sanfte Stimme. Einen schnellen Gang. Marinas Hände sind voller Ringe. Marina liest in der Nacht. Ihre Augen sind fast immer fröhlich. Sie kann es nicht leiden, wenn sie mit albernen Fragen belästigt wird, dann wird sie sehr zornig. Manchmal ist sie abwesend, wie jemand, der nicht da ist, aber dann scheint sie plötzlich aufzuwachen, fängt an zu sprechen und dann scheint sie mit den Gedanken wieder woanders zu sein.[37]

Die Klarheit dieses Bildes zeigt eine für ein Kind wahrhaft bemerkenswerte, unerbittliche Ehrlichkeit, und es erinnert an die erstaunliche Frühreife Marinas, die im gleichen Alter angefangen hatte, Gedichte zu schreiben.

Marinas Leben konzentrierte sich wieder einmal auf die Liebe und Bewunderung, die sie für andere Dichter empfand. Wenige davon waren ihr ebenbürtig. Einer war Tichon Tschurilin, ein unbedeutender surrealistischer Dichter, dem sie dieses Gedicht, geschrieben 1916, widmete:

NICHT HEUTE, NICHT MORGEN VERGEHT DER SCHNEE.
Ein riesiger Pelz bewärmt deine Rippen.
Bedauerlicher! Auf immer verdorrt
Sind deine verlassenen Lippen.

Dein schwerer Schritt, dein Trinkerhals,
Gemieden von jedem im Bogen.
Und hat nicht Rogoshin aus solcher Hand
Das Gartenmesser gezogen?

Und die Augen, die Augen in deinem Gesicht!
Zwei verkohlte Jahresringe!
Als würde die Freundin den Knaben noch immer
Ins *Haus der Unfreude* bringen.

Fern – in der Nacht – übers Pflaster – ein Stock.
Die Türen – offen – im Druck des Windes.
Tritt näher – tritt ein! – unerwünschter Gast
In meine gleißende Stille.[38]

Ihre Beziehung war leidenschaftlich, doch nicht sexueller Art.
In einem autobiographischen Gedicht, 1916 in *Julistan* veröffentlicht, widmete Tschurilin Marina einen Abschnitt, der
»Liebe« überschrieben war. Für Marina lieferte eine Schwärmerei Anregung, ohne daß sie Serjoscha deswegen untreu war.

Ihre leidenschaftlichste erotische Beziehung zwischen 1914
und 1916 verband Marina indes mit einer Frau: Sophia Parnok,
damals am bekanntesten als Lyrik-Übersetzerin (wenngleich
sie später selbst einige bemerkenswerte Gedichte schrieb), die
aus ihrer lesbischen Veranlagung nie ein Hehl machte. Sie entstammte einer wohlhabenden südrussischen Familie, und die
Beschreibungen, die Marina in ihren Gedichten von ihr gibt,
lassen auf ein hochmütiges Betragen und auf ein zwar hübsches, aber volles Gesicht schließen – auf ein »Beethoven-Ge-
sicht« mit ausgeprägten dicken Augenbrauen.

Die Beziehung zwischen den beiden Frauen begann unmittelbar nachdem sie sich im Oktober 1914 kennengelernt hatten,
und dauerte bis zum Februar 1916. Während der ganzen Zeit
war Marina ganz die hingerissene Geliebte, und dieses Mal war
nicht Schwärmerei der Schlüssel zu der Beziehung, sondern
Sinnlichkeit: Sophia verstand es, Marina eine tiefere sexuelle
Erfüllung zu schenken, als sie sie bis jetzt erfahren hatte.

Marina unternahm keinen Versuch, ihre Liebesaffäre zu verbergen. Sie reiste mit Sophia durch Rußland, wo sie Orte von
historischem Interesse aufsuchten, und sie liebten sich, wo immer sie übernachteten. Es überrascht nicht, daß Serjoscha nicht
nur die Affäre, sondern auch den damit verbundenen Klatsch
als bittere Demütigung empfand, vielleicht um so mehr, als
Marinas emotionale Zuneigung längst nicht im gleichen Maße

erwidert wurde, denn Sophia Parnok hatte niemals die geringsten Bedenken, sich auch mit anderen Frauen einzulassen. Sein Entschluß, in den Krieg zu ziehen, entsprang zum Teil unzweifelhaft dem Wunsch, dieser Situation zu entfliehen.

1915, nachdem Serjoscha sich im März freiwillig zur Arbeit in einem Sanitätszug gemeldet hatte, lebten Marina und Sophia offen als Paar zusammen, obwohl Marina weiterhin das Gefühl hatte, auf eine andere, dauerhafte Weise zu ihrem Gatten zu gehören. Sie schrieb ihm jeden zweiten Tag, und obgleich sie sein Leiden wie ein Bürde empfand, die auf ihrem Herzen lastete, beharrte sie darauf, daß sie »Sergej für das Leben liebte«.

Dennoch ist es die Liebe zu Sophia Parnok, die sie zu dem folgenden seltsamen und schönen Gedicht inspirierte:

UNS BLÜHT DIE HÖLLE, FEURIGE SCHWESTERN
Der teerige Teufelstrank
Uns, denen aus jeder Ader
Das Loblied Gottes sang.

Die wir uns weder über Wiege
Noch Spinnrad beugten zur Nacht:
Davongetragen im Boot, im Getümmel
Unterm Saum des Staubumhangs.

Die wir uns in chinesischer Seide
Hüllten von Morgen an
Lieder anstimmten vom Paradiese
An räubrischer Feuerstatt.

Uns gottvergeßnen Näherinnen
(Gestichel, die Naht entlang!)
Flötenmündern, Tänzerinnen
Vom Weltberherrscherstamm!

Mal knapp gehüllt in Lumpen
Mal besternt das Haar.
Durch Kerker und Promenaden
Entgehn wir dem Himmel fürwahr.

Entgehn ihm in Sternennächten
Im Apfelbaumparadies...
Geliebte Mädchen, liebste Schwestern
Uns blüht des Teufels Verlies.[39]

Trotz dieser beinahe ausgelassenen Proklamation von Sündhaftigkeit, galt Liebe zwischen Frauen in den Kreisen, in denen sich Marina gewöhnlich bewegte, nicht als besonders verwerflich.

Ihr Schuldgefühl entsprang dem Schmerz, den sie, wie sie wußte, Serjoscha zufügte, und in wachsendem Maß ihrer Eifersucht, als ihre Beziehung zu Sophia immer stürmischer wurde. Im Januar 1916 stürzte sie eines Abends in Sophias Haus und traf dort auf eine andere Frau, die auf Sophias Bett saß. Selbst wenn Marina willens gewesen wäre, diese Verletzung ihres Stolzes hinzunehmen, machte Sophia ihr das unmöglich, indem sie erklärte, ihre Liebesaffäre sei zu Ende. Monatelang trug Marina einen unversöhnlichen Haß im Herzen, und Jahre später bezeichnete sie die Zurückweisung von Sophia als die erste Katastrophe ihres Lebens.

Der größte Teil der Gedichte, die Marina zwischen 1915 und der Revolution schrieb, wurde in der Literaturzeitschrift *Nordische Annalen* veröffentlicht, die in St. Petersburg von dem reichen jüdischen Ehepaar Sophia Tschaskina und Jakow Saker herausgegeben wurde; dort erschien in Fortsetzungen auch ihre Übersetzung des Romans *La Nouvelle Espérance* der Comtesse de Noailles. Marina weigerte sich, für ihre Arbeiten Honorar anzunehmen, akzeptierte jedoch Geschenke; das Parfüm »Korsischer Jasmin«, an das sich Alja erinnert, war möglicherweise ein solches Geschenk.

Auf Abendgesellschaften, die von damals bedeutenden Literaten und Theaterleuten veranstaltet wurden, erschien Marina elegant und selbstbewußt; und als sich ihr im Januar 1916 die Möglichkeit bot, in Petersburg aus ihrem Werk zu lesen, war sie überaus erfreut, wenn sie sich auch deswegen zum ersten Mal von ihrer Tochter trennen mußte.

Es war ihr großer Wunsch, Anna Achmatowa möge an diesem Abend zu ihren Zuhörern gehören. Das war nicht der Fall, aber Marina las, als sei sie anwesend. Zwei Jahrzehnte später schrieb sie:

»Ich jedenfalls lese nicht gegen die Achmatowa, ich lese – der Achmatowa entgegen, zu ihr hin. Lese – als ob im Zimmer die Achmatowa wäre, nur die Achmatowa. Lese für die abwesende Achmatowa. Ich brauche meinen Erfolg als direkten Draht zur Achmatowa. Und wenn ich in dieser Minute Moskau durch mich als ›unschlagbar‹ zeigen will, so nicht, um Petersburg – zu schlagen, sondern um dieses Moskau – Petersburg zu schenken, der Achmatowa dieses Moskau in mir, in meiner Liebe, zu schenken, vor der Achmatowa – mich zu verbeugen.«[40]

Unter den Zuhörern war Kusmin*, der zurückgelehnt rauchte, zuhörte und wartete, daß die Reihe an ihn kam; Mandelstam hatte, wie Marina bemerkte, Augen »wie die eines Kamels«. Marinas Gedichte erhielten Beifall, obgleich sie ein Antikriegsgedicht vorlas, in dem sie Deutschland pries und schwor, sie werde Deutschland bis zum Tode lieben. Sie las auch ein Gedicht, das sie im Vorjahr geschrieben hatte:

---

* Michail Alexejewitsch Kusmin (1875 - 1936), ein Dichter, Dramatiker und Komponist, der einige Berühmtheit erlangt hatte, weil er Liebe zwischen Männern beschrieb.

Ich weiß die Wahrheit! Alle früheren – gelacht!
Wozu – daß Mensch und Mensch einander spielt den Henker?
Schaut: Abend ist es schon! Schaut: bald schon es es Nacht!
Worum – Rivalen, Buhlen, Feldherrn, Dichter, Denker?

Schon fällt der Tau, macht sich der Wind zu schaffen,
Bald wird der Sternschneesturm erkalten und verfließen,
Bald werden wir, bald alle unter Erden schlafen,
So tief, die wir auf Erden uns nicht schlafen ließen.[41]

Marina war durch ihren Erfolg berauscht, und mit Freude
spürte sie, wie sich ihr in den Räumen der *Nordischen Annalen*
mit den von Büchern bedeckten Wänden, den dunkelblauen Ta-
peten und den weißen Bärenfellen auf dem Fußboden, eine
wundersame neue Welt auftat; eine Welt, in der um zwei Uhr
in der Frühe das Telephon klingelte und eine Stimme fragte:
»Ist es zu spät, noch vorbeizukommen?« Und die Antwort war
ganz nach Marinas Herzen: »Natürlich nicht, wir lesen Gedichte vor.« Dieser exaltierte Zustand half Marina mehr als alles andere, die Wunden zu heilen, die ihr die Zurückweisung
durch Sophia Parnok geschlagen hatte,[42] und ermutigte sie
auch, eine Beziehung mit Ossip Mandelstam einzugehen, dem
sie in Woloschins Datscha in Koktebel zum ersten Mal begegnet
war. Kurz nach ihrer Lesung in Petersburg begannen Mandelstams Besuche bei Marina in Moskau. Auch einen Teil des Früh-
sommers 1916 verbrachte er mit ihr in Alexandrow im Gouvernement Wladimir, wo sie sich kurz aufhielt, um ihre Schwester
Assja zu besuchen.
   Von den vielen Liebesaffären mit Männern, auf die sich Marina in dieser Periode einließ, war diese vermutlich die einzige,
die körperlich vollzogen wurde. Doch selbst in diesem Punkt
kann man nicht sicher sein. Salomea Halpern* bemerkte in der

* Damals die Prinzessin Andronikowa, die »Solominka« in Mandelstams Gedichten.

Korrespondenz mit Vera Traill 1979: »Ich hatte immer angenommen, daß Ossip und Marina ein Liebespaar seien«, obgleich sie ein paar Zeilen danach hinzufügt, daß »Ossip und ich über diese Dinge nie sprachen«.

Nadeshda Mandelstam, die (in *Generation ohne Tränen*) über ihre Freundschaft schrieb, erkannte an, daß Marinas Liebe der zartesten Regung ihrer edlen Seele entstammte. Andererseits hatte Marinas Entzücken, mit einem so jungen und hochtalentierten Mann zusammen zu sein, gewisse narzistische Züge – das ist verständlich, weil beide Dichter deutlich spürten, daß ihr Zusammensein sie der gewöhnlichen Welt entrückte. Es war so, als könnten sie, wenn sie einander in die Augen sahen, ihre Einzigartigkeit erkennen und bekräftigen.

Beide Dichter beschreiben, wie sie rauchend und sprechend gemeinsam wie in einem schlaflosen, ja geschlechtslosen Rausch durch Moskau wandern. Es ist eine der wenigen Beziehungen Marinas mit einem Dichter ihres Formats, die sich nicht ausschließlich auf einen Briefwechsel beschränkt. Was Frau Mandelstam als ihre »Selbstlosigkeit« bezeichnet, heißt eigentlich, daß sie nicht besitzergreifend war. Sie behandelte Mandelstam wie ein wildes Geschöpf. In dieser Spanne ihres Lebens fühlte sich Marina offenbar so mächtig, daß sie meinte, jeden, der in ihre Einflußsphäre geriet, nach Belieben festhalten oder loslassen könne. Sie empfand noch nicht einmal Groll über die Tatsache, daß es Mandelstam war, der als erster unruhig wurde.

1916 schrieb Marina Gedichte für Mandelstam, in denen sie ihm Moskau zu Füßen legte; sie schrieb auch über ihre nächtlichen Spaziergänge. Es geschieht nicht oft, daß Gedichte zweier Dichter, die eindeutig dieselbe Situation zum Thema haben, sich nebeneinander stellen lassen. Marina schrieb:

Du wirfst den Kopf zurück und wirfst das Haar,
Denn stolz bist du – groß im Sprechen.
Was brachte mir da dieser Februar
Für einen Sputnik lustig frechen!

Wir klimpern mit der klingenden Monete
Und blasen blauen Rauch ins Blaue:
Erhabne Fremdländer, fernher Gewehte! –
Und gehn durch unsre Stadt und schauen.

Doch, wessen vorsichtiger Finger rührte
An deine Wimpern, Schönheit – und
Wie, wann und oft gar küßte, kürte
Ein Mund, und wessen, deinen Mund –

Ich frage nicht. Den Wunsch, jäh quälenden,
Trieb aus mein Geist in seiner Gier.
Den göttlichen zehn Jahre zählenden
Knaben hüte ich in dir.

Der Fluß. Er bricht die bunte Perlenkette
Der Lichter, und wir retardieren.
Ich will dich zu dem Platz, der alten Stätte,
Die sah die Knabenzaren, führen...

Ergreif dein Herz und pfeife hin darüber,
Pfeif aus dein ganzes Knabenweh.
Mein gleichmütiger, wütender, mein lieber
Freigelassener – ade![43]

Im gleichen Jahr schrieb Mandelstam dieses Gedicht, das später
in *Tristia* (1922) veröffentlicht wurde:

Im Friedhof gingen wir, dem Wunder
Der Auferstehung uns verwehrend.
An diese Hügel, ihr Darunter
Mahnt jeder Erdfleck mich verzehrend.

(Zwei Zeilen fallen aus.)

Dort, wo Rußland abbricht, stürzt
Ins schwarze dumpfe Meer.

Von klösterlichen Hängen gleiten
die Wiesen breit hinab ins Fern.
Von diesen Wladimirer Weiten
Gen Süd? Geblieben wär ich gern.

In dieser dunklen Sloboda
Aus Holz und Torheit aber bleiben
Mit dieser Nebelnonne da,
Bedeutet – in sein Unglück treiben.

Ich küß den Ellbogen, so braunen,
Der Stirn so wächsernes Oval,
Ich weiß, unter den goldnen Daunen
Der dunklen Strähne blieb es fahl.

Vom Armreif aus Türkis – ein runder
Hellrosa Streif noch. Solche Spur
Zieht hinter sich, solch Himmelswunder
Tut Tauriens Feuerhimmel nur.

Wie schnell du dort vor Sonne branntest,
Dem Heiland nahtest, deinem armen.
Du küßtest, küßtest, ach und kanntest
In Moskau, Stolze, kein Erbarmen!

Uns bleibt der Klang nur, nur das Wort,
Auf lang, aus einem seligen Land.
So nimm aus meiner Hand mit fort
In deiner – eine Handvoll Sand.[44]

Die gemeinsame Dunkelheit und Zärtlichkeit des folgenden
Gedichtes bringt Marinas Sinn für Mandelstams Jugend und
körperliche Schönheit zum Ausdruck:

WAS STIMMTE MICH SO ZÄRTLICH?
Ich strich schon Lockenhaar,
Und Lippen kannte ich,
Dunklere als dein Paar.

Die Sterne stiegen und sanken
(Was stimmte mich so zärtlich?)
Es stiegen und sanken die Augen,
Die mir erschienen sind.

Auch lauschte ich solchen Liedern
In der finsteren Nacht
(Was stimmte mich so zärtlich?)
An singender Brust durchwacht.

Was stimmte mich so zärtlich?
Was nun, mein fahrender Sänger,
Mein listenreicher Knabe
Mit Wimpern lang und länger?[45]

Trotz Marinas sinnlicher Freude an der Schönheit des jüngeren
Mannes war das sexuelle Element in Mandelstams Liebe nicht
so stark. Wie Marina oft beklagte, liebten die Männer in ihr etwas anderes als die Frau. Mandelstams Gattin hebt hervor, daß
er begriffen habe, zerstört zu werden, wenn er länger bei dieser
»nebelverschleierten Nonne« bleibe, und betont, daß viele seiner Gedichte, die er zu dieser Zeit schrieb, Vorahnungen eines
schrecklichen Todes seien.

Selbst wenn man Nadeshda Mandelstam zugute hält, daß sie
Grund zur Eifersucht hatte, war es sicher Ossip, der unruhig
wurde: Vielleicht langweilte ihn die Stille der Landschaft im
Gouvernement Wladimir, und er sehnte sich nach der Krim.
Aber Marina hielt weiterhin an der Beziehung fest, selbst noch,
als die beiden getrennt waren, und sogar noch lange danach
machte Marina Rechte auf ihn geltend. Viele Jahre später

schrieb Nadeshda Mandelstam, daß sie sich durch Marinas Haltung von der gegenseitigen freudigen Anerkennung der beiden
ausgeschlossen fühlte, und sie sagt zu recht: »Ich hatte einige
Male Gelegenheit, mit der Zwetajewa zusammenzukommen –
doch richtig miteinander bekannt zu werden, das klappte nicht
... den Frauen ihrer Freunde gegenüber verhielt sie sich voller
Ungeduld[46].«

Marinas Mann war, als er erkannte, daß sie ihm untreu gewesen war, schmerzlich berührt, wenn er es auch hauptsächlich als
ein Zeichen mangelnder Zuwendung ansah. Und der körperliche Treuebruch war nur ein Teil davon. In der Gedichtfolge
»Insomnia« gibt es ein Schlüsselgedicht, in dem Marinas
Freude an einsamen nächtlichen Spaziergängen sich zu einem
Gefühl von magischer Befreiung steigert:

IN MEINER GROSSEN STADT ISTS TIEFE NACHT.
Ich hab mich aus dem Schlafhaus aufgemacht.
Die Leute haben Tochter, Frau, gedacht.
Doch ich denk nur das Eine: Nacht.

Der Juliwind fegt mir den Wanderweg.
Musik ertönt, die durch ein Fenster geht.
Bis morgen früh kein Lüftchen, das da weht.
Durch dünne Wände: Brust an Brust – erregt.

Die schwarze Pappel und im Fenster Licht.
Der Glocke Klang, die Hand Vergißmeinnicht.
Und dieser Schritt, der niemands Ferse sticht.
Den Schatten gibts – nur mich – mich gibt es nicht.

Und Feuer – Fäden einer goldenen Schnur.
Die Zunge schmeckt ein Nachtblatt pur.
Befreit mich, Freude, von der Göpeltour.
In eure Träume – wißt – führt meine Spur.[47]

Die Schönheit des Gedichtes kann die Tatsache nicht verschleiern, daß das, was da verherrlicht wurde, ein Jahr unabhängigen Abenteuerlebens war, in dem sie einzig ihre eigenen Gefühle gelten ließ. Das erste überschwengliche Glück ihrer Liebe zu Efron war durch ein Gefühl brüderlicher Kameradschaft ersetzt worden. Was nicht bedeutet, daß Marina in Bezug auf emotionale Hilfe von ihrem Mann nicht mehr abhängig war. Am 27. April 1916 schrieb sie ein Gedicht für ihn, in dem sie zerknirscht um Hilfe und Verständnis fleht und ihn als ihren »rechtmäßigen Zaren« bezeichnet.

Serjoscha war so weit von ihr entfernt, daß er von ihrem Verhalten nur durch Gerüchte oder durch ihr eigenes Geständnis erfuhr. Er fürchtete sich, der Sache auf den Grund zu gehen. Er war jung, erst viereinhalb Jahre verheiratet und für gewöhnliche menschliche Eifersucht durchaus nicht so unempfänglich, wie Marina es sich vorstellte. Sexuelle Freizügigkeit, von der russischen Oberklasse der Zeit als natürlich angesehen, wurde vor der Revolution von der Intelligenzija gepflegt, doch Serjoscha war psychologisch immer ungewöhnlich abhängig von der Liebe seiner Frau, die die Liebe einer Mutter ersetzen mußte. Nach Vera Traills Worten heiratete Salomea Halpern mit der Zustimmung ihres Gatten, daß sie mit jedem Mann ihrer Wahl schlafen dürfe, doch Marina und Serjoscha hatten dieses Verständnis von Ehe nicht. Gewiß machten sie kein Geheimnis um Marinas Leidenschaften. Sie wandte sich mit ihren Problemen oft an Serjoscha, und alle Berichte stimmen darin überein, daß er sowohl hilfsbereit wie kritiklos war. Und doch muß ihr Verhalten für sein verwundbares, sich selbst mißtrauendes Wesen qualvoll gewesen sein.

TEIL II
BÜRGERKRIEG

4

»Treue hielt uns fest wie ein Anker«
1917 – 1920

Die Töchter Ariadna und Irina
1918 / 1919

Während der Februarrevolution von 1917 war Marina in Moskau. Sie erwartete ihr zweites Kind, und der plötzliche und totale Zusammenbruch des Regimes versetzte sie in Aufregung, ohne daß ihr allzu klar war, was da vorging. Sie stand mit ihrer Verwirrung nicht allein, obgleich es nicht gerade für ihren politischen Scharfblick spricht, daß sie, wenn auch nur kurz, Kerenski mit Bonaparte verwechselte. In Gedichten, geschrieben im April 1917, die sich mit der Abdankung des Zaren befassen, richtet sich ihr Vorwurf gegen den Zaren, der aufgefordert wird, sich seiner Pflicht gegen seine Nachkommen zu erinnern. In den Augen jener, denen zu begegnen ihr einst geschmeichelt hatte, begann Marina etwas Heimtückisches und Kriecherisches zu entdecken. Gleichwohl ließ sie die Verzweiflung der Leute, welche die Bolschewiki unterstützten, unberührt, weil sie unter den Rebellen keine einzigartige heldenhafte Gestalt ausmachen konnte. (Keinen Mann wie Stenka Rasin, den sagenhaften Banditen, den sie immer bewundert hatte.) Statt dessen nur Pöbel, »von der Farbe der Asche und des Sandes«. Sie war beileibe nicht die einzige Schriftstellerin, die der revolutionäre Prozeß nicht berührte – Mandelstam, zum Beispiel, sah keine Veranlassung, die Datscha seiner Freunde auf der Krim zu verlassen, und während der Jahre der Umwälzung meditierte er weiterhin über die Mythen seines geliebten Mittelmeers. Im Juli 1917 hatte er eine ebenso heftige Abneigung gegen die Bolschewiki wie Marina, und im Oktober veröffentlichte er ein Gedicht, in dem er Lenin einen Parvenü nannte. Marina, die im April 1917 einer zweiten Tocher, Irina, das Leben schenkte, hatte allen Grund auf eine Wiederherstellung der bürgerlichen Ordnung zu hoffen und verspürte keinerlei Neigung, »das große, schwerfällige ächzende Herumwer-

fen des Ruders«[48] zu begrüßen, wie Mandelstam es ab 1918 zu
tun begann. Entscheidend für ihre Haltung war, daß Serjoscha
sich auf die Seite der Weißen geschlagen hatte; es war ein Engagement, das er, wie so oft, mit dem Wunsch eingegangen
war, Marina zu beeindrucken. Welche anderen radikalen Ansichten Marina auch immer gehegt haben mag, in der Person
des Zaren sah sie immer noch Gott und Staat vereinigt. Später
verlieh ihr Haß auf »jegliche organisierte Gewalt, gleich, in
wessen Namen sie begangen wird oder wie sie sich auch nennen mag«, einigen Gedichten aus dem *Lager der Schwäne* moralische Kraft, während das Buch im übrigen einer sehr frag-
würdigen Gruppe von Gegnern des Bolschewismus Größe zusprach. Zumindest ein Gedicht verrät einen unbeirrbaren Hu-
manismus:

> Zur Rechten, zur Linken
> Nur blutige Schlünde.
> Die Wunden, sie wimmern:
> – Mama!
>
> Und nur dieses eine
> Vernehme ich trunken.
> Ihr Ruf wird der meine:
> – Mama!
>
> Sie liegen im Sande.
> Nichts, was sie scheidet.
> Ich sehe: Soldaten.
> Sinds Fremde, sinds meine?
>
> Der weiß war, wurde rot:
> Blut hat ihn gestreift.
> Der rot war, wurde weiß:
> Tod hat ihn gebleicht.[49]

Doch sie hatte sicherlich recht, wenn sie von den Tagebüchern, die sie während des Bürgerkrieges führte, behauptete: »Es findet sich darin keine Politik.«⁵⁰

Das Chaos der Tage, die auf den Ausbruch des Bürgerkrieges folgten, brachte alle Pläne durcheinander; und Marina sah sich gezwungen, Rußland viermal zu durchqueren. Im Oktober 1917 war sie bei Max und Pra in Koktebel, und in ihre Erinnerungen an Woloschin hat sie Tagebuchnotizen aus jenen Tagen aufgenommen. In Max' Datscha erfuhr sie von zwei Offizieren, die an den letzten Kämpfen teilgenommen hatten, vom Sieg der Bolschewiken in Moskau.

Auf ihrer langen Rückreise nach Moskau am 2. November zwängte sich Marina in den Gang eines überfüllten Zuges, ohne zu wissen, welchen Nachrichten man glauben sollte. Zeitungsblätter aus rosa Papier, die von Hand zu Hand gingen, berichteten von der Zerstörung der Twerskaja, des Arbat* und des »Metropol«-Hotels; die Straßen, hieß es, seien mit Leichen übersät. Schlimmer noch war, daß sie nicht wußte, ob ihr eigenes Haus unversehrt oder ob Serjoscha in Sicherheit war. In diesem Augenblick waren alle ihre Gedanken bei ihrem Mann. In dem Tagebuch, das sie während der dreitägigen Reise hinkritzelte, gelobte sie: »Wenn Gott dieses Wunder vollbringt – und dich am Leben läßt, werde ich dir folgen wie ein Hund.« Und an anderer Stelle: »Kein einziges Mal an die Kinder gedacht. Wenn Serjoscha nicht mehr ist, bin ich auch nicht mehr, also auch sie nicht. Alja wird ohne mich nicht leben, nicht wollen, nicht können. Wie ich nicht ohne Serjoscha.« Niemand sollte, angesichts der anderen Liebschaften Marinas, diese Gefühle als unecht abtun. An jedem Wendepunkt ihres Lebens sollte sich die emotionale Bindung an ihren Mann als entscheidend und verhängnisvoll erweisen.

Um Moskau betreten zu können, war ein Passierschein erfor-

---

* Berühmter Boulevard im Zentrum Moskaus.

derlich, und Marina kam dort kurz vor der Morgendämmerung
an. Die Stadt war dunkel und noch immer war Geschützdonner
zu hören, doch selbst zu dieser frühen Zeit, morgens um halb
sechs, konnte man mit einer Droschke durch die fast menschenleeren Straßen fahren. In ihrer Vorstellung war Serjoscha in
diesem Augenblick unter den letzten Weißen, die Widerstand
leisteten, und sie fürchtete, anzukommen und die Nachricht
von seinem Tod zu erhalten.

An der Boris-und-Gleb-Kirche und am Eingang zur Seiten-
gasse, in der sie wohnte, wurde sie von der Hauswache angehal-
ten, die ihr nicht erlauben wollte, ihr Haus zu betreten. Erst als
sich das Bauernmädchen Dunja (das für Marina arbeitete) ein-
mischte, wurde ihr gestattet, ihre Kinder zu sehen.

Schließlich stellte sich heraus, daß ihre Sorgen wegen Serjoscha übertrieben gewesen waren – er lag tatsächlich unversehrt
im Bett – aber sie drängte dennoch darauf, daß man Moskau auf
der Stelle verließ. Noch am selben Tag machten sie sich in Richtung Krim auf den Weg; die Kinder ließen sie in Moskau bei
Serjoschas Familie, um sie später nachkommen zu lassen. Es
war Serjoschas Absicht, sich der Weißen Armee anzuschließen,
die sich im Süden neu formierte, wozu ihn Marina nachdrücklich ermutigte.

In Marinas Notizen aus dieser Zeit heißt es:

»Moskau, 4. November 1917. Am Abend desselben Tages reisen
wir ab auf die Krim: S., sein Freund Golzew und ich. G. gelingt
es, sich im Kreml seine Offizierslöhnung auszahlen zu lassen
(200 Rubel). Diese Geste der Bolschewiken sollte nicht vergessen werden.«

»Ankunft in Koktebel bei irrsinnigem Schneesturm. Das
Meer ist grau. Die riesige, fast physisch brennende Freude von
Max W. beim Anblick des lebenden Serjoscha. Riesige weiße
Brote.«

»Das Bild von Max W. auf dem kleinen Podest im Turm, wie er, Taine auf den Knien, Zwiebeln brät. Und während die Zwiebeln braten, liest er Serjoscha und mir die Geschicke Rußlands von morgen und übermorgen vor.

›Und jetzt, Serjoscha, kommt das und das... Merk es dir.‹ Und einschmeichelnd, fast freudig, wie ein guter Zauberer den Kindern, Bild für Bild – die ganze russische Revolution auf fünf Jahre voraus: Terror, Bürgerkrieg, Erschießungen, Straßensperren, Vendée, Verrohung, Gesichtsverlust, die entfesselten Geister der Natur, Blut, Blut, Blut ...«[51]

In dem Chaos, das Rußland zu überfluten begonnen hatte, machte sich Marina tapfer noch einmal auf den Weg, um ihre Kinder zu holen. Marina und Serjoscha hatten die Situation abenteuerlich falsch eingeschätzt, als sie die Kinder zurückließen. Sie hatte noch Glück, daß sie Moskau erreichte, denn die Stadt war inzwischen von der Roten Armee abgeriegelt; aber die Stadt wieder zu verlassen, war gänzlich unmöglich. Marina und Serjoscha waren getrennt. Und sie ahnten nicht, daß die Trennung fünf Jahre dauern sollte.

Es sollten Jahre des Terrors und der Entbehrungen werden, denen Marina anfangs mit temperamentvoller Heiterkeit entgegentrat. Serjoscha blieb die einzige Person auf der Welt, der ihre meiste Sorge galt. Es war eine familiäre, häusliche Treue, die Liebesabenteuer nicht ausschloß, obgleich diese in der Regel eher prickelnde Anregung denn sexueller Natur waren.

Die Beziehungen, die Marina während dieser Zeit zu Männern unterhielt, dienten in der Hauptsache dazu, ihre Phantasie am Leben zu erhalten. Marina brauchte Liebe, um zu fühlen, daß sie lebte. Es war nicht wichtig, daß die Personen, die sie liebte, ihr Gefühl teilten; wichtig war nur, daß sie ihre Liebe weitergeben konnte.

Pawel Antokolski (oder »Pawlik«, wie Marina ihn nannte)

war ein junger Dichter, dessen Verse Marina zum ersten Mal
1917, als sie allein nach Moskau zurückkreiste, im Zug von einem Kadetten rezitieren hörte. Sie war so sehr beeindruckt,
daß sie den Dichter aufsuchte und ihn zu einem Besuch in ihre
Wohnung einlud. Dort in ihrer Küche, umgeben von Töpfen
und Pfannen, wurden sie Freunde. Sie waren beide jung. Marina, damals fünfundzwanzig Jahre alt, hielt Pawel für siebzehn, für so alt wie Serjoscha gewesen war, als sie ihm begegnete; tatsächlich war er einundzwanzig, doch zumindest bei
dieser ersten Begegnung kam er ihr wie ein Schuljunge vor. Er
trug sogar noch seine korrekt zugeknöpfte Schuluniform, und
in dieser Kleidung stellte er für sie einen kleinen Puschkin mit
schwarzen Augen dar – den Puschkin ihrer Jugend. Es war eine
Begegnung, von der Marina schrieb: »Sie war wie ein Erdbeben. So, wie ich verstand, wer er war, verstand auch er, wer ich
war.«[52] Ob Antokolski Marinas Liebhaber oder Freund war
oder nicht, er blieb jedenfalls »tagelang, morgendelang, nächte-
lang ...«[53]. Das Zusammentreffen war auch insofern bedeut-
sam, weil Pawel ihr Zugang zum innersten Kreis der Gruppe
junger Leute verschaffte, die dem berühmten Wachtangow-
Studio angehörten, der experimentellen Bühne des Moskauer
Künstlertheaters – eine Gruppe, mit der Marina vorher nur am
Rande in Berührung gekommen war.

Marina liebte sie alle; nicht nur wegen ihrer Schönheit und
Lebensfreude, sondern auch wegen des Gefühls, das sie alle
miteinander teilten – an einem gemeinsamen Abenteuer teilzunehmen, dem Spiel. Die Vorstellung vom »Spiel« als Vergnü-
gung unter Erwachsenen hatte für sie etwas Faszinierendes.
Das Theater kam ihr wie ein konzessioniertes Märchen vor, und
in diesem Gefühl verliebte sie sich der Reihe nach in alle, die
darin mitwirkten. Viele Künstler unterhielten untereinander
Liebesbeziehungen, und Antokolski selbst hatte ein besonders
leidenschaftliches homosexuelles Verhältnis. Im Winter
1918/19 lernte Marina einen jungen Schauspieler vom Wach-

tangow-Studio kennen, den sie (in ihren Erinnerungen) Wolodja nannte. Ihr Verhältnis war ungewöhnlich förmlich – zum
Beispiel sprach Wolodja seine Freundin nie anders als mit ihrem
Familiennamen an. Anders als bei Marinas sonstigen Beziehungen, war es auch nicht die Dichtung, die sie verband: Weder
las sie ihm je Gedichte vor noch sprach sie mit ihm darüber.
Doch sie gelangte rasch zu der Gewißheit, daß Wolodja ihr unentbehrlich war. Dieses Gefühl der Abhängigkeit war nicht
überraschend, denn trotz des geschäftigen Treibens der Thea-
terleute fühlte sich Marina oft bitter einsam. Die Politik spielte
dabei eine gewisse Rolle: Sie konnte nicht anders als jene zu
verachten, die die Weißen unterstützten, obwohl sie selbst nie
aufgehört hatte, für deren Sache einzutreten; und sie weigerte
sich, mit Anhängern der Roten Freundschaft zu schließen. Serjoscha setzte sein Leben aufs Spiel, ihrem Siegeszug Einhalt zu
gebieten, und nach ihrem Gefühl konnte es »zwischen Siegern
und Besiegten keine Freundschaft geben.«[54]

Entscheidend für ihre Beziehung waren Wolodjas erste
Worte: »Sie erinnern mich an George Sand. Sie hatte auch Kinder – und sie hat *auch* geschrieben – und sie hatte auch so ein
schweres Leben auf Mallorca.«[55] Durch das Bild, das er von ihr
hatte, gerührt, lud ihn Marina für den folgenden Morgen in
ihre Wohnung ein; nach dem Frühstück durchstreiften sie die
Straßen. Danach besuchte Wolodja sie vielleicht zweimal in der
Woche nach der Vorstellung (das heißt also, nach Mitternacht),
doch ihre Beziehung blieb keusch: Sie saßen immer nur auf
dem Sofa und unterhielten sich. Das war vielleicht nicht allein
Marinas Entscheidung.

Es liegt etwas Erotisches in der Beschreibung ihres Vergnü-
gens, das sie bei seinem Anblick empfand: »... wie ein auf eine
Spitze gestelltes Dreieck. Die Schultern haben alles, die Hüf-
ten – nichts.« Sie mochte seine dunklen Augen und seine gerade Nase, »das ganze Gesicht gerade, dieselbe Geradheit wie in
der Figur«.[56]

Wolodjas Freundschaft half, die Furcht zu zerstreuen, daß sich niemand mehr darum sorgte, wie es ihr erging (sogar ihre Schwester war weit fort auf der Krim). Am Karsamstag 1919 fühlten sich Marina und ihre Tochter Alja in ihrer Wohnung so einsam, daß Marina sagte: »Alja! Wenn die Menschen von den Menschen so im Stich gelassen werden, wie wir beide, hat es keinen Zweck, Gott zu belästigen – wie Bettler. Von denen gibt es bei ihm auch ohne uns genug. Wir legen uns beide schlafen – wie zwei Hunde.«[57]

Sie legten sich beide in das Bett in der Küche, in dem früher das Hausmädchen geschlafen hatte. Alja schlief, angekleidet wie sie war, rasch ein. Auch Marina war noch in Kleidern, doch ihr fiel das Einschlafen schwerer. Der Jammer verzehrte sie, daß sie zum ersten Mal in ihrem Leben das Osterfest verbringen sollte, ohne die Worte »Christus ist auferstanden« zu hören. Es war Wolodjas kurzes, scharfes Klopfen, das sie aus ihrer Einsamkeit erlöste. Er war gekommen, um sie beide zur Mitternachtsmesse abzuholen. Alja glaubte, sein überraschendes Erscheinen komme einem Wunder gleich. »Da Gott nicht selber zu uns kommen konnte – oder vielleicht fürchtete er, uns zu erschrecken –, da hat er Wolodja zu uns geschickt.«[58]

In dieser Nacht beschloß Wolodja, Moskau zu verlassen und sich der Weißen Armee anzuschließen. Als er später kam, um sich zu verabschieden, zog er einen Siegelring vom Finger und schenkte ihn Marina, die durch dieses Geschenk besonders gerührt war, weil sie in der Regel diejenige war, die Geschenke machte. Daß sie jetzt ein Geschenk von ihm erhielt gab ihrer Freundschaft etwas Besonderes.

In anderer Hinsicht folgte ihre Beziehung einem Muster, das sich oft wiederholen sollte. Wolodja bemerkte, daß sie ihm Eigenschaften zusprach, die sie erfunden hatte. Als er an jenem Nachmittag zum letzten Mal kam, schien es Marina, als sehe sie ihn zum ersten Mal bei Tageslicht; sie war erstaunt, als sie feststellte, daß sein Haar nicht (wie sie gedacht hatte) schwarz,

sondern hellblond war. Wolodja war über ihren Irrtum amü-
siert und sagte: »Marina Iwanowna, ich fürchte ... daß Sie
auch alles übrige an mir auf Ihre Weise gesehen haben. Meine
ganze Person und nicht nur das Haar.« Und er schüttelte verächtlich seine Haare. »Habe ich mir etwa ein schlechtes Bild gemacht?« fragte sie. »Nein, Marina Iwanowna, ein gutes, ein zu
gutes sogar. Deshalb fürchte ich auch mit Ihnen immer das Tageslicht. Morgen würde sich vielleicht herausstellen, daß ich
langweilig bin. Vielleicht ist es gut, daß ich wegfahre?«[59]

Beim Abschied küßte Wolodja ihre Stirn und ihre Lippen bei-
nahe feierlich, und Marina schlug dreimal das Kreuz über ihn.
Er schenkte ihr ein Buch über Johanna von Orléans, in das er als
Widmung geschrieben hatte: »Sie und ich lieben – eines.«

*

Trotz ihrer Zuneigung zu Wolodja galt Marinas heftigste Liebe
in den Jahren des Bürgerkrieges abermals einer Frau. Ihre Leidenschaft war viel weniger sinnlich als die zu Sophia Parnok
und glich eher den Schwärmereien ihrer Kinderzeit, besonders
ihrer Verehrung Assja Turgenjewas. Damals hatten diese Beziehungen immer etwas Sehnsüchtiges gehabt: Anstatt die Schönheit anderer zu preisen, wäre sie lieber selbst als eine Schönheit
geliebt worden. Doch in ihrer Beziehung zu Sonja Holliday
wurden ihre Gefühle eindeutig erwidert.

Zwar war Marina oft einsam, doch auch weiterhin fanden
Freunde vom Theater den Weg in ihre alte, anderthalbgeschös-
sige Wohnung mit ihrer merkwürdigen Innentreppe. Im Winter
mußten Marina, Alja und das Baby unten im wärmsten und dun-
kelsten Zimmer wohnen. Im Sommer zogen sie in eine lange,
schmale Kammer auf den Dachboden mit einem einzigen Fenster. Dieses Zimmer war Marina am teuersten, weil Serjoscha es
einst für sich bestimmt hatte. Jetzt war es von neuen Stimmen
erfüllt: Diskussion, Unterhaltung, Probe und Rezitation.

Pawel Antokolski blieb ein regelmäßiger Besucher, und eines Abends im Jahr 1919 brachte er einen Freund mit, der der Geliebte eines Mädchens namens Sonja Holliday war, und so trat Sonetschka in Marinas Leben. In einem ihrer Briefe an Anna Tesková, die später in Prag ihre Freundin werden sollte, schrieb sie, Sonetschka sei die Frau, »die ich mehr als jeden anderen in der Welt liebte. Einfach weil sie die Liebe in weiblicher Gestalt war.« Sie trug schwarze Zöpfe, hatte riesige schwarze Augen und leuchtend rote Wangen. Marina schrieb über sie:

»Vor mir ein lebendes Feuer. Alles an ihr brennt. Brennende Wangen, brennende Lippen, brennende Augen, unversehrt die brennenden weißen Zähne im Scheiterhaufen des Mundes. Die Zöpfe brennen, als ob sie sich aus den Flammen winden! – zwei schwarze Zöpfe, der eine auf dem Rücken, der andere auf der Brust, als hätte es ihn vom Scheiterhaufen weggeschleudert. Und der Blick aus diesem Feuer – solches Entzücken, solche Verzweiflung, solches: ich fürchte mich! solches: ich liebe!«[60]

Nach ihrer ersten Begegnung trennten sich Sonetschka und Marina mit nicht mehr als einem Blick – einem fragenden, zweifelnden, zögernden Blick – doch bald danach fragte Sonetschka telephonisch an, ob sie Marina irgendwann besuchen dürfe – ohne Pawel. Marina stimmte zu und fragte lediglich: »Wann?« Offenbar kam Sonetschka noch am gleichen Tag.

Während einer Lesung von Marinas Versdrama *Schneesturm* vor dem Ensemble des Studios wurde sich Sonetschka klar, wie stark sie sich zu Marina hingezogen fühlte. Allein auf der Bühne, las Marina ihr Stück, als wäre es eines ihrer Gedichte. Die Bühne war hell, der Saal dunkel, und dann folgte die stürmische Begeisterung des schönen Mädchens, das zu ihr kam, um ihr zu sagen, wie aufgewühlt es gewesen sei. Fast zwanzig Jahre später konnte sich Marina immer noch genau an die Worte erinnern, mit der Sonetschka ihrer überschäumenden Begeisterung Ausdruck gegeben hatte: »O Marina! Ich bin damals so erschrocken! Dann habe ich fürchterlich geweint... Als ich Sie sah und hörte, war ich sofort wahnsinnig in Sie verliebt. Ich habe begriffen, daß man sich wahnsinnig in Sie verlieben muß...«[61] Eine Liebe kann leidenschaftlich sein, ohne sich auch sinnlich zu erfüllen, und selbst in der Übertriebenheit von Sonetschkas Worten liegt etwas Unschuldiges.

Ihr Leben lang suchte Marina bei den Männern, die sie liebte, eine so ausschließliche Liebe. Ungeachtet ihrer Schönheit und Begabung, liebte Marina mit einer Leidenschaft, die so heftig und verzehrend war, daß ihre Partner sie kaum erwidern oder ertragen konnten. Einzig Sonetschka schenkte ihr freiwillig eine Liebe von derselben ekstatischen Unbedingtheit. Marina kam es wie ein Wunder vor. Daß Sonetschka den *Schneesturm* so sehr liebte, war nur ein Teil der umfassenden Liebe, die sie für Marina empfand. Mit Sonetschkas Worten: »Marina, werden Sie mich immer lieben? Marina, Sie werden mich *immer* lieben, denn ich werde *bald* sterben, ich weiß überhaupt nicht, woran, ich liebe das Leben so sehr, aber ich *weiß*, daß ich bald sterben werde, und deshalb, deshalb liebe ich alles so *wahnsinnig*, so *hoffnungslos*.«[62]

Ihre Art, sich auszudrücken, wie auch ihre ganze Persönlichkeit hatten etwas Kindliches. Marina sagte, Sonetschka könne keine ihrer erwachsenen Heldinnen spielen: »Ich mußte Stücke mit kleinen Personen schreiben.«[63] Die Rosa Fortuna in *Abenteuer* und die Francesca in *Casanovas Ende* waren Rollen, die sie für Sonetschka schrieb.

Ob kindlich oder nicht, Marina fand vieles, was Sonetschka sagte, einprägsam – zum Beispiel, als sie einmal in Worte faßte, wie sehr sie etwas getroffen hatte: »Meine Tränen waren so groß, größer als meine Augen!« Marina, fasziniert von der Poesie des Ausdrucks, drohte ihn zu stehlen. Sonetschka, die bereit war, alles zu opfern, stimmte eifrig zu: »Oh, nehmen Sie es, Marina! Nehmen Sie alles, was Sie wollen! Neh-

men Sie für Ihre Gedichte alles, was Sie wollen, nehmen Sie
mich ganz!«[64]

Dieses Angebot ist nur im übertragenen Sinn zu verstehen,
denn (wie Marina) liebte Sonetschka auch Männer und fühlte
sich (anders als Marina) angesichts der Zahl derer, die sie geküßt hatte, ein wenig schuldig. In einem anrührenden Dialog
heißt es:

»›Marina, glauben Sie, Gott verzeiht mir, daß ich so viel geküßt
habe?‹

›Glauben Sie denn, Gott hat mitgezählt?‹

›Ich habe auch nicht mitgezählt.‹«[65]

Gegenseitige Treue hatten sie sich trotz alledem nicht geschwo-
ren. Was Sonetschka nicht daran hinderte, verdrießlich und ein
wenig eifersüchtig zu sein, wenn sie jemand anderen bei Marina vorfand. Marina fragte ironisch zurück, ob Sonetschka
etwa ihre übrige Zeit allein verbringe. Diese erwiderte: »Ich?
Ich bin ein ganz hoffnungsloser Fall, ich sitze mit allen herum,
ich fürchte den Tod so sehr, daß ich, wenn niemand da ist und
es wahrscheinlich ist, daß niemand kommt –, es gibt solche ent-
setzlichen Stunden! – sogar soweit gehe, zu meiner Katze aufs
Dach zu kriechen – nur, um nicht alleine zu sein: um nicht alleine zu sterben ...«[66]

Auf Wolodja war Sonetschka besonders eifersüchtig, und bevor er zur Weißen Armee ging, bildeten sie in Marinas Wohnung ein seltsames Trio. Sonetschka und Wolodja zogen es vor,
getrennt und zu verschiedenen Zeiten zu kommen, obwohl
auch zwischen ihnen eine enge Bindung bestand. Wenn die drei
trotzdem in Marinas Wohnung zusammen kamen, saß Wolodja
links und Marina rechts von Sonetschka, als sei diese das Kind
und Marina und Wolodja die Erwachsenen, die es beschützen
mußten.

Im gleichen Jahr, in dem sie Sonetschka fand, verlor Marina

sie auch wieder aus den Augen. Es gab keinen Abschied. Marina erfuhr von jemand anderem, daß Sonetschka am Tag zuvor abgereist war, und man wunderte sich, warum Sonetschka nicht gekommen war, um Marina Lebewohl zu sagen. Niemand wußte genau, wohin sie gefahren war.

Bei dieser Nachricht kam Marina ihr Zimmer plötzlich alt vor; die Wände und der Fußboden wurden farblos, und alles war mit einem Mal öde und grau. Sie empfand Sonetschkas überraschende Abreise weder als Beleidigung noch als Verrat. Sie erkannte, daß Wolodja kam, weil er sie nicht verlassen konnte, ohne Lebewohl zu sagen. Sonetschka war nicht gekommen, weil sie nicht Lebewohl sagen konnte.

Als Marina viele Jahre später über diesen Verlust nachdachte, schrieb sie:

»Sie war mir unentbehrlich wie Zucker. Wir alle wissen, daß Zucker nicht unentbehrlich ist, man kann ohne ihn leben, und vier Revolutionsjahre haben wir ohne Zucker gelebt, der eine hat ihn durch Sirup ersetzt, der zweite durch geriebene Rüben, der dritte durch Saccharin, der vierte durch nichts. Er hat den Tee pur getrunken. Davon stirbt man nicht. Aber davon lebt man auch nicht.«[67]

Die Bedingungen, unter denen Marina 1918 und 1919 mit ihren zwei Kindern lebte, wurden täglich schwieriger. Im September 1918 mußte Marina Ausflüge aufs Land machen, um Nahrungsmittel zu beschaffen – das heißt, Schweineschmalz und Hirse – und um die offizielle Reiseerlaubnis zu erhalten, mußte sie vorgeben, sie wolle im Institut der Stiftsdame Tschertowa (heute Sektion für Bildende Künste) die »Bauern-Stickerei erforschen«.

Mit einer unveränderlich wilden Fröhlichkeit machte Marina Notizen über die gefährlichen Fahrten nach Usman im Gouvernement Tambowsk und zurück. Der erste Zug, den sie bestieg, wurde, kaum daß er den Bahnhof verlassen hatte, von Rotarmisten requiriert. Selbst als der zweite Zug gegen Mitternacht Usman erreichte, wußte sie, daß sie nicht sicher war. In dem einzigen Haus an der Station machten es sich die Leute, so gut es ging, bequem. Eine Frau, die einen Sohn in der Roten Armee hatte, schlägt daraus soviel Kapital, wie sie kann; ihre Belohnung sind die Kissen und die Federbetten der Wirtin. Marina verhökert den Kattun, den sie bei sich hat.

Mitten in der Nacht wird sie von heftigem Klopfen, Fußgetrampel, Lachen und Fluchen geweckt. Es ist schwer, im Licht eines Streichholzes etwas auszumachen, doch schließlich stellt sich heraus, daß eine weitere »Requirierungsabteilung« zur amtlichen Durchsuchung gekommen ist. Hastig kritzelte Marina ihre Eindrücke von der Rohheit dieser Durchsuchung in ihr Tagebuch:

»Schreie, Weinen, Goldgeklirre, die beiden Alten mit aufgelöstem Haar, aufgetrennte Federbetten, Bajonette . . . Sie stöbern überall herum.

›Und sucht auch gründlich hinter den Ikonen! Den Heiligen! Auch die Götter lieben Gold!‹

›Aber wir haben nichts . . . Söhnchen! Vater! Sei ein Vater!‹

›Halt den Mund, altes Aas!‹

Der Kerzenstummel tanzt. An der Wand – die riesigen Schatten der Rotarmisten.«[68]

Zum Feilschen war Marina nicht gewitzt genug. Obgleich man ihr beigebracht hatte, für eine Rolle Kattun drei Pud (ca. 50 kg) Schmalz zu verlangen, war sie zu furchtsam, mehr als ein halbes Pud zu fordern, und ihr Handel ließ sich übel an. Im übrigen ärgerten sich die Bauern über jeden, der aus Moskau kam, da sie davon überzeugt waren, daß kein Moskowiter etwas von harter Arbeit verstand. Marina notiert, wie sie schließlich für drei Schachteln Streichhölzer eine Holzpuppe und eine Bern-

steinkette einhandelte. Zunächst hatten die Bauern sie in Wut
versetzt, doch später dämmerte ihr, daß sie mit ihnen mehr gemeinsam hatte als mit einigen ihrer ungehobelten Mitreisen-
den, die sie übersahen und sie entweder wegen ihrer billigen
Strümpfe verachteten oder in ihr aufgrund ihrer kurzen Haare
und Ausdrucksweise eine Angehörige der verhaßten Bourgeoi-
sie erkannten.

Trotz der liberalen Einstellung ihrer Mutter gegenüber dem
Antisemitismus, hatte Marina die schwierige Situation der Juden in Rußland nie begriffen; und obgleich Serjoscha Halbjude
war, teilte sie viele russische Vorurteile gegen die Juden, die sie
auf dieser Reise sah. Sie identifizierte einen Kommunisten (mit
einem Goldbarren um den Hals) und seine Frau als Juden und
behandelte ihre Erinnerungen an ihr altes Schneidergeschäft in
St. Petersburg als grotesk wichtigtuerisch. Doch der Dialog,
den sie aufzeichnet, ist nicht ohne Mitleid:

»Ach, eine Wohnung hatten wir! Ein Bonbon, keine Wohnung!
Drei Zimmer mit Küche, und noch eine kleine Kammer für das
Dienstmädchen. Nie habe ich dem Mädchen erlaubt, in der Küche zu schlafen – das ist unreinlich, es könnten Haare in den
Kochtopf fallen. Ein Zimmer war das Schlafzimmer, das andere
das Eßzimmer und das dritte – der Salon, himmelblau. Ich
hatte ja sehr bedeutende Auftraggeberinnen, das ganze bessere
Petrograd habe ich mit meinen Jäckchen bekleidet ... Oh, wir
haben sehr gut verdient, hatten jeden Sonntag Gäste: und Wein
und die besten Eßwaren und Blumen ... Jossja hatte eine ganze
Rauchgarnitur: so ein kleines Tischchen aus Filigranarbeit, ein
kaukasisches, mit allerlei Pfeifen und Sächelchen und Aschen-
bechern und Streichholzdöschen ... Ein Gelegenheitskauf bei
einem Fabrikanten ... Und Karten spielten sie bei uns, ich ver-
sichere Ihnen, um durchaus nicht geringe Summen.«[69]

Über ihre Hamsterfahrten hinaus beschloß Marina, durch Vermietung von Zimmern ihre Situation zu verbessern. Sie fand einen jungen Mann namens Sachs, einen bescheidenen, doch farblosen Kommunisten, dem sie leidtat. Er schlägt ihr als erstes vor, eine Stellung als Registratorin beim Volkskommissariat für Nationalitätenfragen anzunehmen, das im selben Gebäude untergebracht war wie die Tscheka, die Geheimpolizei. Sachs mußte ihr versichern, daß man nicht von ihr verlangen werde, für die Tscheka zu arbeiten (es war mehr als unwahrscheinlich, daß die Tschekisten auf diesen Gedanken gekommen wären), doch was sie am Ende überzeugte, war das Gebäude selbst: es war das Stadthaus der Familie Sologub, das Tolstoi als Vorbild für das Haus der Rostows in *Krieg und Frieden* gedient hatte. Doch da die Arbeit keine besonderen Vorteile wie Sonderrationen bot, fragte Sachs sie, ob sie in einer Bank arbeiten wolle. Trotz ihrer verzweifelten Lage behauptete sie mürrisch: »Ich kann nicht zusammenzählen.«

So fand sie sich denn schließlich am 13. November 1918 in der Presseabteilung des Volkskommissariats für Nationalitätenfragen wieder. Es war schwerlich eine Arbeit, die besondere Aufmerksamkeit erforderte, und Marina fand sie quälend eintönig. (Die Aufgabe, sich um Irina zu kümmern, fiel zum größten Teil Alja zu.) Marinas Schilderung dieser Zeit in ihrem Tagebuch entwirft ein schärferes Bild ihrer Tätigkeit als ihr später geschriebener Essay *Meine Arbeitsstellen*, der unverkennbar auf demselben Material beruht:

»15. November, dritter Arbeitstag. Ich archiviere Zeitungsausschnitte, das heißt: ich gebe mit eigenen Worten Steklow wieder, Kerschenzew, Berichte über Kriegsgefangene, den Vormarsch der Roten Armee usw. Ich tue es einmal, zweimal (ich schreibe sie aus dem ›Journal der Zeitungsausschnitte‹ auf ›Karteikärtchen‹ ab), dann klebe ich diese Ausschnitte auf riesengroße Bögen. Die Zeitungen sind hauchdünn, die Schrift kaum

erkennbar, und dann noch Überschriften mit lila Bleistift, und
dann noch Leim – das ist vollkommen nutzlos und wird, ehe
man es verbrennt, zu Staub zerfallen.

Links von mir zwei schmutzige, niedergedrückte Jüdinnen,
wie Heringe*, ohne Alter. Weiter: eine rote, hellblonde – als
ein Mensch, der zur Wurst wurde, ebenfalls schreckliche – Let-
tin; ›Ich habe ihn gekannt. Er war so nett. Er hat an einer Ver-
schwörung teilgenommen, und jetzt haben sie ihn zum Er-
schießen verurteilt. Hi-hi!‹ Und sie kicherte exaltiert, in rotem
Schal. Grellrosa, fetter Halsauschnitt.«[70]

Ob eintönig oder unangenehm, Marina brauchte das Geld dring-
gend, und sie hielt es fünfeinhalb Monate in dieser Stellung
aus. Sie war fair genug, bevor sie kündigte, zu notieren, daß
»Sie mich unter dem alten Regime sofort auf die Straße gesetzt
hätten, wenn sie einen Blick auf meine Arbeit geworfen hätten«.

Bald danach fand sie eine Anstellung in einer Behörde der
Regierung namens »Monplenbesch«, wo sie sich in einem sarg-
ähnlichen Raum mit dem alphabetischen Ordnen von Kartei-
karten beschäftigen mußte. Die Aufseherin war vierzig Jahre
alt und kam Marina »wie eine schrecklich alte Frau, wie eine
Gefängniswärterin« vor. Mit Sicherheit machte sich diese Frau
darüber lustig, wie langsam Marina mit der Arbeit vorankam.
Sie erriet, daß sie mit der Arbeit nicht vertraut war und bemerkte säuerlich: »Unser übliches Pensum beträgt 200 Karten
täglich.« Selbst das Wissen, daß ihre Kinder auf Nahrung angewiesen waren, hielt Marina nicht davon ab, bereits am ersten
Morgen die Waffen zu strecken.

Es war nicht die edle Geste, die sie in *Meine Arbeitsstellen*
daraus machte, wo sie ihr Verhalten so erklärt: »Nicht ich bin
aus der Kartothek fortgegangen: die Füße haben mich fortge-

* Zu Marinas ambivalenter Haltung siehe S. 115

tragen, die Füße waren die Seele: ohne vom Bewußtsein aufgehalten zu werden. Eben das ist Instinkt.«⁷¹ Trotzdem war es gewiß keine bewußte Entscheidung. Sie hatte vergessen, sich für
das Mittagessen eintragen zu lassen, und als Grund für das Verlassen des Büros sagte sie, sie wolle zum Essen heimgehen.
Man gestand ihr eine halbe Stunde zu, weil sie in der Nähe
wohnte, doch ihre morgendliche Arbeit hatte sie derart zum
Weinen gebracht, daß eine alte Frau, die sie durch die Straße gehen sah, dachte, sie sei bestohlen worden. Marina bestätigte
das, und als sie darüber nachdachte, was sie gesagt hatte, gaben
ihr die Worte in gewisser Weise ein Gefühl der Freiheit wieder.

Dies war eine der letzten Handlungen Marinas, in der sie
sich, ohne Rücksicht auf ihre beiden Kinder, deren Leben von
ihr abhing, wie ein verzogenes Kind weigerte, Verantwortung
zu übernehmen. Es ist wahrscheinlich in ihrem ganzen Leben
die einzige Reaktion, die ich persönlich unsympathisch finde,
so verständlich sie auch sein mag.

Für den 7. Juli 1919 bot man ihr eine Lesung im »Palast der
Künste« an, bei der sie sich mit einiger Frechheit dafür entschied, vor Kollegen eine Reihe von Gedichten vorzutragen,
welche die dreifache Lüge von »Freiheit, Gleichheit, Brüderlich-
keit« verdammten. Die Lesung dauerte fast fünfundvierzig
Minuten, und sie sollte sechzig Rubel dafür bekommen, doch
sie wies das Geld zurück. Es war natürlich nur Papiergeld, das
wertlos war und für das man wenig hätte kaufen können, doch
die Geste verriet einen Hochmut, der mit ihrer Weigerung,
niedrige Arbeit zu übernehmen, in Einklang stand, während
ihre Mittel dahinschwanden.

Die Moskauer Hungersnot des Jahres 1919 konnte man nicht
durch den Besitz von bedrucktem Papier durchstehen, sondern
man brauchte Geld. Marinas Versuch, sich durch den Verkauf
einer antiken Uhr im Wert von 10 000 Rubeln Geld zu verschaffen, endete lediglich damit, daß sie die Uhr an den Mann verlor,
der versprochen hatte, für sie einen Käufer zu finden. Sie nahm

das Unglück resignierend hin, denn für das Geld hätte man auch nicht mehr als anderthalb Pfund Mehl kaufen können.

Freunde halfen ihr: Einige schenkten ihr Essensgutscheine; eine Schauspielerin brachte ein paar Kartoffeln und fertig gesägtes Feuerholz, ein Kollege Streichhölzer und ein wenig Brot. Trotzdem blieb die Lage der Familie weiterhin erbärmlich und dürftig, und daran hätte auch die beste Hausfrau nichts ändern können. Eine solche war Marina nicht. Sie schrieb in ihrem Tagebuch:

»Ich lebe mit Alja und Irina (Alja ist 6, Irina 2 Jahre und 7 Monate alt) in der Boris-und-Gleb-Gasse, gegenüber von zwei Bäumen, im Dachzimmer, ehemals das von Serjoscha. Mehl haben wir keins, Brot haben wir keins. Die circa 12 Pfund Kartoffeln unter dem Schreibtisch, der Rest von einem Pud, das uns die Nachbarn ›liehen‹, sind unser ganzer Vorrat.«[72]

Diese lakonische Auflistung der Vorräte ist weit entfernt von der üblichen Tonlage der Notizen, in denen Marina täglich ihr Leben aufzeichnete und welche die innere Welt ihrer Empfindungen widerspiegelten. Der Sprache fehlt jede Überschwenglichkeit und Freude; sie hat einen nüchternen Ton, als sollten für einen künftigen Leser nach Marinas Tod die Details ihrer Verzweiflung und das Alter ihrer Kinder festgehalten werden.

Sie tat, was sie konnte. Sie brachte Flaschen zum Kindergarten zurück, um Pfand zu kassieren; sie ging mit den geschenkten Essensmarken eines Schuhmachers zur Speisehalle »Prag«; sie lief durch Moskau, auf der Suche nach Brot. Was immer sie erbitten oder kaufen konnte, schaffte sie gewöhnlich ohne Hilfe heim. Wenn Alja sie begleitete, mußte Irina, die zur Sicherheit an ihrem Stuhl festgebunden wurde, allein zu Hause bleiben. Doch ihr Tagebuch macht deutlich, daß Marina mit der Situation nicht fertigwerden konnte:

»Ich füttere Irina und lege sie schlafen. Sie schläft in dem
blauen Sessel. Es gibt auch ein Bett, aber das geht nicht durch
die Tür. – Ich koche Kaffee. Trinke. Rauche. Schreibe. Alja
schreibt mir einen Brief oder liest. Etwa zwei Stunden Stille.
Dann wacht Irina auf. Wir wärmen die Reste des Mischmaschs
auf. Mit Aljas Hilfe fische ich die – in der Tiefe steckengeblie-
nen – restlichen Kartoffeln aus dem Samowar. Wir – entweder
Alja oder ich – bringen Irina zu Bett. Dann geht Alja schlafen.
Um 10 Uhr ist der Tag zu Ende.«[73]

Dies waren die Jahre, in denen das Band zwischen Marina und
ihrer Tochter Alja am festesten geknüpft wurde. Sie schliefen
oft, manchmal in Kleidern, im selben Bett, um einander zu
wärmen. Marina nutzte die Intelligenz ihrer Tochter, indem sie
sie zu einer frühreifen Vertrauten machte. Das Kind reagierte
ernst, ihre Mutter in vielen Dingen nachahmend; sie hatten
die gleichen Vorbilder aus Büchern wie z. B. dem *Don Quijote*,
den Alja bereits als Sechsjährige gelesen hatte oder sie malten
sich aus, wie Marina sie wohl im 18. Jahrhundert erzogen
haben würde. Marina war auf ihr Kind angewiesen, nicht nur
auf seine Hilfe beim Tragen der Spüleimer und beim Holzhak-
ken, sondern auch auf seinen geistigen Beistand. In mancher
Hinsicht erinnerte die Beziehung an die wenigen Augenblicke,
in denen Marina ihrer eigenen Mutter am nächsten gewesen
war.

Marina blieb weltfremd, doch zum Glück waren nicht alle
Bauern darauf aus, sie zu betrügen, und es machte ihr keine
Mühe, mit Dunja, der Milchfrau, Freundschaft zu schließen,
die während des ganzen Winters 1920 mit Milcheimern zu
kommen pflegte. Deren Bereitwilligkeit, Papiergeld für die un-
erschwingliche Milch anzunehmen, beeindruckte Marina sehr.
Es war ein Einverständnis unter Müttern: Dunja hatte selbst
drei Söhne und zwei Töchter. Häufig schenkte Marina ihr etwas
aus ihrem chaotischen Haushalt, während Dunja manchmal

zerdrückte Kartoffelpfannkuchen oder ein kostbares hartge-
kochtes Ei mitbrachte.

Alle waren dauernd hungrig. Einmal versuchte Irina, sich ro-
hen Kohl in den Mund zu stopfen. Und sie kränkelte. Im Juni
1919 bat ihr früheres Kindermädchen, eine Bäuerin aus dem
Gouvernement Wladimir, Marina, das Kind mit in ihr Heimat-
dorf nehmen zu dürfen: »Unsere Milch ist noch Milch, weiß
unter dem Zaren, weiß ohne den Zaren, und unsere Kartoffeln
leben, sind nicht erfroren, und das Brot ist nicht gebleicht. Und
Ihre Irina wird zurückkommen – ha! ha! – warten Sie nur ab! «[74]
Marina erlaubte ihr, das Kind für einige Zeit mitzunehmen,
und dank der Barmherzigkeit dieser Frau konnte Irina ein paar
Wochen lang satt werden.

Alja wurde ernsthaft krank, und nur durch einen unerhörten
Kampf hielt Marina sie am Leben – niemand half ihr dabei.
Schließlich sah es so aus, als könne Irina nur in einem staatlichen Waisenhaus überleben. Doch diese Entscheidung erwies
sich als ein tragischer Irrtum: Irina – die Alja als ein kleines
Mädchen mit gerader Stirn, hellen Löckchen und grauen Augen beschrieb, das immer »Maena [Marina], meine Maena«
sang – starb im Winter 1919/20 an Hunger, zwei Jahre und zehn
Monate alt, in der Obhut des Waisenhauses, das sie, wie Marina
gehofft hatte, retten würde.

Das Entsetzen und die Verwirrung dieser Zeit kommen in einem Brief zum Ausdruck, den Marina im Dezember 1920 an
ihre Schwester Anastassja schrieb:

»Verzeih mir, wenn ich immer dasselbe schreibe – ich habe
Angst, die Briefe kommen nicht an.

Im Februar dieses Jahres starb Irina – an Hunger – in einem
Waisenhaus bei Moskau. Alja war schwer krank, aber ich hielt
sie am Leben. Lilja und Vera [Serjoschas Schwestern] haben
sich schlimmer benommen als Tiere – eigentlich hat mir fast jeder den Rücken zugedreht. Irina war fast drei Jahre alt. Sie hat

kaum gesprochen und immer einen beklemmenden Eindruck gemacht. Sie hat sich ununterbrochen hin und hergewiegt und gesungen. Ihr Gehör und ihre Stimme waren erstaunlich – solltest Du eine Spur von S. finden, schreibe ihm, daß sie an Lungenentzündung gestorben ist.«75

5

»Ich denke Tag und Nacht an ihn ...«

1920 - 1922

Silhouette von E. S. Kruglikowa

1920

Als Marina eines Tages in der Straße der Drei Teiche stand, fand sie das heißgeliebte Haus ihrer Kindheit zerstört vor: Da es aus Kiefernholz erbaut war, hatte man es zur Gewinnung von Feuerholz niedergerissen. Sie sollte diesen Schock nie vergessen; noch Jahre später brauchte sie bloß die Augen zu schließen, um sich sofort der Ruinen des Hauses zu erinnern, das sie liebte. Inzwischen wohnten sie und Alja im Eßzimmer der Wohnung in der Boris-und-Gleb-Straße, und um diesen einen Raum zu heizen, mußten sie das Mobiliar der übrigen Zimmer verfeuern.

Immer, wenn sie an Irina dachte, war Marina von Schmerz gequält, und wenn sie sich vorstellte, daß Serjoscha möglicherweise getötet worden war, überlief sie ein Schauer. Sie und Alja waren nicht die einzigen, die in der von Hungersnot heimgesuchten Stadt Moskau ums Überleben kämpften. Als sie 1919 Boris Pasternak auf der Straße traf, war er gerade unterwegs, um wertvolle Bücher aus der Familienbibliothek zu Geld zu machen, um Brot kaufen zu können. Sie waren keine engen Freunde, doch sie sahen sich als Teil derselben Gemeinschaft von Dichtern.

Ihre politischen Ansichten wichen um diese Zeit erheblich voneinander ab. Die Februarrevolution hatte Boris mit Heiterkeit erfüllt, als sei »ganz Rußland das Dach abgerissen worden«. Obgleich die schönen Gedichte seines Buches *Meine Schwester, Das Leben* auf besondere Ereignisse des Revolutionsjahres kaum Bezug nehmen, sah er »auf Erden einen Sommer, der sich wiederzuerkennen schien – natürlich, urzeitlich, wie in einer Offenbarung«.[76] Marina, welche die Sammlung Jahre später im Exil las, erkannte, wie nachdrücklich er diese Stimmung vermittelt hatte, »ohne sich vor der Revolution in einem der vorhandenen Keller zu verbergen«.

Obgleich Boris in einer Unterhaltung mit Marina während des Frühlings 1918 von seinen Plänen sprach, neben Lyrik auch Prosa zu schreiben, war er nicht eng genug mit ihr befreundet, um über die komplizierten politischen Aspekte der sich verändernden Lage mit ihr zu diskutieren. Sie hätten wohl kaum ein friedliches Gespräch geführt. Immerhin schrieb Pasternak noch im August 1920 an Valeri Brjussow, das Stadium der Revolution, das dem Herzen und der Dichtung am nächsten stehe, sei »ihr Morgen, ihre Explosion«, und anders als Juri in *Doktor Schiwago* zweifelte er bis dahin nicht an seiner Einstellung. Er blieb unerschütterlich dabei, obgleich er den ganzen Bürgerkrieg hindurch in einer Wohnung in der Wolkonka-Straße die drei schlimmsten Winter Moskaus mit Hunger, Krankheit und schrecklichem Brennstoffmangel erleiden mußte.

In einem Punkt hätten Marina und Boris vielleicht doch übereingestimmt: Im Lauf des Frühjahrs 1920 begann sich die Lage zu bessern, zumindest in Moskau. Marina erhielt von offizieller Seite eine Lebensmittelzuteilung, und das veranlaßte sie, ihre Schwester zur Rückkehr von der Krim nach Moskau zu ermutigen. Aus Woloschins Briefen wußte sie, wie verheerend dort die Lage war. Leichen dienten als Nahrung, nicht den Hunden, sondern den Hungernden. Im letzten Monat ihres Lebens, bevor sie an einem Emphysem starb, aß Pra Adlerfleisch.

Im Dezember hatte Marina durch den Romancier Ehrenburg vom Tod ihres Schwagers Boris erfahren; trotzdem schrieb sie an Assja, daß sie es ablehnte, dieser Nachricht zu glauben, sie rührte zu sehr an ihrem eigenen schlimmsten Kummer. Marinas einziger Trost angesichts des Ausbleibens jeglicher Nachricht, war ihr Glauben an Woloschins ständige Versicherung: »Mach Dir um Serjoscha keine Sorgen. Ich weiß, daß er lebt, und er wird am Leben bleiben.« Ihre Weigerung, an seinen Tod zu glauben, entsprach ihrem Bedürfnis nach Hoffnung. Und schließlich tauchten auch andere Freunde wieder auf, zwar krank, aber am Leben. Also schrieb sie:

»Assja!... Komm nach Moskau. Du hast ein elendes Leben. Hier normalisieren sich die Dinge allmählich, doch dort, wo Du bist, wird das noch lange auf sich warten lassen. Wir haben genug Brot. Für Kinder gibt es häufig Zuteilungen; und wenn Du unbedingt eine Arbeit haben willst, könnte ich Dir (meine großartigen Verbindungen!) einen wunderbaren Posten verschaffen mit einer großen Lebensmittelzuteilung und Feuerholz. Davon abgesehen wärst Du ein Mitglied des ›Palastes der Künste‹ (früher das Palais Sologub) und bekämst drei anständige Mahlzeiten fast umsonst. Verzeih diese praktischen Dinge, aber ich will sie hinter mich bringen. Du wirst Dich in Moskau wohlfühlen; wir werden es schaffen. *Sei dessen sicher.*

Ich hasse Moskau, aber ich kann von hier nicht fort, weil es der einzige Ort ist, wo Serjoscha mich finden kann – wenn er noch lebt. Ich denke Tag und Nacht an ihn. Ich liebe nur ihn und Dich. Ich bin sehr einsam, obwohl ganz Moskau von Bekannten wimmelt... Alle diese Jahre habe ich immer jemanden an meiner Seite gehabt, aber trotzdem habe ich mich mit meinem Bedürfnis nach Menschen völlig verlassen gefühlt!«[77]

Es war klar, daß die alte Lebensweise für immer dahin war: »Ich liebe nichts, außer dem, was ich in meiner Brust habe. Bücher sind mir gleichgültig; meine französischen habe ich allesamt verkauft. Was ich brauche, werde ich selbst schreiben!«

Im selben Brief berichtet sie vom Besuch ihres Freundes Lann (den sie mit einer Überschwenglichkeit beschreibt, daß man an einen Liebhaber denken muß), der Geschenke und Nachrichten von Assjas Sohn, Andrjuscha, mitgebracht habe. Sein Besuch verstärkte das Heimweh, das beim Gedanken an ihre Schwester erwachte. Sie schrieb:

»Assja! Ich warte auf Dich. Ich bin jetzt schon jahrelang allein (eine dicht bevölkerte Wüste). Wir *müssen* zusammensein. Du wirst Dich hier wohlfühlen.

Wie leicht das Sterben ist. Aber – sonderbar – während dieser Jahre habe ich mir Deinetwegen nicht die geringsten Sorgen gemacht (die höchste Form von Vertrauen!), ebensowenig wie um mich. *Ich habe gewußt, daß Du am Leben bist.*

Assja! Boris' Tod hat mir eine Wunde zugefügt, die nie heilen wird. Es ist ein großer und schrecklicher Schmerz. Ich glaubte es erst, als Lann es mir bestätigte. Ich liebte Boris wie den Bruder, den wir nicht hatten. Ich schreibe tränenlos. Das wirst Du verstehen!«

Der Brief enthält eine Reihe von Postscripta:

Assja, warte bis die Züge wieder fahren und schreib, wieviel Geld Du für Deine Abreise brauchst. Ich werde es schicken... Ich werde Dir jeden Tag schreiben. Verzeih mir, daß meine Briefe so kurz angebunden sind.

Alja ist nicht sehr groß; mager, hübsch – wie Psyche. Ihr Brief und ihre Gedichte lagen dem ersten Brief bei.

Gleich nach der Besetzung der Krim habe ich Max durch Lunatscharski ein Telegramm geschickt. Ist es wirklich nicht angekommen? Moskau ist ohne Gartenzäune (verfeuert) und voll von Plünderern und Dieben.

Wenn ich wüßte, daß Serjoscha lebt, wäre ich vollkommen glücklich. Ich brauche nichts, außer Euch beiden.

Jeder Bissen, den ich esse, bleibt mir im Hals stecken, und ich gräme mich, daß ich ihn Dir nicht schicken kann. Ich werde herauskriegen, wie ich Dir Geld zukommen lassen kann und werde es sofort abschicken. Laß den Gedanken nicht fallen, nach Moskau zu ziehen.

Liebe Küsse für Dich und Andrjuscha. Sein kleiner Brief hat mich gerührt.«[77]

Marinas Brief an ihre Schwester zeigt, daß sie für das literarische Leben ringsum wenig Zeit übrig hatte, und sie spricht verächtlich von den Möglichkeiten, Versammlungen abzuhalten
und Stücke aufzuführen, die das neue Regime anbot. Marina
fand die Zuhörer so buntscheckig wie Zirkusclowns und klagte,
daß man sie nur selten auftreten lasse und keine Zeile von ihr
drucke, weil der Dichter Brjussow die Veröffentlichung aller
Bücher kontrolliere.

Brjussow war einer der vier Dichter gewesen, die *Abendalbum*, Marinas ersten Gedichtband, besprochen hatten, und er
hatte an vielen der Qualitäten Anstoß genommen, die Gumiljow so bestochen hatten, insbesondere an der Spontaneität des
Ausdrucks, die er als schlampig bezeichnet hatte. Er wäre wohl
kaum ein so erbitterter Feind geworden, hätte ihm das acht-
zehnjährige Mädchen seinerseits nicht einen wütenden Brief
über seine Einstellung gegenüber Rostand geschrieben und
ihm später ein Spottgedicht gewidmet, das ihn beschuldigte,
blindlings der Mode nachzulaufen.

Trotz dieses unverhüllten Widerstreits war Marina nicht ganz
vom Leben im Palast der Künste ausgeschlossen. Die vorzügli-
che Küche, die das Restaurant in späteren Jahren, als der Schriftstellerverband über mehr Geld verfügte, auszeichnete, gab es damals noch nicht, aber die drei täglichen spottbilligen Gerichte
waren reichlich, und das Restaurant war bereits ein Ort, wo man
sich treffen und mit Schriftstellern jeder politischen Richtung
schwatzen konnte. 1920 wurde ihr gestattet, dort ihr Gedicht
Das Königsmädchen vorzutragen. Dieses Gedicht ist ein Volksmärchen in Versen, in dem man Elemente von Afanassjews Märchen ebenso findet wie das Motiv von Phaedras inzestuöser
Liebe zu ihrem Stiefsohn Hippolyt. Die Heldin, eine kriegeri-
sche Frau, die in einen feinsinnigen Mann verliebt ist, merkt,
daß er gleichzeitig durch seine Stiefmutter mittels schwarzer
Magie umworben wird. Das Thema inzestuöser Liebe taucht im
Schaffen Marinas während der 20er Jahre häufig auf.

Im Winter 1921 wurde Marina eingeladen, an einer Lesung »dichtender Frauen« teilzunehmen, die Brjussow organisiert hatte; eine Klassifizierung, die Marina an sich als eine Beleidigung empfand, trotzdem erklärte sie sich einverstanden, an der Veranstaltung teilzunehmen. Als Brjussow sie alle mit schelmischen Hinweisen auf die einzige Fähigkeit der Frauen, über Liebe und Leidenschaft schreiben zu können, vorstellte, war ihre Wut vollkommen. Im Gegensatz zu den Rüschenkleidern der anderen Frauen, erschien Marina in einer Soutane mit Gürtel und grauen Pelzschuhen. Als sie an die Reihe kam, stieg sie auf das Podium und las Gedichte aus dem *Lager der Schwäne*, in denen das Lob der Weißen Armee gesungen wurde. Das war mehr als ein vorsätzliches Wagnis, wie Marina wohl wußte, und später sprach sie von »offensichtlicher Verrücktheit«:

»Als ich etwas derart Verrücktes tat, hatte ich zwei, nein drei Ziele vor Augen: (1) Sieben weibliche Gedichte ohne Liebe und ohne das Pronomen ›Ich‹; (2) den Beweis, daß es sinnlos ist, vor einem Publikum Gedichte vorzutragen; (3) einen Dialog mit einem einzelnen, der mich verstand (und sei es ein Student); (4) und vor allem: die Erfüllung einer Ehrenpflicht, hier im Moskau des Jahres 1921. Und darüber hinaus, von allen anderen Zielen abgesehen, ein schlichtes, außerordentliches Gefühl der Herausforderung: was wird geschehen, *wenn ich es tue?*«[78]

Zu den bedeutungsvollsten Lesungen, die sie besuchte, gehörten die von Alexander Blok. Marina hatte ihn immer glühend bewundert und 1916 begonnen, einen Gedichtzyklus für ihn zu schreiben. Sie verehrte sein Genie, das in ihren Augen das aller anderen lebenden Dichter übertraf.

Dein Name: Vogel in der Hand;
Dein Name: Eiskorn, der Zung eingebrannt,
Knappe Bewegung der Lippen, jetzt, hier:
Dein großer Name, Buchstaben, vier,
Aus dem Flug gefangenes Bällchen und
Die Silberschelle innen im Mund.

Steine, geworfen in einen Teich ...
Dich rufen: ihrem Aufseufzen gleich.
Näher und näher: dein Name verhallt
Im Klappern der Hufe nächtens im Wald.
Es nennt ihn metallisch das leise Klick
Des Hahns an der Schläfe –

Dein Name (ach, daß ichs missen muß!),
Dein Nam': auf geschloßnen Augen ein Kuß,
Auf reglosem Lid, auf zartestem Weh;
Dein ruhmvoller Name: Kuß auf den Schnee,
Eisblauer Quell – Schluck aus Händen konkav.
Mit deinem Namen: Schlaf, tiefer Schlaf.[79]

Es war eine Begeisterung, die sie mit Antokolski während der
Wochen intimer Freundschaft 1917 geteilt hatte, als er ein Gedichtbuch von Blok mitgebracht und ihr daraus vorgelesen
hatte. Doch Blok selbst hörte sie erst 1920 aus seinen Gedichten
lesen, und zwar zweimal binnen weniger Tage: einmal im »Palast der Künste«, ein zweites Mal im Polytechnischen Museum.
Sie kannte ihn persönlich nicht, und wagte nicht, sich ihm
vorzustellen, obwohl sie sonst alles andere als schüchtern war.
Statt dessen schickte sie, als er im »Palast der Künste« las, Alja
mit einem Briefumschlag zu ihm, der ein paar ihrer Gedichte
und einen Brief enthielt. Sie sollte später bereuen, diese Gelegenheit verpaßt zu haben.
    Als sie und Alja zum »Palast der Künste« kamen, schienen
bereits alle rosafarbenen Samtsessel besetzt, und nur mit Hilfe

Antokolskis fanden sie noch einen Platz, bevor Blok eintraf. Gerade als sie sich setzten, ging ein aufgeregtes Raunen durch die Zuhörer: Blok kam herein.

Die Aufregung des Publikums teilte er nicht. Seine Augen waren niedergeschlagen; sein Gesicht dunkelbraun, sein Mund unbewegt. In seinen Augen und auf seinen Lippen lag ein völlig toter Ausdruck, und seine Gesichtshaut schien über die Knochen gespannt zu sein. Zuerst las er ein Gedicht mit dem Titel »Verehrung« über Byron und die jüngste Tochter einer altadligen englischen Familie, die von Byron bezaubert war. Das Publikum verlangte stürmisch »Die Zwölf« zu hören, doch Blok weigerte sich: Dies war Bloks umstrittenes Gedicht, in dem Christus plötzlich an der Spitze eines Haufens von Raufbolden und Trunkenbolden auftaucht, welche die Standarte der Revolution tragen. Er könne es nicht lesen, sagte er ohne weitere Erklärung. Und das Publikum begriff, daß es ihm an Gesundheit und Kraft mangelte.

Marinas Erlebnis der Lesung im Polytechnischen Museum fand seinen Niederschlag in einem Gedicht, das am Ende ihres Zyklus »Gedichte für Blok« steht:

Ein schwacher Strahl durch schwarze Höllenschwaden
Ist deine Stimme unterm Schall der Kanonaden.

Und wie ein Seraph unter Donnerschlägen
Aus fernen Nebeln her auf unsern Wegen

Erschienen, spricht sie dunkel, wie er hier
Uns, Blinde, Namenlose, liebte – für

Den blauen Mantel, Wortbruch, Fehltritt, Fall,
Und wie am innigsten – *sie*, die ins All

Der Nacht sich warf, zu wilder Tat getrieben.
Und wie er, Rußland, nie ließ, dich zu lieben . . .

Und mit dem Finger – ein verlorner Hirt –
Die Schläfe streicht . . . Und doch – was kommen wird:

Wie Gott sein Antlitz umkehrt, dich betrügend,
Du rufen wirst den Tag, der Nacht erliegend . . .

Wie ein Verurteilter in Einzelhaft
(Oder ein Kind, das seufzend spricht im Schlaf?) –

so hat sich uns – dem ganzen Straßenplan –
Dein heiliges Herz gezeigt und aufgetan.[80]

Die »empfindliche Mitte«, der unzerstörbare Geist von Marinas Gedichten war ein kranker Mann geworden, dessen Lebenskraft nachließ. Er starb im August 1921.

Unter den Dichtern, die Marina näher kennenlernte, war Konstantin Balmont. Sie waren einige Zeit Freunde gewesen: Er hatte zu den frühesten Kritikern gehört, die ihr Werk würdigten, und im ersten Jahr der Revolution hatten sie an denselben literarischen Abendveranstaltungen teilgenommen. Jetzt war er ihr für ihre gelassene Freundschaft dankbar. Er dauerte sie zu sehr, als daß sie heftigere Gefühle hätte entwickeln können. Sein Ruhm war im Schwinden. Vor der Revolution war er eine legendäre Gestalt gewesen, doch als die neue Regierung 1920 im »Palast der Künste« ein Jubelfest für ihn veranstaltete, gab es nicht viel Beifall. Balmont war bereits gelbgesichtig, runzlig, hatte verschleierte Augen, eine zerklüftete Nase und ein sonderbares, verloren wirkendes Lächeln. Er machte keine Späße mehr, und er sprach mit einer kleinen Pause nach jedem Wort: das Feuer war verschwunden, der heitere Sinn getrübt. Das reichte aus, um Marina zur steten Freundin des sanften, hilflosen Mannes zu machen, der voller Liebe und Ergebenheit an seiner Frau hing. Elena begleitete ihn auf Schritt und Tritt: eine kleine, magere, lebensprühende Person mit riesigen violetten Augen, die ihn umsorgte und ihm jeden Wunsch von den

Lippen ablas. Auch Marina half, sie wartete mit ihr in den
Schlangen vor den Läden und spannte sich sogar selbst vor Aljas Schlitten, um Elena zu helfen, gefrorene Kartoffeln, Brenn-
material oder andere wichtige Dinge zum Hause der Balmonts
zu transportieren. Noch in einem anderen Punkt war Marina
großzügig: wenn sie ihre Ration von zwei Unzen Tabak erhielt,
gab sie die Hälfte davon an Balmont weiter, und es kam vor, daß
sie und Balmont, um Tabak zu sparen, wie Indianer abwechselnd aus einer Pfeife rauchten.

Die Balmonts wohnten zwei Schritte vom Arbat entfernt, in
der Nähe des früheren Hauses des Komponisten Skrjabin, wo
sie sich, so gut es ging, in einem großen Zimmer mit Fenstern
zum Vorgarten eingerichtet hatten. Ihre Wohnung wurde von
einem kleinen, rußenden Ofen geheizt, den Elena versorgte,
während Balmont schrieb. Wenn er Marina besuchte, pflegte
sie ihren kleinen Ofen mit ähnlicher Mühe zu heizen.

Als die Balmonts sich darauf vorbereiteten, ins Ausland zu
gehen, zögerten sie verständlicherweise immer wieder und än-
derten ihre Meinung andauernd. So kam es, daß Marina und
Alja sich zweimal von ihnen verabschiedeten. Als ihre Abreise
zum ersten Mal bevorstand, gaben die Skrjabins ein Abschieds-
fest, wo jedem Gast Kartoffeln mit Pfeffer (ein Luxus) vorge-
setzt wurden und man echten Tee aus richtigen Porzellantassen
trank. Am nächsten Tag jedoch gab es Schwierigkeiten mit den
Visa für Estland, und die Abreise wurde verschoben. Die endgültige Abreise vollzog sich dann in einem unbeschreiblichen
Durcheinander. In Wolken von Tabakrauch und Samowar-
dampf verließen die Balmonts ihr Haus fast wie Zigeuner, die
ihr Lager abbrechen. Dennoch kamen viele Freunde, um Lebewohl zu sagen, und Marina war die Fröhlichste von allen. Sie
erzählte Anekdoten, lachte und brachte andere zum Lachen, als
ob sie jeden Gedanken an die Trennung verscheuchen wolle. Es
war eine Reise in die Emigration, von der die Balmonts nicht
zurückkehren sollten.

Während dieser Jahre des Hungers und der Erschütterungen wurde Marina von offizieller Seite nicht schlecht behandelt, und im Winter 1921 machte sie die Bekanntschaft von P. S. Kogan, einem überzeugten Bolschewiken, und seiner Frau. Kogan meinte, kein guter Schriftsteller (selbst Andrej Bely, den er nicht schätzte) könne der Revolution feindlich gegenüberstehen. Er war unter den neuen Sowjetfunktionären einer der wohlwollendsten, und die Unterhaltungen mit ihm, die Marina später aufschrieb, zeigen, daß ihre Beziehungen zur neuen Regierung überraschend gut waren. Man hatte sie mit einer Lebensmittelkarte versorgt, und ihr *Königsmädchen* wurde zur Veröffentlichung angenommen. Ihre Sympathien für die Gegenseite, aus denen sie nie ein Hehl machte, nahm man hin, weil man der Ansicht war, daß Schriftsteller ein notwendiger Bestandteil der neuen sowjetischen Gesellschaft seien.

Im vergangenen Frühjahr war Marinas Schwester von der Krim zurückgekehrt und wußte von Leuten zu erzählen, die nur am Leben blieben, weil sie gekochtes Moos aßen. Obgleich abgemagert und zerlumpt, war Assja entschlossen, sich Arbeit zu suchen. Ironischerweise fand sie einen Posten in dem Museum, das ihr Vater gegründet hatte und das weiterbestand. Assjas Bemühungen bei den sowjetischen Behörden waren nicht so erfolgreich wie die ihrer Schwester. Zufällig hatte die neue Regierung als Direktor einen für das Amt kaum qualifizierten jungen Mann eingesetzt, der früher beiden Zwetajew-Töchtern den Hof gemacht hatte. Sie hatten ihn damals mit Verachtung behandelt, was sich jetzt rächte. Marina beschreibt, wie Anatoli, hinter dem Schreibtisch ihres Vaters sitzend, die beiden Schwestern empfängt und es nicht für nötig hält, aufzustehen, als sie eintreten; als Assja um einen Posten bittet, erwidert er brüsk, es sei keiner frei. Erst als sie ihn nachdrücklich darauf hinweist, daß in Anbetracht ihres besonderen Verhältnisses zum Museum wohl ein Posten zu finden sein müsse, verspricht er, darüber nachzudenken. Eine Woche später wurde ihr brieflich eine Stellung als außerplanmäßige Mitarbeiterin zu einem jämmerlichen Gehalt angeboten.

Während sie ständig von Todesfällen unter Freunden erfuhren, hörten sie von Serjoscha kein Wort. Als Ilja Ehrenburg im Herbst 1920 aus Koktebel zurückkehrte und Marina in »verzweifelter Einsamkeit« vorfand, las er ihren Gedichtzyklus *Lager der Schwäne* und versuchte ihr klarzumachen, wie gänzlich anders sich ihre Helden der Weißen Armee verhalten hatten. Die Beweise dafür, daß sie unschuldige Bauern ausgeplündert und ermordet hatten, waren in der Tat überwältigend, und Marina mußte davon auch aus anderen Quellen erfahren haben. Aber sie weigerte sich hartnäckig, Berichten Glauben zu schenken, in denen von Ausschreitungen einer Armee die Rede war, der ihr zärtlich geliebter Serjoscha angehörte. Dieser »schwerfällige Charakter«, von dem Ehrenburg (in seinen Erinnerungen *Menschen*, *Jahre*, *Leben*)[81] wehmütig spricht, machte es unmöglich, sie mit vernünftigen Gründen zu überzeugen.

Allmählich begann der Bürgerkrieg sich dem Ende zuzuneigen, aus dem die Bolschewiken als Sieger hervorgingen. Doch als man sich gerade auf den Frieden einstellte, zeichnete sich eine neue Bedrohung ab. Die Intelligenzija in Moskau und Petersburg (in Rußland immer mit Argwohn betrachtet) stellte plötzlich fest, daß ihr politischer Leumund sorgfältig unter die Lupe genommen wurde, und neben vielen anderen wurde auch der geschiedene Mann Anna Achmatowas, der Dichter Gumiljow, verhaftet. Die unheilschwangere Atmosphäre des August 1921 hat Nina Berberova eingefangen; sie beschreibt, wie jeder zum ersten Mal im Haus des Schriftstellerverbandes und im Haus der Künste in Petersburg lernte, zu flüstern.

»Überall Schweigen, Warten, Ungewißheit. Dann kam der 24. August. Früh am Morgen, als ich noch im Bett lag, kam Ida Nappelbaum zu mir, um mir zu sagen, daß an den Straßenek-

ken Mitteilungen hingen, in denen stand, daß alle erschossen
worden seien ... insgesamt zweiundsechzig Menschen. Dieser
August war nicht nur »wie eine gelbe Flamme, wie Rauch«
(Achmatowa), er markierte eine Grenze. «[82]

Wie viele andere spätere Emigranten, hatte Nina Berberova weder Achtung vor Zar Nikolaus II. noch den Wunsch, die Tyrra-
nei oder Unfähigkeit seiner Regierung zu verteidigen, doch sie
spürte, daß dieser August 1921 eine Grenzlinie bildete, die 200
Jahre legitimer politischer Bestrebungen von der geplanten
Zerstörung der gesamten Gesellschaftsstruktur trennte, die
folgen sollte.

Anna Achmatowa war eine Dichterin, deren überragendes
Können Marina 1916 dazu angeregt hatte, einen Gedichtzyklus
für sie zu schreiben, der von der Achmatowa so geschätzt
wurde (die es gewöhnt war, zu loben, und zu stolz war, um sich
schmeicheln zu lassen), daß sie die Gedichte auf all ihren späteren Wanderungen bei sich trug. Dennoch hätten die beiden
Dichterinnen kaum verschiedener sein können. Zum einen
war die Achmatowa eine anerkannte Schönheit, deren Eleganz
und Stolz bereits von Modigliani in einer Zeichnung festgehalten war, und in die sich viele Männer verliebt hatten. Doch nur
für Gumiljow empfand sie Liebe, die nie in gleicher Weise erwidert wurde, und sie bewahrte die Erinnerung an ihn als einen
großmütigen, leidenschaftlichen Geist (die Liebhaber, die sie
sich später wählte, sollten sich als viel herrschsüchtiger erweisen). Darüber hinaus war er der Vater ihres einzigen Sohnes.
Als sie von seiner Hinrichtung erfuhr, überkam sie tiefe Verzweiflung:

> Besser, wenn man rasch zum Platz mich führte
> Und mich legte auf das Holzgerüst,
> Wo ich unter Freudenschreien spürte,
> Wie das Blut aus meinem Körper fließt.

An mein Herz drück' ich das Kreuz voll Bangen:
Gott, gib meiner Seele Frieden bald!
Wie die Moderdüfte mich umfangen,
Aus den Laken weht es süß und kalt.[83]

Sie muß gespürt haben, daß sie selbst in Gefahr war. In Moskau begannen Gerüchte laut zu werden, sie habe sich das Leben genommen. Die Leidenschaft in Marinas Brief an Anna Achmatowa vom 31. August, in dem sie ihr ihre Treue versichert, ist von charakteristischer Rücksichtslosigkeit:

31. russischer August 1921

Liebe Anna Andrejewna!
All diese Tage waren düstere Gerüchte über Sie im Umlauf, mit jeder Stunde hartnäckiger und unwiderleglicher. Ich schreibe Ihnen das, da Sie es ohnehin erfahren werden – ich will, daß Sie es wenigstens wahrheitsgetreu erfahren. Lassen Sie mich Ihnen sagen, daß sich unter den Dichtern – meines Wissens – einzig Majakowski als Ihr Freund (ein Freund der Tat!) erwiesen hat, der mit der Miene eines erschlagenen Stiers durch die Dekors des »Poetencafés« irrte.
Erschlagen vom Leid – er sah wirklich so aus. Er war es auch, der über Bekannte telegraphische Auskunft über Sie einholte, und *ihm* verdanke ich die zweite unermeßliche Freude in meinem Leben (die erste war die Nachricht über S., von dem ich zwei Jahre lang nichts wußte). Von den anderen Dichtern werde ich nichts berichten – nicht deshalb, weil Sie das bekümmern könnte: wer sind denn jene, daß Sie das kränken könnte? – ich habe einfach keine Lust, mir die Feder stumpf zu machen. Die letzten Tage habe ich – in der Hoffnung, etwas über Sie zu erfahren – im »Poetencafé« zugebracht – was für Mißgeburten! was für armselige Gestalten! – was für Bastarde! Da gibt es alles: Homunkulusse und Automaten, wiehernde Pferde und Fremdenführer aus Jalta mit geschminkten Lippen...

Im folgenden gab Marina eine Schilderung von einem Wett-
streit zwischen Dichtern, die als vollwertige Mitglieder des
Schriftstellerverbandes betrachtet zu werden wünschten. Ungeduldig saß Marina dabei, bis sie schließlich Axjonow auf dem
Podium eine Notiz zukommen ließ und um verläßliche Auskunft über das Schicksal der Achmatowa bat. Sein Nicken nahm
sie als Zeichen, daß Anna am Leben war:

Liebe Anna Achmatowa,
um diesen meinen gestrigen Abend verstehen zu können, dieses Nicken Axjonows in meine Richtung, müßten Sie um die
drei vorangegangenen – nicht beschreibbaren – Tage wissen.
Ein fürchterlicher Traum: ich will aufwachen – und kann nicht.
Ich wandte mich beharrlich an alle, flehte um Ihr Leben. Es
fehlte nicht viel – und ich hätte *wörtlich* gesagt: »Meine Herren, machen Sie, daß die Achmatowa am Leben ist!«... Getröstet hat mich Alja: »Marina, Sie hat doch einen Sohn!«

Gestern, nachdem die Veranstaltung zu Ende war, bat ich
Bobrow um eine Dienstreise: zur Achmatowa. Ringsum
Gelächter. »Meine Herren! Ich werde zehn Abende hinter-
einander kostenlos lesen – und ich habe immer einen vollen
Saal!«
    Diese drei Tage *(ohne Sie)* existierte Petersburg für mich
nicht mehr, und nicht nur Petersburg... Der gestrige Abend
war ein Wunder:
    »... zum lichten Wölkchen wird im Strahlenkranz.«
    In Kürze werde ich eine Lesung über Sie machen – zum er-
stenmal in meinem Leben: ich verabscheue Vorträge, aber ich
kann diese Ehre keinem anderen überlassen! Im übrigen ist alles, was ich sagen kann – Hosianna!
    Ich schließe – wie Alja ihre Briefe an den Vater schließt:
Ich küsse Sie und verneige mich tief, M. Z.[84]

Vielleicht war Marinas Rückhaltlosigkeit auch dadurch zu erklären, daß ihre eigene Ungewißheit von ihr genommen war.
Nur zwei Monate bevor Anna Achmatowa Gumiljow verlor,
erhielt Marina von Ehrenburg die verläßliche Nachricht, daß
Serjoscha am Leben war. Als einer der ersten Sowjetbürger, die
ins Ausland reisen durften, hatte Ehrenburg im Frühjahr 1921
herausgefunden, daß viele Soldaten der geschlagenen Weißen
Armee nach Prag gegangen waren und dort Studienplätze an
der Universität bekommen hatten, darunter auch Serjoscha.

Sobald sie darüber Gewißheit hatte, beantragte Marina einen Ausreisepaß. Mirkin, Beamter im Volkskommissariat für
Auswärtiges, bemerkte dazu: »Eines Tages wird es Ihnen leid
tun, daß Sie gehen.« Ehrenburg, der die Anekdote erzählt,
schreibt nichts von ihrer Antwort, doch später äußerte ihre
Tochter, Marina habe Serjoschas wegen zwei Entscheidungen
getroffen, für die sie bitter bezahlen mußte: Die erste war, ihm
ins Exil zu folgen, die zweite, ihm vor dem Ausbruch des Zweiten Weltkrieges wieder in die Sowjetunion zu folgen. 1921
jedoch gab es für Marina keinen Zweifel an dem, was zu tun
war. Das Entsetzen, das sie in den kommenden Wochen empfand, resultierte aus der fast überwältigenden abergläubischen
Furcht, ein bösartiger Zufall könne die Möglichkeit, auf wundersame Weise mit Serjoscha wiedervereinigt werden, zunichte
machen.

Marinas Entschluß, die Sowjetunion zu verlassen, fiel mit
dem Zeitpunkt zusammen, als ihre Dichtung bei dem neuen
Regime eingeschränkte Zustimmung zu finden begann. In einem Brief vom 22. Januar 1922 an Evdoksija Fedorovna Niki-
tina schreibt sie, zwei ihrer längeren Gedichte stünden vor der
Veröffentlichung, und es seien bereits zwei Millionen Rubel
Vorschuß gezahlt worden.

Für ihre Entscheidung, ins Ausland zu gehen, gab es keine
politischen Gründe, und es ist außerordentlich unwahrscheinlich, daß ihr die Ungeheuerlichkeit ihres Entschlusses oder

seine unerbittlichen Folgen bewußt waren. Ehrenburg sagte von ihr: »In dem, was man Politik nennt, war Zwetajewa harmlos, halsstarrig und aufrichtig.« Am 1. Juli 1921, abends um zehn Uhr, erhielt Marina den ersten Brief von Serjoscha. Ihn hatte die Nachricht, daß Marina noch lebte, aus dem Gleichgewicht gebracht und er war außer sich vor Freude den ganzen Tag durch die Straßen gelaufen. Ihre gegenseitige Abhängigkeit war tief und wurde von beiden mit derselben Intensität erfahren: Marina brauchte vor allen anderen Dingen die Gewißheit, gebraucht zu werden und unersetzlich zu sein; und für Serjoscha stellte sie die einzige sichere und Zuflucht bietende Liebe dar, die er seit dem Tod seiner Mutter empfangen hatte. Serjoscha schrieb:

»Unsere erste Begegnung war ein großes Wunder, und unsere bevorstehende wird ein noch größeres sein. Wenn ich daran denke, hört mein Herz vor Furcht zu schlagen auf, denn es kann keine größere Freude geben als die, die uns erwartet. Aber ich bin abergläubisch – also werde ich nicht davon reden ...

All die Jahre unserer Trennung – jeden Tag, jede Stunde – warst Du bei mir, in mir. Aber das weißt Du natürlich schon.

Es ist schwer, über mich selbst zu schreiben. All die Jahre, die ich ohne Dich verbracht habe, sind wie ein Traum gewesen. Mein Leben ist in ›Vorher‹ und ›Nachher‹ geteilt, und das ›Nachher‹ ist ein schrecklicher Traum, aus dem ich erwachen möchte, aber nicht kann ...

Was soll ich über mein Leben sagen? Ich lebe von einem Tag zum anderen. Jeder Tag ist ein Kampf, und jeder bringt unser Wiedersehen näher. Das letztere gibt mir Fröhlichkeit und Kraft. Ansonsten ist alles ringsum sehr schlimm und hoffnungslos. Doch ich werde Dir alles erzählen, wenn wir uns wiedersehen.«[85]

Marinas Tagebuchnotizen aus dieser Zeit sind unzusammen-
hängend. Wie Serjoscha in seinem Brief andeutete, wuchs die
Furcht, als die Möglichkeit eines Wiedersehens sich abzeich-
nete.

Doch selbst in dieser Lage schrieb sie weiter. Von dem Tag, an
dem sie den Brief ihres Mannes erhielt, bis zum Tag ihrer
Abreise im Frühling 1922, schrieb sie mehr als hundert Gedichte, darunter das lange Poem *Seitengäßchen* (ein Gedicht
von magischer Virtuosität, das die Geschichte eines Mädchens
erzählt, das durch Zauberkraft Männer täuscht und verführt).
Sie begann auch noch mit einem anderen längerem Poem: *Der
Recke.* Alja berichtet in ihren Erinnerungen von Notizbüchern,
gefüllt mit Unterhaltungen und Geschichten, die sie in der
Straßenbahn, in Trödelläden oder beim Schlangestehen aufgeschnappt habe. Aljas Wunsch, Marinas erwachendes Interesse
an den Arbeitern zu unterstreichen, hat möglicherweise politische Gründe, wie Karlinsky vermutet.

Kurz vor ihrer Abreise klopften Ossip und Nadeshda Mandelstam an ihre Tür. Marina war zwar entzückt, Ossip so unerwartet wiederzusehen, doch sie konnte es kaum über sich bringen, Nadeshda die Hand zu geben. Tatsächlich benahm sie sich,
wenn man dem Bericht von Madame Mandelstam Glauben
schenken darf, mit abscheulicher Grobheit, indem sie zu Mandelstam sagte:

»Komm, gehn wir zu Alja«, und ohne Nadeshda anzusehen,
fügte sie hinzu: »Und Sie, Sie können ja hier warten – Alja
kann keine fremden Leute ertragen.« Mit entsprechend sarka-
stischer Distanz wird in Madame Mandelstams Erinnerungen
die totale Unordnung in Marinas Zimmer beschrieben:

»Wie all die ehemals besseren Wohnungen war auch diese dem
Staub, Schmutz und Verfall anheimgegeben, und trotzdem lag
so etwas wie ein Zauber über dem Ganzen. An den Wänden
hingen dicht an dicht selbstgenähte Tiere aller Art, und altmo-

disches Spielzeug, mit dem zweifelsohne alle drei Zwetajewa-
Schwestern in ihrer Kindheit gespielt hatten, füllte in einem
unbeschreiblichen Wirrwarr den ganzen Raum. Dazu ein großes Bett mit einer nackten Matratze und ein hölzernes Schaukelpferd. Ich dachte unwillkürlich an irgendwelche Riesenspin-
nen, die unsichtbar in der Dunkelheit lauerten, an tanzende
Mäuse und weiß Gott was für Ungeziefer, und meine ingrim-
mige Wut trug dazu bei, diesen Eindruck noch zu verstärken.«[86]

Als für Marina und Alja die Zeit der Abreise näherrückte, bewohnten sie drei Räume: das Eßzimmer, das Kinderzimmer
(was das Spielzeug und das Schaukelpferd erklären mag) und
Marinas Zimmer. Alja beschreibt, wie sie den letzten Tag in
Moskau voller Schmerz mit Packen verbrachten. Es gab so viele
Dinge, die sie zurücklassen mußten. Einige davon waren Marina außerordentlich teuer – nicht als Gegenstände, sondern
weil sie durch und durch mit Erinnerungen verbunden waren.
(Marinas Schwester hatte die Vollmacht, soviel sie konnte, mitzunehmen.) Da waren Lieblingsbücher, Porträts von Serjoscha,
die Spieldose, die Marinas Mutter gehört hatte, die Photographien von Marina und Serjoscha in ihrer Jugend, Marinas Tage-
bücher aus der Kinderzeit.

Alle wertvollen Sachen, die sie mitnahmen, wurden in einem
der Notizbücher Marinas aufgelistet; in Aljas Handschrift sind
ein paar zusätzliche Dinge aufgeführt:

> Bleistiftkästchen mit dem Porträt von Tuschkow IV
> Tschabrows Tintenfaß mit dem kleinen Trommler
> Der Teller mit dem Löwen
> Serjoschas Glasbehälter
> Aljas Porträt
> Nähkasten
> Bernsteinhalsband

(In Aljas Handschrift)
Meine Pelzstiefel
Marinas Stiefel
Die rote Kaffeekanne
Die neue blaue Schale
Primuskocher mit Zubehör
Samtlöwe[87]

Der »Teller mit dem Löwen« war aus Porzellan und hatte eine
goldbraune Bemalung, die »den König der Tiere mit dem Antlitz von Max Woloschin« darstellte; der silberne Glasbehälter
Serjoschas war ein Hochzeitsgeschenk gewesen. Marina entschied sich auch dafür, einen Plüschteppich – das letzte Geschenk ihres Vaters –, ein paar handgefertigte Spielzeuge
und, ein wenig überraschend, eine sowjetische Fibel mitzunehmen; darin waren Karikaturen von Lenin abgebildet, der eine
Schürze trug, und o-beinige imperialistische Feinde, die in
einen Graben flohen. Die aufgelisteten Gegenstände waren
ihr heilig, und mit Ausnahme eines Stückes sollte sie sich während all ihrer Wanderungen nicht von ihnen trennen, bis sie sie
1939 wieder mit in die Sowjetunion brachte. Das ungefüge
Bernsteinhalsband wurde lange danach während eines Hunger-
winters in der Nähe von Rjasan von Alja gegen Brot einge-
tauscht.

Der Schauspieler Podwatschewski-Tschabrow, dessen Tintenfaß auf der Liste stand, packte zur gleichen Zeit wie Marina
seine Habseligkeiten, um ins Exil zu gehen, und er half ihr am
Tag der Abreise. Marina mochte Tschabrows Scharfsinn und
seine Fähigkeit, den allergrößten Katastrophen eine heitere
Seite abzugewinnen. Freilich schloß der große Unterschied
in der Lebensweise mehr als eine heitere Kameraderie aus,
wie sie ein wenig traurig in einem Brief an Ehrenburg betont:
»Er ist ein Edelmann, der fähig ist, ein verwöhntes Leben zu
führen – dagegen ich? Was bin ich? Nicht einmal ein Bohe-

mien.«[88] Nichtsdestotrotz konnten sie beide ihre Späßchen über den Aufwand machen, der nötig war, um ins Exil zu gehen.

Der Augenblick der Abreise kam. Marina saß in einer Droschke, ihre Tochter auf dem Schoß, ihr Gepäck zu Füßen, und sie bekreuzigte sich, als sie an der vertrauten weißen Boris-und-Gleb-Kirche vorüberkamen. Sie forderte ihre Tochter auf, es ebenfalls zu tun. Das war ihre Art, von Moskau Abschied zu nehmen, und jede Kirche, an der sie vorbeikamen, grüßte sie auf diese feierliche Weise.

In die Trauer des Abschieds mischte sich ihre entsetzliche Angst, so daß sie sich auf dem ganzen Weg Sorgen machte, sie könnten den Zug verpassen. Sie waren pünktlich. Alles war in Ordnung. Es gab kein Gedrängel und kaum Lärm. Alja erinnerte sich, daß sie das Abteil mit einer anspruchslos gekleideten Dame teilten, die an Krücken ging; offenbar hatte sie im Bürgerkrieg ein Bein verloren und wurde zur Behandlung ins Ausland geschickt. Tschabrow gab Alja für die Reise ein hübsch verpacktes Päckchen, das eine Bonbonniere enthielt. Alja notierte, daß Marina ihr die Büchse, bevor sie auch nur einen Blick auf die NEP-Brünette* auf dem Deckel werfen konnte, aus der Hand nahm und sagte: »Wie hübsch! Die werden wir Papa mitbringen.« Tschabrow verkündete ihnen auch die Neuigkeit, daß Isadora Duncan in ihrem Waggon reisen werde. Diese aufregende Nachricht erwies sich als falsch, wie sich herausstellte, als der Zug abfuhr. Sie mußten sich mit Miss Duncans Begleiterin begnügen, die ihrer Herrin bei der Ausreise aus der Sowjetunion folgte und die acht gewichtigen Reisekoffer der berühmten Tänzerin in ihrer Obhut hatte. Diese enthielten offenbar hauptsächlich die gebrauchten Andenken an Rußland: ausgetrocknete Tuben, Schürhaken ohne Zinken und zerfetzte Bastkörbe – eine Ansammlung von Plunder, der die zahlreichen

* Lenins »Neue Ökonomische Politik« (NEP) gewährte unternehmerischen Aktivitäten einen begrenzten Freiraum.

Zöllner in Erstaunen versetzen sollte, die unterwegs den Zug kontrollierten.

Alja erinnerte sich an die drei Glockenschläge, die ertönten, als der Zug sich in Bewegung setzte: »So verließen wir Moskau, unbemerkt, als wären wir plötzlich zu einem Nichts geschrumpft.«

Was an diesem traurigen Bericht vom Abschiednehmen besonders auffällt, ist die Abwesenheit von Marinas literarischen Freunden aus dieser Zeit. Immerhin galt das Verlassen des Landes noch nicht als Vergehen. Hatte man vielleicht schon das Gefühl, es könne gefährlich sein, zum Bahnhof zu kommen und Lebewohl zu sagen? Es stimmt zwar, daß Freunde in die Wohnung gekommen waren, um sich zu verabschieden (zum Beispiel eine von Woloschins Töchtern), doch es handelte sich zum größten Teil um flüchtige Bekannte. Das letzte freundliche, hilfsbereite Gesicht, das Marina in Moskau sah, war das von Tschabrow, ein ritterlicher Aristokrat, den selbst in Bälde das Exil erwartete.

TEIL III
EMIGRATION:
BERLIN UND PRAG

6

»Sie sind kein Kind, meine teure, goldene, unvergleichliche Dichterin«

1922

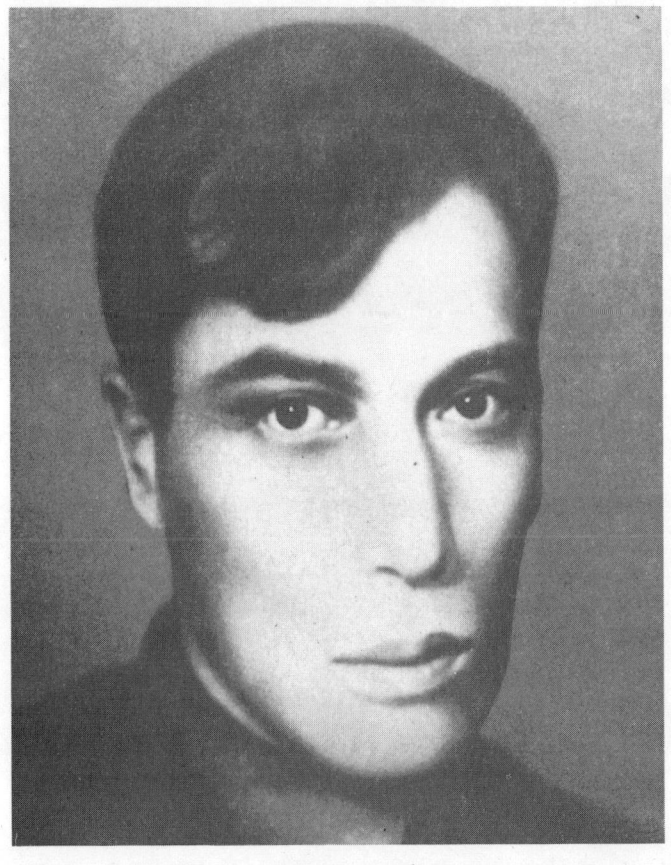

Boris Pasternak
in den 20er Jahren

Die Reise nach Berlin dauerte vier Tage. Marina machte keinen Versuch, zu schlafen und legte sich noch nicht einmal auf das zur Verfügung stehende Bett. Sie rauchte unablässig. In Riga, wo sie umsteigen mußten, warteten sie fast einen ganzen Tag. Zu einer anderen Zeit hätte Marina an der alten Stadt mit ihrem Gewirr prächtiger gotischer Gebäude und an den unmißverständlichen Ladenschildern (Schlüssel, Backwerk, Flaschen, Handschuhe und so fort) in den belebten Straßen ihre Freude gehabt. Doch jetzt hinderte ihre gedrückte Stimmung sie daran, an irgend etwas Interesse zu finden. Wie betäubt ging sie durch die gepflasterten Straßen, weigerte sich zu essen und wollte nur Kaffee. Ihre Anspannung ließ erst nach, als sie es schließlich, kurz vor Einbruch der Dämmerung, geschafft hatten, den Zug nach Berlin zu besteigen. Dann erst schloß sie ihre Augen und schlief im Sitzen ein.

Am Morgen erblickten sie und Alja eine deutsche Landschaft, die (zu Aljas freudigem Staunen) aus einem Bilderbuch für Kinder zu stammen schien. Nach der Unordnung, die sie in Moskau zurückgelassen hatten, kam sie ihnen außergewöhnlich korrekt und ordentlich vor.

Sie erreichten Berlin – wo sie Serjoscha aus Prag kommend erwarten wollten – am 15. Mai 1922 bei strahlendem Sonnenschein, und sofort war ein grüngekleideter Gepäckträger zur Stelle, um ihre Habseligkeiten zu einer Droschke zu schaffen. Mit einem Schlag tat sich Berlin (das sogar nach dem Krieg eine Stadt von beträchtlicher Eleganz geblieben war) vor ihnen auf. Marina fuhr zum Prager Platz, einem kleinen, stillen Platz, in dessen Nähe sich viele Russen einquartiert hatten. Ilja Ehrenburg wohnte dort in einer Pension und erwartete sie. Zu Marinas großer Erleichterung hieß er sie dort willkommen und

stellte ihnen sofort ein großes, dunkles, mit Büchern vollge-
stopftes Zimmer zur Verfügung.

Nach der Armut Moskaus wirkte Berlin berauschend. Der
Kaffee war möglicherweise dünn, doch der Duft von Orangen,
Schokolade und gutem Tabak war eine überwältigende Erinnerung an eine verschwundene Welt. Obgleich die Inflationsrate
bereits beängstigend war, sahen die Leute trotzdem wohlge-
nährt und zufrieden aus.

In Berlin lebte eine große Zahl von Russen. Dutzende von
russischen Restaurants mit Balalaikas, Zigeunern, Pfannku-
chen und Schaschlik hatten geöffnet. Überall konnte man russische Laute hören. Es gab drei Tageszeitungen und fünf Wochen-
zeitungen in russischer Sprache, und im Laufe eines Jahres
hatten sich siebzehn russische Verlage etabliert. Zu dieser Zeit
war die Trennungslinie zwischen Emigrantenliteratur und So-
wjetliteratur noch nicht so streng gezogen, und Schriftsteller,
die sich mit dem neuen Regime arrangiert hatten, verkehrten
immer noch zwanglos mit solchen, die es abgelehnt hatten.
Und, was am wichtigsten war: Bücher aus Berlin waren in Rußland ebenfalls im Umlauf und wurden in der sowjetischen
Presse rezensiert.

In jenen Tagen gab es in Berlin viele Russen, die eher zufällig
ins Exil geraten waren, weil sie in panischer Angst geflohen waren und die sich jetzt zu ihrer Verblüffung gezwungen sahen,
ihren Lebensunterhalt mit Tellerwaschen oder anderen Hand-
arbeiten zu verdienen. Selbst bei jenen, die ihren Entschluß
sorgfältiger bedacht hatten, herrschte das Gefühl vor, es handele sich um eine Übergangszeit.

In der Pension, in der Marina und Alja untergebracht waren,
wohnten zahlreiche Schriftsteller und Verlagsleute. In der
Nähe war die »Prager Diele«, ein besonders beliebtes Café.
Dort trafen Ehrenburg und Marina oft mit dem jungen Verleger Abram G. Wischnjak zusammen, der sich lieber, nach seinem Verlagssignet, »Helikon« nennen ließ. Bald war Marina

mit allen regelmäßigen Besuchern des Cafés gut bekannt und
schloß, ebenso Wischnjak, enge Freundschaft mit Ehrenburgs
Gattin, der Künstlerin Ljuba Kosinzewa, und mit Ludmila
Tschirikowa (der Tochter des berühmten Autors).

Die zehnjährige Alja machte Notizen über ihre Eindrücke
von Helikon, die zeigen, in welchem Maße sie die Betrach-
tungsweise ihrer Mutter übernommen hatte.

»Helikon wird von einer Vielzahl von Gestalten besucht: Von
einem alten Herrn, der seine Uhr an einer Art Hundekette trägt
(seine goldene Uhrkette hat er verkauft); von mageren, lang-
weiligen Schriftstellerwitwen, die in der Hoffnung kommen,
die Honorare ihrer Ehegatten kassieren zu können. Alles
umsonst. Helikon versucht, niemanden zu kränken, aber jedermann verflucht ihn, weil er so schlecht zahlt.

Helikon ist ein Mann mit zwei Gesichtern – er wird hin und
her gerissen zwischen dem Alltag und seiner Seele. Der Alltag
ist das kleine Gewicht, das ihn auf der Erde zurückhält, damit
er sich, wie er glaubt, nicht losreißt und wie Andrej Bely gera-
dewegs in den Himmel fliegt. In Wirklichkeit würde er sich gar
nicht so leicht losreißen – er hat zu wenig Seele, weil er dringend Frieden, Ruhe, Schlaf, Geborgenheit braucht, die die
Seele eben nicht gibt.

Wenn Marina in sein Büro kommt, ist sie wie diese verkörperte Seele, die die Menschen zu sich emporreißt, statt sich zu
ihnen herabzulassen. Sogar ein Kind muß sie aus der Wiege
reißen. Sie glaubt die ganze Zeit, daß sie ihn in den Schlaf wiegt
– doch es ist eine Art von Wiegen, bei der man sich nicht sehr
wohlfühlt. Marina spricht mit Helikon wie eine Titanin. Sie ist
ihm ebenso unbegreiflich wie der Nordpol einem Mann aus
dem Orient, und ebenso verlockend. Ich habe gemerkt, daß er
sich zu Marina hingezogen fühlte wie zur Sonne, wie ein zer-
knickter kleiner Halm. Aber die Sonne ist weit weg, weil Marinas ganzes Wesen zurückgenommen ist, und sie hat zusam-

mengebissene Zähne, während er biegsam und weich ist wie ein Erbsenschößling. «[89]

Nicht jeder fand Marina derart furchteinflößend. Obgleich in ihrer Jugend während ihrer Freundschaft mit Ellis mit Verehrung der Name des Schriftstellers Andrej Bely genannt worden war, war es Marina nie vergönnt gewesen, ihm zu begegnen. Später war durch seine Heirat mit Assja Turgenjewa eine, wenn auch nie intime, Bekanntschaft möglich geworden. Eifersüchtig, wie Marina wegen ihrer eigenen Schwärmerei für Assja war, verzieh sie ihr doch, das sie Bely erwählt hatte, weil sie beide aus demselben Holz geschnitzt waren: sie *schrieben* Gedichte, anstatt dazu zu inspirieren. Marina begegnete Bely in der »Prager Diele« an Ehrenburgs Tisch. Er erkannte sie sofort: »Sie? Sie?... Hier? Wie mich das freut! Sind Sie schon lange hier? Sind Sie für immer gekommen? Hat man Sie unterwegs verfolgt?«[90] Bely lebte ganz in der Nähe, in Zossen, und obgleich es nicht leicht war, ihm zu helfen, wußte Marina, wie sie mit Menschen umgehen mußte, deren Nerven bis zum Zerreißen angespannt waren. Zu dieser Zeit hatte der Kummer über das Zerbrechen seiner Ehe mit Assja Turgenjewa ihn an den Rand des Wahnsinns getrieben, doch Marina vermochte ihm, obwohl ihre eigene Zukunft alles andere als gesichert war, ein Gefühl der Geborgenheit zu vermitteln. Im Juni 1922 schrieb er ihr:

»Meine liebe, liebe, liebe, liebe Marina Iwanowna ... während dieser letzten besonders schwierigen, beschwerlichen Tage waren Sie es wiederum, deren Stimme als der einzige echte Ton zu mir drang ... ein sanfter, sanfter, außerordentlicher Ton des Vertrauens. Es gibt doch noch Wunder!«[91]

Das Gefühl der Kameradschaft, das Marina für Bely hegte, erwuchs zum Teil aus der Tatsache, daß sie beide Kinder von Professoren waren. Bely hatte immer erklärt, er wäre lieber der Sohn eines Sargtischlers gewesen, doch jetzt, nachdem er Marina begegnet war, machte es ihm große Freude, ihre Verwandtschaft hervorzuheben – nicht nur als Waisen und Dichter, sondern auch was das Brandmal betraf, das die Berufe ihrer Väter ihnen beiden aufgeprägt hatte. Marina selbst hatte den Beruf ihres Vaters niemals in irgendeiner Weise als bedrückend empfunden, doch sie verstand Belys Lage und schrieb 1934 nach seinem Tod in ihren Erinnerungen an ihn: »Jedes Pseudonym ist, unbewußt, eine Absage an Herkunft und Fortdauer, Nachfolgeschaft, Sohnestum. Absage an den Vater.«[92] Andrej Bely hatte sich so endgültig von seinem Vater gelöst, daß er einen neuen Namen für sich selbst erfand.

Als sie einander begegneten, hatte Bely Marinas Buch *Trennung* (das ihr Gedicht »Auf rotem Roß« enthielt, welches sie Anna Achmatowa gewidmet hatte), das gerade in Berlin erschienen war, noch nicht gelesen, und sie gab ihm ein Exemplar. Am nächsten Tag erhielt sie einen Brief voll ungläubiger Bewunderung, und einige Tage später gab Bely seinem Lob noch einmal Ausdruck. Er selbst behauptete, seit drei Jahren keine Gedichte mehr geschrieben zu haben und daß er kaum noch das Recht hätte, sich noch länger Dichter nennen zu dürfen. Sein überschwengliches Lob des Werkes von Marina veranlaßte ihn, zwei ihrer Manuskripte bei einem Verlag unterzubringen – eine bemerkenswerte Geste für jemanden, der fast unfähig war, für sich selbst etwas zu tun.

Es war nicht Marinas Gewohnheit, diejenigen, die sie liebte, zu analysieren, und weil Bely das Befremdliche seines Verhaltens nicht wahrnehmen, geschweige denn sein Leben in den Griff bekommen konnte, machte sie auch keinen Versuch, ihn zu etwas zu zwingen, das ihm nicht zusagte. Sie beließ ihn in seiner Arglosigkeit und sah nicht, wie oft er andere Menschen

verletzte, um seinen eigenen Schmerz zu lindern. Er verkörperte die Art von Schwäche, der Marina mit praktischer Hilfe
begegnen konnte – zum Beispiel, indem sie seinen Ofen in Zossen heizte oder seine Abfälle wegfegte.

Während sie in Berlin wochenlang auf Serjoscha wartete,
kam Bely oft von Zossen herüber und übernachtete bei Marina.
Alja (inzwischen neun Jahre alt) und dem fünfjährigen Sohn
seines Verlegers, der oft in der Wohnung war, machte es Spaß,
Bely zu necken, und sie legten ihm hin und wieder mit Wasser
gefüllte Gummitiere ins Bett. Das kümmerte Bely nicht sonderlich, der am Morgen den Kindern gewöhnlich ausführlich
berichtete, was ihm widerfahren sei. Seine Probleme mit der
Schlaflosigkeit lagen weit tiefer, als daß Kinderspielzeug in seinem Bett ihn hätte stören können: Eine seiner größten Ängste
war, unter einem Antlitz aufzuwachen, das ihn anstarrte. Marina war einer der wenigen Menschen, deren Anwesenheit in
seinem Haus ihm das Gefühl des Friedens schenkte. Er sagte:
»Sie bringt mir den Frieden. Ich schlafe ein und schlafe und
schlafe.« Bely schätzte ihre Vitalität und Gesundheit, die so
ganz anders als seine nervöse Überreizung war. Bely war in
Berlin unglücklich. Er sah die Stadt wie in einem Vexierspiegel
als einen Ort, wo die Bäume keine Schatten warfen und die Vögel nicht sangen. Ihm mißfiel sogar der Name des Vorortes, in
dem er wohnte: *Zossen*. Er fand ihn »scharf und irgendwie
fleischlich wie ein Knödel«. Sein größter Kummer war jedoch
der Verlust der Frau, die er liebte und die Eifersucht, die er für
den Mann empfand, der ihn ausgestochen hatte. Sein Schmerz
war mitleiderregend, und bei ihrem Versuch, ihn zu trösten,
achtete Marina kaum auf Alja, die sie immer mitnahmen, wohin sie auch gingen. Bei diesen Gelegenheiten war Alja immer
sehr still, als begreife sie, daß eine Begegnung zweier Dichter
von großer Bedeutung sei.

Wenn Marina Alja, die sie immer als eine Erweiterung ihrer
selbst, ansah, die imstande war, alle ihre Gedanken zu teilen,

auf diese Weise ausschloß, geschah das nicht mit Absicht: Sie vergaß einfach, daß Alja eigene Bedürfnisse hatte. Alja erinnerte sich an ein komisches Beispiel für diesen Zustand: Während eines langen Spazierganges mit Bely mußte Alja eine Toilette aufsuchen, hatte aber so große Furcht, die Unterhaltung zu unterbrechen, daß ihr schließlich nichts anderes übrig blieb, als sich im Freien zu erleichtern. Nicht alle Veränderungen, die Marinas Hinwendung zu Bely nach sich zog, waren freilich so unangenehm – Marina legte gegenüber Aljas Verhalten eine neue und willkommene Toleranz an den Tag. Zum Beispiel wurde dem jungen Mädchen jetzt gestattet, wann immer es wollte, Bier zu trinken, was früher streng verboten gewesen war.

Es sagt einiges über Marinas seelische Größe aus, daß sie die Kraft hatte, mit Belys Zuständen von Verzweiflung sanft umzugehen. Für sie war es eine Zeit großer Erregung und fortdauernder Anspannung. Dank Ehrenburgs Großzügigkeit konnte sie es sich jetzt leisten, für ihren Mann Geschenke zu kaufen (warme Unterwäsche, Socken und Zigarrenkästchen), doch Serjoscha hatte es noch nicht geschafft, nach Berlin zu kommen, so daß jede dieser Gesten wie eine Herausforderung des Schicksals erschien. Marinas Jahre in Moskau hatten ihren Tribut gefordert, und Berlin bestätigte ihr Gefühl, die ganze Welt sei im Fluß, in dem sie vielleicht Serjoschas Spur gerade jetzt verlieren konnte, da sie ihn zu finden hoffte.

Das genaue Datum von Serjoschas Ankunft war ungewiß. Am Ende traf das Telegramm mit der Ankunftszeit seines Zuges verspätet ein, so daß Marina nach Wochen des Wartens hilflos zum Bahnhof eilte, wo der Zug längst eingelaufen war. Wie in einem Alptraum umherirrend, sah sie, daß die Fahrgäste sich bereits zerstreut hatten und sich außer ihr und Alja in der riesigen Bahnhofshalle niemand mehr aufzuhalten schien. Niemand konnte ihnen eine Auskunft geben; es gab keine Nachricht für sie. Marina begann ungläubig und verwirrt auf dem

verlassenen weißen Platz vor dem Bahnhof hin und her zu gehen, als sie mit einem Mal Serjoschas Stimme hörte, und sie
sich endlich in die Arme fielen und nach allen Ängsten in Tränen ausbrachen. Nach fünfjähriger Trennung waren sie wieder
vereint. Und für den Augenblick schien nur das zu zählen.

In einem Brief an Maximilian Woloschin vom Herbst 1923
(veröffentlicht in Karlinskys Zwetajewa-Buch) beschrieb
Efron, auf welche Weise sich die Beziehung zu seiner Frau während ihrer Trennung verändert hatte: »Marina ist ein leidenschaftliches Geschöpf. In weit stärkerem Maße als früher – vor
meiner Abreise. Sich kopfüber in einen selbstgeschaffenen Or-
kan zu stürzen, ist für sie zur Notwendigkeit geworden, es gehört zu ihrem Leben.« Er fügte bitter hinzu, daß er lange vergeblich versucht habe, die Feuer ihrer Leidenschaften wieder
für ihn zu schüren und erwähnte eine kurze und unerwiderte
Leidenschaft, die Marina für Wischnjak empfunden habe: »Wenige Tage vor meiner Ankunft ist das Feuer angefacht worden –
aber nicht von mir.«

Das beeinträchtigte in keiner Weise die Freude, die Mann
und Frau empfanden, als sie sich nach den langen Jahren der
Trennung wiedersahen. Ihre Beziehung hatte sich in ihrem
Wesen verändert, doch es kann auch eine intensive Liebe zwischen Bruder und Schwester oder vielleicht eher zwischen
Mutter und Sohn geben; und bereits Serjoschas erster Brief
an Marina vom Juli 1922 zeigt, daß er sich dieser möglichen
Wendung in ihrer Beziehung bewußt war. »Lebe einfach weiter«, erklärte er damals. »Ich werde keine Forderungen an Dich
stellen. Ich erwarte nichts von Dir, außer daß Du am Leben
bleibst.«

An jenem Abend gaben die Ehrenburgs ein großes Fest, um
die Wiedervereinigung zu feiern. Es gab sogar Champagner.
Alja, die ihren Vater mit scharfem Auge beobachtete, notierte:

»Serjoscha, der fast neunundzwanzig Jahre alt war, sah immer
noch wie ein Junge aus, der sich gerade von einer schweren
Krankheit erholt hat: er war so mager und großäugig und
schien noch immer einsam – selbst mit Marina, die neben ihm
saß. Im Gegensatz zu ihm schien sie völlig erwachsen zu sein –
ein für allemal! – bis hinauf zu den frühen grauen Fäden, die bereits deutlich in ihrem Haar schimmerten.«[93]

Aljas Blick drang außerordentlich tief und erfaßte untrüglich,
was in der Zukunft lag. Die Einsamkeit, die sie in Serjoschas
Wesen bemerkte, ist leicht begreiflich. Er hatte sich (im Gegensatz zu den anderen) unwiderruflich auf das Exil eingestellt und
dessen Bitterkeit bereits zu spüren bekommen. Und während
seiner Abwesenheit hatte Marina sich verändert und war ge-
reift.

Serjoschas erster Berlin-Besuch war kurz. Er mußte nach
Prag zurückkehren, um sich auf das neue Semester vorzubereiten. Er hatte vor, bei Nikodim Kondakow Vorlesungen über By-
zantinische Kunst zu hören, und er fand die Arbeit nicht leicht.
Zuvor mußten allerdings noch viele Entscheidungen getroffen
werden. Die erste betraf den Umzug in ein kleines Hotel in der
Trautenaustraße, wo die Familie Efron sich zwei winzige Zimmer mit Balkon leisten konnte. Aber die wichtigste Entscheidung war schwerer: sie betraf den Umzug in die Tschechoslowakei.

Wenn sie in Berlin blieben, würden sie zweifellos in finanzielle Schwierigkeiten geraten. Die kleinen Honorare, die
Marina von russischen Verlagen bekam, konnten leicht ausblei-
ben, wogegen es für Studenten an der Universität Prag Studien-
beihilfen gab, welche die Regierung Masaryk zur Verfügung
stellt, und angesichts der wirtschaftlichen Krise, die zur Zeit in
Deutschland herrschte, war es wenig wahrscheinlich, daß ein
Russe eine Stellung fand. In der Tschechoslowakei dagegen gab
es eine sichere Geldquelle, und die wohlwollende Regierung

stellte russischen Wissenschaftlern bereits Geldmittel zur Verfügung. Darüber hinaus war die Tschechoslowakei ein slawisches Land, und die Stadt Prag nach Serjoschas Beschreibung so schön wie ein Märchen.

Marina begrub ihre Vorstellungen von Berlin als einem Zentrum russischen Verlagswesens, und ihre Entscheidung wurde gefällt. Nachdem alles vereinbart war, kehrte Serjoscha nach Prag zurück. Er hatte sich nur ein paar Wochen in Berlin aufgehalten, war Anfang Juli angekommen und fuhr Ende des Monats wieder ab. Nachdem er abgereist war, machte Marina ihren ersten, ziemlich hoffnungslosen Versuch, zusammen mit Ludmila Tschirikowa und Alja etwas von der Stadt zu sehen.

Marina hatte sehr intensiv gearbeitet. Während der zweieinhalb Monate, die sie in Berlin war, hatte sie sehr wenig von der Stadt gesehen, doch ihre Produktion war überwältigend gewesen: Dreißig Gedichte, eine Geschichte mit dem Titel »Florentinische Nächte« und ein Essay über die Lyrik Boris Pasternaks, »Lichtregen«, der zeigte, wie intensiv sie sich in sein Werk vertieft hatte und wie sehr sie sich davon berührt fühlte.

Ein sonderbarer Zufall wollte es, daß Pasternak just zu dieser Zeit in Moskau Marinas Band *Werstpfähle* in die Hände fiel, und er sich bewogen fühlte, ihr zu schreiben und zu erklären, in welchem Maße diese Erfahrung ihn verändet habe.

Der Brief von Pasternak, weitergeleitet von Ehrenburg, traf am 27. Juni 1922 ein; Pasternak hatte Ehrenburg dringlich gebeten, ihn zu lesen, vermutlich um Marina auch weiterhin Ehrenburgs Fürsorge zu erhalten. Es ist ein ungewöhnlicher Brief, und der Beginn eines Briefwechsels, der für Marina in den langen Jahren des Exils eine der wichtigsten emotionalen Stützen werden sollte.

13. 6. 22

Liebe Marina Iwanowna

gerade habe ich mit bebender Stimme meinem Bruder Ihre Ge-
dichtzeile »Ich weiß, daß ich sterben werde beim Himmelrot!
Bei welchem, mit welchem – das ist nicht auf Wunsch zu entscheiden« vorgelesen – und eine Welle von Tränen trug mich
davon, wie etwas Fremdes. Sie stahlen sich in meine Kehle, und
ich weinte. Wenn ich meine Bemühungen bei »Ich will dir erzählen vom großen Betrug« mit Ihrem Gedicht vergleiche, bin
ich ziemlich abgestoßen, und als ich sie verglich mit »Werst und
Werst und Werst und altbackenes Brot«, passierte das gleiche.

Sie sind kein Kind, meine teure, goldene, unvergleichliche
Dichterin, und ich hoffe, Sie wissen, was das in einer Zeit bedeutet, wo wir eine Fülle von Dichtern und Dichterinnen haben; nicht nur solche, die man nur in ihrem Verband kennt oder
die Menge an Phantasten – sondern die Fülle makelloser Talente wie Majakowski und Achmatowa. Verzeihen Sie mir, verzeihen Sie, verzeihen Sie mir!

Wie konnte es nur geschehen, daß ich mit Ihnen hinter dem
Sarg von Tatjana Skrjabina ging, ohne zu ahnen, wer da neben
mir ging?[94]

Es ist völlig verständlich, daß Marina angesichts eines solchen
Lobes nicht sofort antwortete – und daß sie es dann auf ungewöhnliche Art tat. In ihrem Brief an Pasternak klingt anfangs
fast so etwas wie Zorn an. Ohne Zweifel wollte sie, daß Pasternak die gemischten Gefühle verstand, die sie erfüllten, als sie
seinen Brief zum erstenmal las. Und ihren ganzen Brief durch-
zieht nicht eigentlich ein Tadel oder gar ein Bedauern, sondern
eher das Erkennen eines Verlustes, dem sie so oft ausgesetzt
war und das zum Teil darauf beruhte, daß sie es versäumt hatte,
in Moskau mehr als einen oberflächlichen Kontakt herzustel-
len. Und es findet sich auch noch etwas anderes darin: Nicht

Stolz, nicht eigentlich Schüchternheit, sondern dasselbe Zögern, das sie davon abgehalten hatte, Pasternak einen Besuch zu
machen, bevor sie Moskau verließ; dieselbe Scheu, die eine Begegnung mit Blok verhindert hatte. Marina war immer zu der
höchst weiblichen, menschlichen Furcht fähig: Was aber, wenn
ich die Erwartungen, die man in mich setzt, nicht erfüllen
kann? Hier ist ihre Antwort:*

Berlin, 29. neu[er] Juni 1922

Lieber Boris Leonidowitsch!
Ich schreibe Ihnen am nüchternen, hellichten Tag, nachdem ich
den Versuchungen der nächtlichen Stunde und der ersten Regung widerstand.

Ich ließ Ihren Brief in mir abkühlen, sich unterm Schotter
zweier Tage vergraben – was wird bestehen?

Nun also, unter dem Schotter hervor:

Das erste, was ich fühlte – bei flüchtigem Hinsehen: *Wider-
spruch*. Jemand widerspricht, jemand fordert Rechenschaft: jemand *blieb ich etwas schuldig*. Mein Herz verkrampfte sich vor
Hoffnungslosigkeit, vor Nutzlosigkeit – (Ich hatte noch kein
einziges Wort gelesen.)

Ich lese (begreife immer noch nicht – wer), und als erstes
dringt durch den unbekannten Schwung der Hand: er ist *abgestoßen*. (Und mein: unerträgliches: Nun ja, jemand ist unzufrieden, entrüstet! O Gott! Wieso bin ich daran schuld, daß er
meine Gedichte las!) Erst gegen Ende der zweiten Seite, beim
Namen Tatjana Fjodorowna Skrjabinas, wie ein Hieb: Pasternak!

Jetzt hören Sie:

Irgendwann (1918, im Frühjahr) saßen Sie und ich nebenein-

---

* Die Originale dieser und anderer Briefe an Pasternak sind verlorengegangen.
  Marina hat Rohfassungen aller Briefe an ihn aufbewahrt; nach diesen wird
  zitiert.

ander beim Abendessen bei den Zetlins. Sie sagten: »Ich möchte einen großen Roman schreiben: einen mit Liebe, mit einer Heldin – wie Balzac.« Und ich dachte: Wie gut. Wie richtig. Wie ohne jeden Dünkel. – Ein Dichter.

Dann lud ich Sie ein: »Ich würde mich freuen, wenn« – Sie kamen nicht, weil Sie nichts Neues im Leben wollen.

... 11. April (nach altem Kalender) 1922 – das Begräbnis Tatjana Fjodorowna Skrjabinas. Zwei volle Jahre war ich mit ihr befreundet – der einzige weibliche Freund ihres Lebens. Eine strenge Freundschaft: ganz über der Sache und im Gespräch, männlich, ohne die Zärtlichkeit irdischer Zeichen.

Und nun begleite ich ihre großen Augen zur Erde.

Ich gehe mit Kogan, dann mit noch irgendwem, und plötzlich – eine Hand auf meinem Ärmel – wie eine Pranke: Sie. – Ich schrieb später Ehrenburg darüber. Wir sprachen von ihm, ich bat Sie, ihm zu schreiben, erwähnte seine ungeheure Zuneigung für Sie, Sie nahmen es befremdet auf, sogar mit Besorgnis: »Ich verstehe absolut nicht, wofür... Wie schwierig...« (Ilja Grigorjewitsch tat mir leid, und das schrieb ich ihm nicht.) – »Ich habe Ihre Verse gelesen, über den Hunger...« – »Reden Sie nicht davon. Eine Blamage. Ich wollte etwas ganz anderes. Aber wissen Sie – manchmal ist es so: überm Kopf – Myriaden, doch blickst du hin: ein weißes Blatt. Es ist vorübergeschwebt. Hat den Tisch nicht berührt. Und dies hier schrieb ich in letzter Minute: Man drängt mich, ruft an, die Nummer kann nicht erscheinen...«

Dann erzählten Sie von der Achmatowa. Ich fragte nach ihrem wichtigsten irdischen Merkmal. Und Sie, mich musternd: – Die Reinheit der Aufmerksamkeit. Sie erinnert mich an eine Schwester. Dann lobten Sie mich (»obwohl man das keinem ins Gesicht sagen sollte«), daß ich in diesen Jahren trotz allem schrieb – ach, ich vergaß ja die Hauptsache – »wissen Sie, wem Ihr Buch sehr gefiel? – Majakowski.«

Das war eine *große* Freude: ein Geschenk aller *Fremdheit*,
besiegt Räume (Zeiten?).

Wirklich – ich erstrahlte innerlich.

Und der Sarg: weiß, ohne Kränze. Und – schon nahe – die beru-
higende Pforte des Nowodewitschi Monastyr: die Gnade.

Und Sie ... »Ich habe nichts mit denen ... , es ist ein Irrtum,
wissen Sie: Sie geben die Gedichte in irgendwelche Anthologien ...«

Jetzt *das Wichtigste*: Wir stehen am Grab. Auf meinem Ärmel schon keine Hand mehr. Ich fühle – wie immer in der ersten Sekunde einer Trennung – mit der Schulter, daß Sie neben
mir sind, einen Schritt zur Seite getreten.

Ich versinke in Gedanken an Tatjana Fjodorowna. – Ihre
letzte Erdenluft. Und – wie ein Ruck: das Gefühl von *Abbruch*,
ich denke nicht zu Ende, weil ich mit Tatjana Fjodorowna beschäftigt bin, – damit, sie bis zuletzt zu begleiten.

Und als ich mich umsehe, sind Sie bereits fort: ein *Verschwinden*.

Das ist meine letzte Vision von Ihnen. Genau einen Monat
später – auf den Tag – reise ich ab. Ich wollte bei Ehrenburg
vorbeigehen, ihn mit dem Augenzeugenbericht über Sie zu erfreuen, doch das Gefühl: ein fremdes Haus, sicher treffe ich ihn
nicht an usw.

Später schämte ich mich sogar vor Ehrenburg für diesen
Mangel an freundschaftlichem Eifer.

Soweit, lieber Boris Leonidowitsch, meine »Geschichte mit Ihnen«, – ebenfalls bruchstückhaft.

Ihre Gedichte kenne ich wenig: einmal hörte ich Sie von der
Bühne, Sie vergaßen damals ständig den Text. Ihr Buch sah ich
nicht.

Das, was mir Ehrenburg sagte, – traf mich augenblicks, riß
mich fort: klirrend, zwitschernd, mit allem gleichzeitig: wie
das Leben.

Ein Lauf im Kreise, doch der Kreis – ist die Welt (das Universum!) und Sie – sind ganz am Anfang und werden ihn nie vollenden, denn Sie sind sterblich.

Alles nur skizziert – zugespitzt! und weiter, ohne sich Besinnung zu gönnen. Eine Poesie der *Vorhaben*, – stimmen Sie zu?

Das schließe ich aus jenen fünf – sechs Gedichten, die ich kenne.

Bald wird mein Buch *Handwerk* erscheinen – Verse der letzten anderthalb Jahre. Gern werde ich es Ihnen zusenden. Vorerst aber schicke ich zwei winzige Heftchen, die hier in meiner Abwesenheit herauskamen – einfach um die Reisekosten zu dekken: *Gedichte an Blok* und *Abschied*.

Ich bin für lange in Berlin, wollte nach Prag fahren, doch dort sind die äußeren Lebensumstände sehr hart.

Hier bin ich mit niemand befreundet, außer mit den Ehrenburgs, und Bely und mit meinem Verleger Helikon.

Schreiben Sie mir, wie es um Ihre Abfahrt steht: ob Sie richtig reisen (in der äußeren Welt: der Visa, Fragebögen, Milliarden.) Hier lebt es sich sehr gut, keine Stadt (so oder anders) – Anonymität – Weite! Man kann ganz ohne Menschen sein. Ein bißchen wie im Jenseits.

Ich drücke Ihre Hand – erwarte Ihr Buch und Sie

M. Z.

Meine Anschrift:

> Berlin-Wilmersdorf
> Trautenaustraße 9,
> »Trautenau-Haus«[95]

Pasternaks Eltern hatten die Sowjetunion bereits verlassen und wohnten in Berlin. Wie man hörte, stand Pasternaks Ankunft in Berlin unmittelbar bevor, doch man wußte nicht, ob er die Absicht hatte, auf Dauer ins Exil zu gehen. Marina (inzwischen in der Tschechoslowakei) hätte diese Gelegenheit ergreifen und nach Berlin reisen können, um ihn zu treffen. Sie tat es nicht, obgleich ihr bewußt gewesen sein muß, daß dies vielleicht ihre letzte Chance war, mit ihm zusammenzutreffen. Ihr Entschluß wurde vielleicht durch die Tatsache beeinflußt, daß er in Begleitung seiner Gattin kommen würde, die er im vergangenen Frühjahr geheiratet hatte – Jewgenja Muratowa, eine überaus schöne Künstlerin. (Marina sollte seine Heirat während ihrer langen Korrespondenz nie erwähnen.) Auch die Fahrtkosten bereiteten Schwierigkeiten: Marina hielt sich nie für berechtigt, das Budget der Familie aus ausschließlich selbstsüchtigen Gründen zu dezimieren. Nichtsdestoweniger erwog sie Pasternaks Einladung, nach Berlin zu kommen, und entschied sich aus praktischen und eigentümlichen persönlichen Gründen gegen die Reise. In einem unvergleichlichen Brief legte sie die Gründe dar:

Mokropsy, 9. März (neuer Zählung) 1923*

Lieber Pasternak,
Ich werde nicht kommen, – habe einen sowjetischen Paß und keine Bescheinigung über einen todkranken Verwandten in Berlin und keine Beziehungen, das durchzusetzen – bestenfalls dauert ein Visum zwei Wochen. (Gleich nachdem ich Ihren Brief bekam, erkundigte ich mich aufs genaueste.) Hätten Sie eher geschrieben, und hätte ich gewußt, daß Sie so bald fahren ... Vor einer Woche ein beiläufiger Hinweis in Ljubow Michailowna Ehrenburgs Brief: Pasternak will Rußland verlassen... Danach: dies und jenes, alles flüchtig, ohne ein Datum.

Lieber Pasternak, ich habe nichts als mein *Streben* zu Ihnen, und das wird nicht helfen. All die Zeit wartete ich auf Ihren Brief, wagte nichts zu tun ohne Ihre Erlaubnis, wußte nicht, ob Sie mich brauchen oder nicht. Ich verlor einfach den Mut.

---

* Gregorianischen Kalender. Desgleichen alle folgenden Daten.

(Ich schreibe Ihnen in fröhlicher, fieberhafter Todeserwartung.) Jetzt weiß ich es, doch zu spät.

Seit ich Ihre *Themen und Variationen* erhielt – nein, früher, seit ich von Ihrer Ankunft weiß, sagte ich: Ich werde ihn sehen. Mit Ihrem lila Büchlein lebte das auf, verwandelte sich in Wirklichkeit (in Blut), ich setzte mich an einen großen Prosaband (Briefwechsel!), den ich Mitte April zu beenden gedachte. Ich arbeitete Tag für Tag, ohne den Rücken zu strecken. Was das miteinander zu tun hat? Das ist klar. Mich so auf etwas zu stürzen, habe ich kein Recht (vor meinem *lebensunterhaltenden* Ich). Mein Leben (das der Meinen) ist sehr schwer. Reise ich ab – lastet der ganze verfluchte Alltag auf ihnen. Ich hatte mich mit Feuereifer darangesetzt. Jetzt ist es zu spät: das Buch wird da sein, Sie aber – nicht. Sie brauche ich, das Buch aber – nicht.

Ein letztes Wort: nicht aus Hinterlist (mehr werden Sie an mich denken, wenn ich nicht komme. *Nicht* mehr – eine Lüge!), nicht aus Berechnung (zu sehr werde ich an ihn denken, wenn ich ihn sehe! Ohnedies ist's zu sehr – und mehr geht nicht!) und nicht aus Feigheit (zu enttäuschen, enttäuscht zu werden).

Gleichviel, es ist ungeheuerlich – Ihre Abreise, vom Berliner Perron, von meinem böhmischen Berg, von dem ich Ihnen am 18ten den ganzen Tag (da ich die Stunde nicht weiß) das Geleit geben werde – solange die Seelenkraft reicht.

Ich werde nicht kommen, weil es zu spät ist, weil ich hilflos bin, weil Mark Slonim zum Beispiel sich die Erlaubnis in einer Stunde beschafft, weil dies mein Schicksal ist – Verlust.

Nun aber zu Weimar. Pasternak, spaßen Sie nicht. Diese ganzen zwei Jahre werde ich darauf hinleben. Und sollte ich in diesen Jahren sterben (ich werde nicht sterben!), wird das mein vorletzter Gedanke sein. Nur spaßen Sie nicht. Ich kenne mich. Pasternak, soeben bin ich auf einem schwarzen Feldweg zurückgekehrt (ich war bei Leuten, die gerade erst gereist waren, mich wegen des Visums zu erkundigen) – ich ging tastend: der

Schmutz, die Löcher, die dunklen Laternenmasten. Pasternak, ich dachte so heftig an Sie, nein, nicht an Sie, an mich ohne Sie, an diese Laternen und Wege ohne Sie, – ach, Pasternak, meine Füße werden noch Milliarden Werst gehen, ehe wir uns begegnen! (Verzeihen Sie diesen Wahrheitsausbruch, ich schreibe wie vor dem Sterben.)

Eine mächtige Schlaflosigkeit steht mir bevor, Lenze und Sommer, ich kenne mich, jeder Baum, auf den mein Auge fällt, werden – Sie sein. Wie damit leben? Es geht ja nicht darum, daß Sie dort sind, während ich hier bin, es geht darum, daß Sie *dort* sein werden, daß ich nie wissen werde, ob es Sie gibt oder nicht. Sehnsucht nach Ihnen und Angst um Sie, unbändige Angst, ich kenne mich.

Pasternak, das begann mit der *Schwester*, ich schrieb es Ihnen. Doch damals, im Sommer, stoppte, kappte ich es durch die Abreise in ein andres Land, ein andres Leben, und jetzt sind mein Leben – Sie, und ich kann nirgendwohin davonfahren.

Nun unverblümt. *Was* ist denn? Was ist los? Ich bin ehrlich und klar, – ich schwöre! – ich weiß kein *Wort* dafür. Ich werde alle durchprobieren! (Wie wenig ich es weiß – werden Sie den Februargedichten entnehmen.) Die Begegnung mit Ihnen wäre für mich eine gewisse Erlösung von Ihnen gewesen, eine legitime – verstehen Sie? Ein Ausatmen! Ich würde (von Ihnen) in Sie ausatmen. Nur seien Sie nicht böse! Das sind keine maßlosen Worte, es sind maßlose Gefühle: *Gefühle*, die den Begriff des Maßes bereits ausschließen! – Und ich sage weniger, als ist.

... Pasternak, zwei Jahre Wachstum noch vor mir, vor Weimar. Plötzlich beginne ich zu glauben – wie verrückt! Ich möchte Ihnen ein Versprechen geben, gebe es lautlos. – Ich werde Ihnen Gedichte schicken und alles, was ich haben werde im Leben. Von Ihnen, dem Dichter, werde ich anderen erzählen. Kein einziges Wort nehme ich zurück, doch wenn es Sie belastet, werde ich schweigen. Dann allerdings bleibt eins: das über mich an Sie (ohne Beschönigung), was ich so sorgsam, Ihretwegen, zu vermeiden suchte. Pasternak, sollte Ihnen das plötzlich zu schwer werden – oder nein, ich bitte nichts, dies aber fordere ich: machen Sie Schluß. Dann jage ich es tief hinein, breche es ab, daß es unter der Erde vermodre – wie damals, im Februar, die Gedichte.

Jetzt ist es 2 Uhr nachts. – Pasternak, werden Sie am Leben bleiben? – Zwei Jahre – was ist das? Ich verstehe die Zeit nicht, verstehe nur den Raum. Ich ging gerade am Steilhang eines Berges entlang, sehe den Zug vorüberfliegen, ich dachte: da ist er! Pasternak, keinen einzigen Zug wird es geben in diesen ... warten Sie: 730 Tagen! – um

Ihre erlesene Sendung ... Und ich werde mir nichts anmerken lassen! – Ich verliere den Kopf. – »Für die Erlaubnis zu denken, daß ich mich an Sie wende, erwidere ich Ihnen ...« Und weiter, habe ich das etwa vergessen? Nein, ich habe es nicht vergessen, sollte ich es vergessen – mein Gedanke an Sie wird es nicht vergessen.

Das aber, wogegen Sie sich sträuben, ist so zu lesen: »Vollbringen Sie das Wunder (bei mir: ›vermögen Sie‹), seien Sie endlich derjenige ...« »Endlich« meint nicht Sie, ist so der Feder entschlüpft.

Fürchten Sie sich nicht. Nur dieser eine Brief ist so. Ich bin ja nicht dümmer geworden – und nicht elender, nur weil ich mich an Ihnen verschluckte. Sie bedrückt nicht nur meine Wertschätzung, sondern auch mein Verhältnis zu Ihnen, Sie verstehen noch nicht, daß Sie – der Gebende sind. Ich werde maßvoll sein. In Gedichten nicht. Aber in den Gedichten werden Sie es verzeihen.

Mein Pasternak, vielleicht werde ich einst wahrhaftig ein großer Dichter – dank Ihnen! Ich muß Ihnen doch Maßloses sagen: mir die Brust aufreißen! Im Gespräch geschieht das durch Schweigen. Ich aber habe nur die Feder!

Zwei Qualen kämpfen in mir, zwei Ängste: Die Angst, Sie könnten mir nicht glauben – und die Angst, Sie könnten *glauben und* vor mir zurückweichen. Ich weiß, das ist eine Sache des äußeren Maßes. Mit äußerer Maßlosigkeit sündige ich nicht nur. Äußerlich – ist mir alles zuviel: sowohl von anderen, als auch – besonders! – von mir. Mein Jammer mit Ihnen (*schon* Jammer!) liegt darin, daß das Wort für mich *durchgängig* – Gefühl ist: allerverborgenstes. Begegneten wir uns – Sie würden mich nicht wiedererkennen, sofort wäre Ihnen leichter. Im Wort spiele ich mich frei, wie ich mich einst in jener seligen und reichen Welt von der Verkrümmung und Armseligkeit der hiesigen befreien werde. – Ist Ihnen das klar? – Im Leben bin ich unmäßig scheu, nicht zu halten.

Pasternak, ich habe so viele Fragen an Sie! Wir haben noch über nichts geredet. Es wird ein langes Gespräch werden in Weimar.

Die Feder aus der Hand… Das Reich der Worte schon verlassen… Ich werde mich jetzt hinlegen und an Sie denken. Zuerst mit offenen Augen, dann mit geschlossenen. Aus dem Reich der Worte – ins Reich der Träume.

Pasternak, ich werde nur Gutes über Sie denken, Wahres, Großes. – Wie in hundert Jahren! – Keine einzige Zufälligkeit werde ich dulden, nichts Eigenmächtiges. Gott, jeder Tag meines Lebens gehört Ihnen! Wie alle meine Verse.

Morgen früh werde ich zuende schreiben. Jetzt ist es nach drei, und Sie schlafen längst. Die ganze Nacht habe ich mit Ihnen geredet, während Sie schliefen.

M. Z.

10. neuer März, morgens:

Eine ganze Seite habe ich noch vor mir – ein ganzes gesegnetes weißes Blatt – für alles!…

Eine meiner Sachen kennen Sie noch nicht. *Der Recke*. Ich

habe für sie gelebt seit Ihnen (im Herbst) und vor Ihnen (vor
dem Februar). Wenn Sie es lesen, wird Ihnen vielleicht vieles klarwerden. Es ist etwas Wildes, ich konnte nicht davon
loskommen. Eine weitere meiner Bitten: schicken Sie mir Gedichte, sie sind für mich ebenso Befreiung wie die eigenen.
Schildern Sie mir den *Alltag*, wo Sie leben und schreiben, Moskau, die Luft, sich im Raum. Das ist wichtig für mich, ich kann
es müde werden (vor Glück!), in das »nirgendwohin« zu denken. – Laternen und Straßen gibt es viele! – Ist mir jemand
teuer, ist mir sein *ganzes* Leben teuer, der armseligste Alltags-
kram – kostbar! Auf die Formel gebracht: Ihr tägliches Dasein
ist mir teurer als eines anderen Sein!

Gestern abend (ich hatte Ihren Brief noch nicht geöffnet,
hielt ihn in der Hand) ein Schrei meiner Tochter: »Marina, Marina, kommen Sie!« (ich dachte: der Himmel oder ein Hund?)
Trete hinaus. Mit ausgestrecktem Arm zeigt sie es mir. Der
halbe Himmel, Pasternak, war eine Schwinge, eine Schwinge,
groß wie der halbe Himmel, einmalig! Die Farbe nicht zu beschreiben! Licht, das Farbe wurde! Und jagt dahin, verhüllt den
halben Himmel. Und mir ging durch den Sinn, während ich
starrte: »Die Schwinge Ihrer Abreise!«

Von solchen Symbolen und Vorzeichen werde ich leben.

Ich lege Ihnen mein Gedicht »Emigrant« bei. Ich will, daß Sie
es noch in Berlin lesen. Die übrigen (vom ersten bis zum letzten) werden in dem Brief sein, den ich hinterherschicke. Diese
lesen Sie – das ist meine zärtliche und dringende Bitte – erst im
Waggon, wenn sich der Zug in Bewegung setzt.

Sollte man mich in Moskau heftig des »Weißgardismus« be-
zichtigen – machen Sie sich nichts draus. Das ist mein Kreuz.
Ein freiwilliges. Mit Ihnen stehe ich darüber.

Ein letztes Wort: leben Sie, mehr brauche ich nicht.

– Hinterlassen Sie Ihre Anschrift. –

Marina[96]

Trotz seiner Freude über das Wiedersehen mit seinen Eltern war Pasternak in Deutschland sehr unglücklich. Er war von Bely enttäuscht. Ihm mißfielen die Mengen russischer Exilanten in Berlin. Und als er bei einem Besuch in Marburg erfuhr, daß sein alter Professor, Hermann Cohen, gestorben war, hatte die Stadt für ihn jeden Zauber eingebüßt. Bald bekam er Heimweh nach Rußland, und ohne lange zu zögern, beschloß er, mit seiner Frau zurückzukehren.

Die meiste Zeit ihres Lebens im Exil wartete Marina weiterhin auf ihr Zusammentreffen mit Pasternak, das sie sich immer wieder ausmalte. Vermutlich war alles, was sie in den 20er und frühen 30er Jahren schuf, in gewissem Sinne von ihm inspiriert oder an ihn allein gerichtet. Sein Lob, das sich herzlich und verschwenderisch durch die Jahre fortsetzte, erwies sich als eine seltene Stimme, nachdem die Aufregung über ihre Ankunft unter den russischen Emigranten nachließ und in Ablehnung und Verwirrung umschlug. Marina schrieb später an Pasternak: »Ich brauche niemandes Lob oder Anerkennung, außer der Deinen.«[97] Aber zu dieser Zeit war sie unglücklich und schrieb über das, was zum Überleben nötig war, nicht für das Glück.

Es ist nicht schwer nachzuvollziehen, warum das Thema von *Der Recke* für Marina damals und in den folgenden Jahren so reizvoll war. Sie spürte in wachsendem Maße, wie sehr die Sorge um ihren kranken, müden Ehemann und die Belastung durch zunächst ein, dann ein zweites Kind ihre Lebenskräfte aufzehrten. Kein Wunder, daß ein Volksmärchen über ein junges Mädchen, das sich in einen Vampir verliebt, eine Saite in ihrem Inneren zum Erklingen brachte. Als das Dorfmädchen Marusja (Marinas eigener Kindheitsname) indes entdeckt, daß sein Verlobter ein Vampir ist, verrät es ihn nicht, obwohl ihre Mutter und ihr Bruder von ihm ermordet werden; am Schluß fällt Marusja ihm selbst zum Opfer. Marina wurde die Einseitigkeit ihrer Beziehung zu Serjoscha immer deutlicher, obwohl

es Jahre dauerte, bevor sie ihre erste wahrhaft verzweifelte Bemerkung darüber machte: »Heirat und Liebe zerstören. Es ist
ein Verhängnis. So dachten Goethe und Tolstoi. Und für eine
frühe Heirat wie in meinem Fall – ist es eine Katastrophe ...«

Sie erspart sich jeden Hinweis auf einen persönlichen Bezug
zum Thema von *Der Recke*, doch in ihrem Essay »Der Dichter
über die Kritik« beschrieb sie, welches Element des Volksmär-
chens sie am meisten reizte:

»Ich habe bei Afanassjew das Märchen ›Der Vampir‹ gelesen
und darüber nachgedacht, warum Marusja, die Angst vor dem
Vampir hatte, sich so hartnäckig nicht eingestand, was sie gesehen hatte, wo sie doch wußte, daß Benennen die Rettung bedeutete. Warum nein, statt ja? Aus Angst? Aber aus Angst ver-
kriecht man sich ja nicht nur unter die Bettdecke, aus Angst
springt man auch aus dem Fenster. Nein, nicht aus Angst. Und
wenn auch Angst, so war da doch noch etwas anderes. Angst
und was? Wenn man mir sagt: tu das und das, und du bist frei,
und ich tue es nicht, so heißt das, daß ich die Freiheit nicht so
sehr will, so heißt es, daß mir die Unfreiheit teuer ist. Und was
ist unter Menschen eine Unfreiheit, die einem teuer ist? Liebe.
Marusja liebte den Vampir, und deshalb hat sie ihn nicht genannt und eins nach dem anderen: die Mutter, den Bruder, das
Leben verloren. Leidenschaft und Verbrechen, Leidenschaft
und Opfer...

Das war MEINE Aufgabe, als ich den *Molodez* in Angriff
nahm. Das Wesen des Märchens aufzudecken, das als Gerüst gegeben war. Die Sache zu entzaubern. Und nicht etwa, eine ›neue
Form‹ oder eine ›volkhafte Form‹ zu schaffen. Das Poem hat sich
selbst geschrieben, ich habe daran gearbeitet, ich habe jedes
Wort gehört (nicht abgewogen – herausgehört!), daß Arbeit in
diesem Poem steckt, wird bezeugt 1) dadurch, daß der Leser sie
nicht bemerkt; 2) durch die Entwürfe. Aber all das ist schon der
Werdegang des Werks, seine Realisierung, nicht die Idee.«[98]

1922 konnte Marina beim besten Willen nicht voraussehen, wie einsam sie als Schriftstellerin werden sollte. In diesem Jahr erschien ein schmaler Band ihrer Gedichte an Blok in Moskau und Berlin; dazu kam ein Nachdruck der Gedichte an Blok und der Gedichtband *Handwerk*. Ilja Ehrenburg förderte ihr Werk nach Kräften und nahm Beiträge von ihr in zwei wichtige Anthologien auf, von denen eine den Titel *Die Dichtung des revolutionären Moskau* trug. Ihr Name und der der Achmatowa wurden in einem Atemzug genannt – sogar von Trotzki, der ihre Werke mißbilligte.

Was immer ihr Brief an Pasternak vom Juni 1922 auch andeuten mag, sie hatte nicht die Absicht, lange in Berlin zu bleiben. Zu dieser Zeit sehnte sie sich von ganzem Herzen danach, mit Serjoscha zusammenzuleben. Voller Freude malte sie sich ein Dorf, möglichst in der Nähe Prags aus, ein Haus mit Paraffinlampen und einem Brunnen für das Wasser. So brachen denn Marina und Alja in die Tschechoslowakei auf.

7

»Jemanden zu haben, der die Frau in mir liebt...«

1922 - 1925

Marina mit ihrer Tochter Ariadna
Tschechoslowakei 1924

Wenige Wochen nachdem ihr Gatte nach Prag zurückgekehrt war, folgten ihm Marina und Alja, und im August 1922 begann ihr neues Leben in der Tschechoslowakei. Ihre ersten vierundzwanzig Stunden verbrachten sie als Gäste in einer Hütte, die zwei Studentinnen gehörte, mit denen Serjoscha befreundet war. Die Wirtin nahm es mit allen Dingen sehr genau, sogar mit den Zeiten für das Wasserkochen, so daß es ein Glück war, daß die Familie Efron bald in das Dorf Horní Mokropsy umziehen konnte, das durch den Fluß Berunka von Prag getrennt war.

Dort fanden sie ein Zimmer in einem Haus mit drei Räumen, in dem sieben weitere Personen, ein Hund und ein paar Küken hausten. Marina erhielt von den tschechischen Behörden ein kleines Stipendium, zusätzlich zu der Unterstützung, die Serjoscha für sein Studium erhielt; überall im Dorf wohnten andere russische Studenten, die ebenfalls von der großzügigen tschechischen Regierung unterstützt wurden. Der Unterschied zum kultivierten Café »Prager Diele«, wo Marina noch vor kurzem mit Bely, Ehrenburg und Helikon verkehrt hatte, konnte nicht größer sein.

Trotzdem war Marina glücklich. Die Familie Efron war endlich wieder zusammen, und obgleich man in einem Raum beengt zusammenlebte, gab es in der Umgebung Obstgärten, Kiefernwälder und Hügel mit Fliederbüschen. Verglichen mit ihrem Dasein während des Bürgerkrieges, lebten sie alle im Überfluß.

Marina und Alja fanden rasch zu einem geregelten Tagesablauf, der für Alja besonders anstrengend war. Beide standen gegen acht Uhr auf. Marina bereitete das Frühstück und Alja machte die Betten, reinigte die Tische und Fensterbänke und fegte aus. Dann ging sie Milch holen, trug die Spüleimer fort und holte Wasser aus dem nahen Brunnen. Nach dem Frühstück wusch sie ab, während Marina das Mittagessen vorbereitete und sich dann zum Schreiben niedersetzte. Nach dem Essen machte Alja einen Spaziergang, auf dem Marina sie zuweilen begleitete. Am Abend las und zeichnete Alja und ging früh zu Bett.

Serjoscha blieb gewöhnlich vier Tage in der Woche in einem Studentenheim in Prag, das »Svobodárna« genannt wurde, wo er angestrengt arbeitete und eine Universitätszeitung mit dem Titel *Der eigene Weg* herausgab. Während der übrigen Zeit wohnte er im Dorf, wo der Umgang mit ihm nicht leicht war. Oft machte er Marina zornig, wenn er sich weigerte zu frühstücken, obgleich sie ihm Kakao statt Tee aufdrängte und ihn zwang, sich Butter auf sein Brot zu streichen.

Er war noch immer sehr mager und erschöpft. Nach dem Frühstück saß er, von Büchern umgeben, auf seinem grauen Bett oder ging auf und ab und versuchte seine Notizen auswendig zu lernen.

Ungeachtet ihrer neuen Verantwortung, schrieb Marina weiterhin wie besessen. So wurde denn die erste Eintragung in ihrem Tschechischen Notizbuch (datiert 6. August 1922) lediglich ein paar Tage nach ihrer Ankunft gemacht. Das erste Gedicht im Notizbuch beginnt:

> Sybille: ausgebrannt, Sybille. Ein Pfahl.
> Alle Vögel sind tot. Doch der Gott erhob sich.[99]

Es ist eine Meditation über das Verschwinden der Jugend, ihre grauen Haare und das dennoch unveränderliche prophetische Feuer der Dichtung. Sie zeichnete die Enttäuschung auf, die sie in ihrer Situation empfand, doch sie war glücklich über Aljas Treue, und sie war noch nicht entmutigt. Ende September mußte die Familie Efron ein zweites Mal umziehen, diesmal in ein hellgelbes, näher am Wald gelegenes Haus, das nur über einen schlüpfrigen, schlammigen Pfad zu erreichen war. Dieser eingeschränkte Zugang hatte zur Folge, daß Serjoscha sich ihren Hausrat auf den Rücken schnallen und sogar die zehnjährige Alja beim Transport helfen mußte. Trotz der Unannehmlichkeit und Feuchtigkeit hatten alle drei viel Spaß dabei; Marina setzte ihren Briefwechsel mit Pasternak fort.

Mokropsy, 19. neuer November 1922

Mein lieber Pasternak!
Der mir liebste Umgang – ist ein unirdischer: der Traum, das Traumgesicht.

Und der zweitliebste – der Briefwechsel. Der Brief als spezielle Art unirdischen Umgangs ist, verglichen mit dem Traum, weniger vollkommen, doch seine Gesetze sind dieselben.

Weder der eine, noch der andere – kommt auf Befehl: wir träumen und schreiben nicht, wann wir es wollen, sondern: wenn der Brief es wünscht, geschrieben, der Traum – gesehen zu sein. (Meine Briefe wollen immer geschrieben sein.)

Deshalb – von vornherein: Machen Sie sich niemals Vorwürfe (auch nicht im mindesten!), wenn Sie nicht antworten, und reden Sie von keiner Dankbarkeit; jegliches große Gefühl ist Selbstzweck.

Ihren Brief erhielt ich heute, 6 1/2 Uhr morgens, und in folgenden Traum gerieten Sie – ich schenke ihn Ihnen. – Ich gehe über irgendwelche schmalen Brücken. – Konstantinopel. – Hinter mir – ein kleines Mädchen in langem Kleid. Ich weiß, daß es nicht zurückbleibt, und daß – es diejenige ist, die führt. Aber weil es klein ist, kommt es nicht nach, und ich nehme es auf den Arm: über meinen linken Arm strömt streifig Seide: sein Kleid.

Ein Treppchen: wir steigen hinauf. (Ich bin, im Traum: ein gutes Omen, und das Mädchen ist ein wahres Wunder). Gestreifte Bettstellen auf Pfählen, unten – schwarzes Wasser. Die Augen des Mädchens blicken wahnsinnig, doch es tut mir nichts Böses. Es liebt mich, wiewohl nicht dazu ausgesandt. Und ich, im Traum: »Ich bändige es mit Sanftmut!«

Und – Ihr Brief. Mein Mann brachte ihn aus Svobodarna mit (dem russischen Studentenwohnheim in Prag). Sie feierten gestern den Jahrestag – die ganze Nacht hindurch – und mein Mann kam mit dem ersten Frühzug.

Auch jenen Brief erhielt ich so. Einmal – Zufall, zwei – gesetzesverdächtig.

... Jetzt hören Sie *sehr* gut zu: Ich kannte sehr viele Dichter, traf sie, sprach mit ihnen, saß mit ihnen beisammen, und wenn wir uns trennten, wußte (erriet) ich mehr oder weniger – wie das Leben jedes von ihnen sein würde ohne mich: Einer schreibt, einer spaziert umher, einer läuft (in Moskau) nach der Lebensmittelration, einer (in Berlin) ins Café usw.

Bei Ihnen jedoch ist es merkwürdig: ich kann mir Ihren Tag nicht vorstellen. (Und wie viele davon haben Sie schon verlebt – und jeden gelebt, Stunde für Stunde!) Für mich *faßt das Leben Sie nicht*, offenbar – verzeihen Sie meine Kühnheit! – leben *Sie nicht in ihm*. Man muß Sie anderswo suchen, beobachten. Und das nicht, weil Sie ein Dichter sind und »irreal«, und ein weißer Dichter, und ein weißer »Irrealer« – nein: ob das nicht etwa damit zusammenhängt, daß Sie über die Deltas schreiben, über die *Zerrissenheit* Ihres Seins. Das ist offensichtlich derart stark, daß ich es unbewußt auf Ihr *Alltagsdasein* übertrug. *Es ist, als schickten Sie statt Ihrer Ihren Schatten ins Leben und gäben ihm alle Vollmachten.*

»Worte zum Schlaf«. Damals war Sommer, und ich hatte einen eigenen Balkon in Berlin. Der Stein, die Hitze, Ihr grünes Buch auf den Knien. (Ich saß auf dem Fußboden.) Zehn Tage lebte ich nur von ihm – wie auf dem hohen Kamm einer Welle: ich gab mich ihm hin (gehorchte), und ertrank nicht, der Atem reichte genau für jenen Achtzeiler, der – ich bin so glücklich – Ihnen gefiel.

Bei einer Zeile verliere ich noch immer den Mut.

Ich mag kein Begegnen im Leben: Stirn stößt auf Stirn. Zwei Mauern. So dringst du nicht durch. Das Begegnen muß ein Bogen sein: dann ist das Begegnen – *darüber.* – Zurückgeworfene Stirnen!

Jetzt freilich trennt man sich auf zu lange, deshalb – klipp und klar: für wie lange kommen, wann fahren Sie. Ich verhehle nicht, daß ich gern mit Ihnen irgendwo in einem gottvergessenen (– erinnerten) schäbigen Café, im Regen säße. Ellbogen und Stirn. – Auch Majakowski sähe ich gern. Er benimmt sich anscheinend fürchterlich – und ich käme in Berlin in Teufels Küche. – Vielleicht komme ich das auch.

Wie war Ihre Begegnung mit Ehrenburg? Das Verhältnis zwischen ihm und mir ist abgekühlt, doch ich liebe ihn zärtlich und, eingedenk seiner großen Zuneigung für Sie, wünschte ich mir, Ihr Zusammentreffen sei gut gewesen.

Meine besten Erinnerungen an das Leben in Berlin (zwei Monate) – sind Ihr Buch und Bely. Mit Bely freundete ich mich, wiewohl fast seit der Kindheit miteinander bekannt, erst in diesem Sommer richtig an. Er lebte wie ein Geist: aß Haferbrei, den seine Wirtin ihm vorsetzte, und streifte durch die Felder. Dort erzählte er mir einmal, bei Sonnenuntergang, wunderbar von Blok. – So ist mir das auch geblieben. – Übrigens wohnte er in einer *Siedlung von Sargtischlern*, und, da er es nicht wußte, wunderte er sich ganz naiv: warum tragen alle Männer Zylinder, und alle Damen Kränze vor den Bäuchen und schwarze Handschuhe.

Ich wohne im Tschechischen (bei Prag), in Mokropsy, in einer Kate. Das letzte Haus im Dorf. Am Berg ist eine Quelle – ich schleppe Wasser. Ein Drittel des Tages brauche ich, um den riesigen Kachelofen zu heizen. Das Leben unterscheidet sich kaum von dem in Moskau, seine *Umstände* sind wohl sogar armseliger! – doch zu meinen Gedichten bekam ich noch: die Familie und die Natur. *Monatelang* sehe ich keinen Menschen. Den ganzen Morgen schreibe ich und gehe umher: hier sind wunderbare Berge.

Lassen Sie sich von Helikon (Wischnjak) die Gedichte geben, die ich der »Epopöe« schickte, sie sind mein Leben.

Ihnen aber will ich zum Abschied mein Lieblingsgedicht aufschreiben – auch ein neueres, im Tschechenland geschrieben:

> Das Gold meiner Haare
> Nun färbt es sich hell.
> Kein Mitleid! im Lauf der Jahre
> Hat der Brust sich alles erfüllt.
>
> Erfüllt, wie die Weite ineinsfloß
> Im Ächzen des Schlots am Stadtrand.
> Gott! Der Seele ward ihr Los:
> Meine Absicht, unterderhand.
>
> Nichtbrennbares Salz
> Meiner Gedanken – wird es vertan
> Als Phönixasche, Höllenschmalz
> Flüchtigen Größenwahns?
>
> Silbern auch du
> Mein Gefährte! Zu Lärm und Rauch
> Dem jungen Grau der Sache –
> Meiner Gedanken – leg graue Haare auf.

Stolzes Goldwurzstück
Prahl nicht mit deiner Pracht:
Dem jungen Grau des Unglücks
Stehen Lorbeer – und Eichenblatt.

Ich wäre glücklich, wenn Sie mir neue Gedichte schickten. Für mich sind alle – neu: ich kenne nur *Meine Schwester, das Leben.*

Und was Sie über gewisse Zusammentreffen schreiben, über Parallelen, Annahmen – Gott, dabei stößt doch nicht Stirn gegen Stirn. Meine Stirn war zurückgebogen, als ich über Sie schrieb – und natürlich sah ich Sie.

M. Z.

Pasternak, ich habe eine Bitte an Sie: schenken Sie mir zu Weihnachten eine Bibel: eine deutsche, unbedingt mit gotischer Schrift, nicht groß, doch auch kein Taschenbuch: eine übliche. Und schreiben Sie mir eine Widmung rein. Helikon bitte ich nun schon vier Monate vergeblich!

Mein Lebtag werde ich sie mit mir herumschleppen![100]

Die Gründe für den Bruch zwischen Marina und Ehrenburg waren zum Teil politischer Natur: Marina stand dem Sowjetregime nach wie vor total ablehnend gegenüber, obgleich sie lange genug in Rußland geblieben war, um die ersten Versuche mitanzusehen, wie die Lehren der Revolution in die Tat umgesetzt wurden; doch Ehrenburg sah sich 1922 veranlaßt, das meiste dessen, was er in seinen nach der Oktoberrevolution geschriebenen Gedichten verdammt hatte, zu rechtfertigen.* Der

---

* Auch Pasternak war anderer Ansicht als Marina: Er erblickte in der Person Lenins, den er im Dezember 1921 hatte reden hören, eine schwerfällige Kraft; er bewunderte Trotzki, dem er 1922 begegnet war. Später ließ er Dr. Schiwago sagen: »Ein erwachsener Mann muß die Zähne zusammenbeißen und das Schicksal seines Landes teilen.«

Hauptgrund war allerdings persönlicher Ärger über seine Haltung ihr gegenüber.

In Ehrenburgs Roman *Leben und Untergang des Nikolaj Kurbovs* diente Marina als Vorbild für die Heldin, die als eine naive und irregeleitete Konterrevolutionärin bekannt ist. Ehrenburg war durch Marinas Mischung aus Arroganz und Weltfremdheit immer ein wenig abgestoßen worden; viele Jahre später würde er in *Die Ersten Jahre der Revolution* den Widerwillen beschreiben, den ihre in Tabakasche und Staub versunkene Moskauer Wohnung in ihm hervorgerufen hatte. Vielleicht ahnte sie seine Reaktion. Ohne ihren wirklichen Geist zu erkennen, sah er sie als jemanden, den man als eine »romantische Monarchistin« verspotten konnte. Trotz seiner früheren Freundlichkeit, äußerte sie nicht den Wunsch, ihn wiederzusehen, als sie im Jahr darauf plante, nach Berlin zurückzukehren.

Bald hatte sich Marinas Leben vom häuslichen Bereich gelöst. Trotz Aljas rührender kindlicher Schilderungen des Zusammenlebens in der kleinen Hütte am Waldrand, wußte Marina, daß sie erst in Prag ihr eigenes Reich finden würde. Schon am 2. November 1922 gibt sie in einem Brief an Anna Teskovà, der Präsidentin der Prager Tschechisch-Russischen Gesellschaft, ihre Zustimmung zu einer Lesung und fragt nach dem übrigen Programm. Sie hatte sich mit dem Kritiker Mark Slonim angefreundet und wurde als eine der bedeutendsten Dichterinnen angesehen, die ins Exil hatte gehen müssen.

Zuerst schloß Marina nur mit wenigen tschechischen Intellektuellen Freundschaft, doch sie lernte den wichtigen russischen Romancier Alexej Remisow kennen; und, wie Vladimir Nabokov in *Andere Ufer* erzählt, machte sie im Frühjahr 1923 mit ihm eine mehrtägige Wanderung durch die Hügel um Prag. Im Lauf des folgenden Jahres etablierte sie sich allmählich im Zentrum des Prager literarischen Lebens, bevor sie dort eine kleine Wohnung fand. Im November 1923 kamen der Dichter Wladislaw Chodassewitsch (den sie seit ihrem sechzehnten Le-

bensjahr kannte) und Nina Berberova (zwei weitere Besucher
der »Prager Diele« in Berlin, die oft mit Marina am selben Tisch
gesessen hatten) nach Prag. Ein Auszug aus Chodassewitschs
Tagebuch vermittelt einen Eindruck von den vertrauten und
häufigen intellektuellen Begegnungen zwischen Chodassewitsch, Marina, Roman Jakobson, Mark Slonim und anderen:

    9. November: R. Jakobson
  10. November: Zwetajewa
  13. November: R. Jakobson
  14. November: bei der Zwetajewa
  16. November: Zwetajewa
  19. November: Zwetajewa
  20. November: R. Jakobson
  23. November: Zwetajewa und R. Jakobson
  24. November: R. Jakobson
  25. November: R. Jakobson, Zwetajewa
  27. November: R. Jakobson
  28. November: Zwetajewa
  29. November: R. Jakobson, Zwetajewa
   1. Dezember: R. Jakobson
   5. Dezember: die Jakobsons
   6. Dezember: Abfahrt nach Marienbad.[101]

Mit dem ihr eigenen Scharfsinn hat Nina Berberova den Eindruck wiedergegeben, den Marina um diese Zeit auf sie
machte. In Nina Berberovas Augen war Marina jemand, der
freiwillig in die Rolle des Außenseiters geschlüpft war und
nicht einsah, daß es ihre Schuld und nicht die der Umgebung
war; und Marinas stolzen Mut empfand sie deshalb als Arroganz. Dabei war es kein romantisches Spiel, wenn Marina (in
ihrem Gedicht »Lob den Reichen«) schrieb, daß sie unter dem
»Lumpenpack der Welt« ihren Platz hätte. Selbstachtung
schöpfte sie nur aus ihrer Dichtung. Nina Berberova lehnte die

damit einhergehende Beharrlichkeit, mit der Marina (in vielen
Gedichten) deutlich machte, anders zu sein als die übrige
Menschheit, ab. Und sie hatte kein Verständnis dafür, daß Marina sich bei schönen Frauen immer herausgefordert fühlte.

Nina Berberova war von außergewöhnlicher Schönheit, und
wahrscheinlich war es so, daß Marina in ihrer Gegenwart deshalb besonders provokativ auftrat, weil sie ihr näherkommen
wollte, und nicht, weil sie ihre Überlegenheit demonstrieren
wollte. Bei einer der Prager Zusammenkünfte spürte Nina in
Marinas herausforderndem und freimütigem Verhalten das unangenehme Gefühl von Gefahr. Als Marina auch noch den
Stecker herauszog und die zögernde Nina in der Dunkelheit
küßte und kitzelte, wurde das sexuelle Element dieser Werbung
überdeutlich.

Im Gegensatz zu den Reichen und Schönen war Marina unscheinbar; und obgleich sie gut aussah, konnte man sie nicht
hübsch im landläufigen Sinne nennen. Sie hatte eine gebogene
Nase, und ihre rötlichen Augenbrauen wurden jetzt durch zwei
tiefe Falten getrennt. Sie war längst nicht mehr rundlich, sondern hatte die Figur eines Zigeunerjungen mit schmaler Taille
und einer insgesamt aristokratischen Magerkeit, wobei ihre
Hand- und Fußgelenke besonders grazil waren. Ihr golden-kastanienbraunes Haar begann vorzeitig zu ergrauen, was die
Blässe ihres Gesichts hervorhob und ihre grünen Augen noch
eindrucksvoller machte.

Marinas Geringschätzung modischer Fragen war keine Heuchelei, wie viele ihrer Bekannten annahmen. Sie weigerte sich
einfach, sich um eine Eleganz zu bemühen, die sie sich nicht leisten konnte. Sie trug Kleider aus zweiter Hand und gab wenig
auf ihr Äußeres. Alles in allem war sie in ihren Gewohnheiten
eher puritanisch, und ihre Einstellung zu Kleidungsfragen war
Teil dieses Puritanismus. Sie ging spät zu Bett und stand früh
auf. Zigaretten waren ihr einziger Luxus, und sie bevorzugte
die starken Sorten. Wenn sie schrieb, brauchte sie bloß einen

Becher schwarzen Kaffees und eine Zigarette. Sie hatte nie das
Bedürfnis, aufzuspringen oder im Zimmer umherzugehen,
sondern saß wie angenagelt an ihrem Tisch. Dort murmelte sie
vor sich hin und probierte Wörter nach ihrem Klang aus;
manchmal schrieb sie mit verblüffender Schnelligkeit; manchmal warf sie nacheinander zahlreiche Versentwürfe aufs Papier,
ohne die nicht verwendeten je durchzustreichen. Sie benutzte
immer einen einfachen hölzernen Federhalter und eine dünne
Schulfelder, und wenn sie schrieb, grub sie die Spitze ihrer Feder buchstäblich in die Seiten ihrer Notizbücher, in die sie am
liebsten schrieb.

Ihre echte Abneigung gegen die »besseren Häuser« der Russen stammte aus ihrer Kindheit, und ihr Ekel vor den Zwängen
des gewöhnlichen Alltagslebens war am heftigsten, wenn sie
über die gefühllose Unterhaltungssucht derer nachdachte, die
nichts zu tun hatten – daher das Paradox ihres großartigen Gedichtes »Lob den Reichen«, geschrieben 1922 (und in Serjoschas Zeitschrift veröffentlicht).

Auf der anderen Seite war Marina, wie sie in dem Gedicht
einräumt, als ein Mitglied der privilegierten Klasse groß geworden. Ihre Ablehnung der reichen Leute, die sie umgaben, war
von Bitterkeit gefärbt, denn Marinas Stolz machte deren Her-
ablassung unannehmbar.

> Nachdem ich – vorab – bereits zugab
> Daß mir zu dir eine Meile fehlt!
> Daß ich was vom Lumpenpack hab
> Daß ehrlich mein Platz auf der Welt:
>
> Kam unter gigantische Räder
> Ein Tisch mit Krüppeln, Gezeichneten ...
> Demnach – so hört ihr mich krähen
> Vom Kirchdach: ich *liebe* die Reichen!

Ihren Abstamm, faul und marode
– Von Kindbett an grindiger Brand –
Wie ihre verstörten Marotten:
Taschaus, taschein fährt die Hand.

Die hauchend geflüsterte Bitte
(Erfüllbar strikt, wie ein Anschrei)
Daß sie im Paradies nicht gelitten
Den ewigen Blick dichtvorbei.

Ihre Geheimnisse – stets per Kurier!
Ihre Leidenschaften – per Boten!
Ihre Nächte – erzwungene Kür
(Ihr Küssen und Trinken – pure Not!)

In ihren Depots, Langeweilen
Im Goldschnitt, im Gähnen, stets Gleichen
Mich Frechling kauft man nicht ein –
Es bleibt: ich *liebe* die Reichen![102]

Marina sah in Serjoscha noch immer ihren Schutzbefohlenen
und war anfangs einfach glücklich, die Familie wieder vereinigt
zu sehen. Sie unterstützte all seine Projekte und verlangte
nicht von ihm, daß er zum Unterhalt der Familie beitrug.
Nichtsdestoweniger kam es schon 1923 erstmals zu Reibereien
zwischen ihm und ihr. Während der Jahre ihrer Trennung hatte
er sich verändert. Er war nicht mehr imstande, Marina jenes
»ungeheure Vertrauen und Verständnis« zu schenken, das sie
brauchte. Ebensowenig hatte er den Wunsch, an ihrer inneren
Welt teilzuhaben; ja er wurde zornig und verstand sie nicht,
wenn sie ihn dazu einlud. Schlimmer noch: Marina mußte die
Tatsache akzeptieren, daß er zu dem Schluß gekommen war,
ihre natürliche Veranlagung sei der seinen vollkommen entge-
gengesetzt. Mochten sie auch denselben Lebensraum teilen, so
zogen sie sich doch voneinander zurück.

Viele ihrer Einwände, die sie gegen Ehrenburg erhob (in einem Briefwechsel mit dem Berliner Kritiker Alexander Bachrach, den sie am 19. Juni 1923 eröffnete), verraten ihren zunehmenden Groll über die Art, mit der die meisten Männer die Frauen behandelten und ihnen gerade noch verziehen, daß sie eine »lebendige Seele« hatten:

»Da er sich die lebendige Seele verzieh, verzieh er sie auch mir. Aber ich wollte solch eine Verzeihung nicht. Wie es mit Frauen ist: Sie betrachten ihre Fehler mit Vergnügen und verzeihen ihnen: ›Liebe Kinder!‹ Ich wollte kein liebes Kind sein, kein romantischer Monarchist, kein monarchistischer Romantiker – ich wollte *sein*. Und er *verzieh* mir mein Sein!«[103]

Serjoscha wünschte sich ein heiteres unkompliziertes Leben mit einem Schuß Leichtfertigkeit. Das Kaffeehaus-Dasein in Berlin, das Marina verachtete (wenn sie darin auch eine dominierende Rolle spielte) hätte ihm mehr zugesagt als ihre strenge Hingabe. So scharfsinnig sie ihren Mann Bachrach auch beschrieb, zollte sie seinem »fundamentalen Edelmut« doch Anerkennung (wenngleich sie diese unzweifelhaft als eine Form von »kranker Güte« ansah); und weil er ihr die Art von Zuneigung nicht mehr entgegenbringen konnte, die sie brauchte, begann sie, diese anderswo zu suchen.

Marina begann den Briefwechsel mit Bachrach, nachdem sie seine überaus schmeichelhafte Kritik über ihre Gedichte gelesen hatte. Anfangs schrieb sie mit Bedacht und formaler Eleganz, doch schon ihr erster Brief war eine ungewöhnliche Geste, denn Kritiken schenkte sie gewöhnlich wenig Aufmerksamkeit. Aber schon beim zweiten Brief muß Marina gewußt haben, daß sie von Bachrach mehr wollte als einen literarischen Austausch. Sie kannte ihn persönlich nicht; aus diesem Grunde bedeutete er, wie sie andeutete, »Alle Möglichkeiten... jemand, von dem man alles erwartet. Es *gibt* ihn noch *nicht*...«

Gerade weil sie ihre eigenen zaghaften Gefühle beschrieb, rief
Marina behutsam die neue Beziehung ins Leben. Als sie merkte,
welch eine junge Stimme aus Bachrachs Briefen ertönte, schrieb
sie: »Ihre Stimme ist jung, das rührt mich und macht mich mit
einem Mal tausend Jahre alt.« Marina war dreißig – das heißt
zehn Jahre älter als Bachrach –, doch diesen Altersunterschied
wollte sie zweifellos ebenso eifrig vergessen machen wie er es tat.
Er antwortete ihr ohne ein Zeichen von Verlegenheit, und Marina begann sich einzugestehen, daß sie Anspruch auf ihn erhob,
wenn sie ihm auch versicherte, sie sei nicht besitzergreifend.

Bachrach schrieb ihr liebevoll zurück, angerührt durch die
geheimen Gedanken, die sie ihm enthüllt hatte, und in diesem
Zusammenhang offenbarte sie ihm, sie erwarte von ihm ein
»Wunder an Vertrauen, ein Wunder an Verständnis«. Dieser
Wunsch ermutigte Bachrach, und der Briefwechsel wurde ver-
traulicher. Als er Jahre danach über ihre Beziehung schrieb, beklagte sich Bachrach (wie andere auch), für Marina habe es ihn
nur in ihrer Vorstellung gegeben. Die Briefe legen einen anderen Schluß nahe.

Marinas Interesse war nicht in erster Linie sexueller Art. Das
macht sie in ihrem Brief vom 14. Juli 1923 ganz klar:

»Ich will, daß Sie mit Ihren zwanzig Jahren ein siebzigjähriger
Greis sind – und gleichzeitig ein siebenjähriger Junge; ich will
kein Alter, keine Rechnung, keinen Kampf, keine Barrieren. Ich
weiß nicht, wer Sie sind, ich weiß nichts von Ihrem Leben, ich
bin mit Ihnen vollkommen frei, ich spreche mit einem Geist.«

Am 25. Juli legte sie dar:

»Für die Liebe bin ich zu alt; das ist eine Kindersache. Zu alt
nicht wegen meiner dreißig Jahre – ich war zwanzig*, da sagte
ich dasselbe zu Ihrem Lieblingsdichter Mandelstam.«[104]

* In Wirklichkeit war sie zur Zeit ihrer Affäre mit Mandelstam dreiundzwanzig Jahre alt.

In diesem Brief weist Marina Bachrachs Liebe fürs erste zurück, klugerweise behauptet sie, er könne sie, was immer er auch glaube, unmöglich lieben, und weigert sich zuzulassen, daß er sich selbst betrüge. Bachrach hingegen fühlte sich durch die Aufmerksamkeit einer so bemerkenswerten Person geschmeichelt, und seine Briefe ermutigten Marina, seine Schwärmerei zu erwidern.

Überdies war es eine Einladung Bachrachs, die sie einen Besuch in Berlin ins Auge fassen ließ. Am 25. Juli erkundigt sie sich, ob er ihr eine Genehmigung verschaffen könne, nach Berlin zu fahren, dort zu wohnen und wieviel die Genehmigung kosten würde. Sie wollte auch wissen, wo sie dort logieren könne, und verriet auf rührende Weise ihre Furcht, sich in großen Städten zu bewegen, in denen sie sich »blind, dumm und hilflos« vorkomme. Es finden sich in diesem Brief auch Hinweise auf andere Hoffnungen, wenn sie nämlich erklärt, sie fürchte sich zwar vor großen Städten, nicht aber vor möglichen Weiterentwicklungen ihrer Beziehung: »Ich fürchte alles, was am Tage ist – und nichts, was nachts ist. «[105]

Die unruhige politische Situation verhinderte Marinas Reise nach Berlin, doch hatte ihr Verzicht letztlich fraglos den Grund, sich Bachrach als ideale und entrückte Gestalt zu erhalten, über die sie phantasieren konnte. Jedesmal wenn Marina in diesen Briefen auf ihre Beziehung zu Mandelstam zu sprechen kommt, umschreibt sie genau die Art von Beziehung, die sie mit dem jungen Kritiker einzugehen wünschte.

Im folgenden Monat, August 1923, kam der Postverkehr zwischen Berlin und Prag zum Erliegen, und Marina fürchtete, Bachrach habe beschlossen, ihren Briefwechsel zu beenden. In ihrer Besorgnis schrieb sie ihm: »Ich habe Ihnen zweimal geschrieben und keine Antwort bekommen. «[106] Sie kehrte zu ihrem anfänglichen, formelleren Stil zurück, um mit Würde abzuwarten, ob die Briefe ihn überhaupt erreichten.

Im Laufe des Monats August, als Bachrach weiterhin nichts

von sich hören ließ, erlitt Marina alle Qualen, die das Ende einer wirklichen Liebesaffäre begleiten. Ihr Tagebuch zeigt die Tiefe ihres Kummers zu dieser Zeit, verzeichnet Einsamkeit und ihre Langeweile ohne den Austausch von Briefen, von dem sie abhängig geworden war. Sie fühlte sich nervös und fiebrig, als habe man ihr eine Droge entzogen, und sie versuchte sich darüber klarzuwerden, was zwischen ihnen geschehen war. Und am 19. August notierte sie ironisch, als wolle sie vorhersagen, was man sehr oft von ihr behauptete:

»Nicht genug damit, daß ich Sie niemals (mit den Augen) gesehen und (mit den Ohren) gehört habe, muß noch das sein, daß ... die *ungehörte* Stimme verstummte! Und danach sagt man mir, daß ich mir Menschen *ausdenke*.«[107]

Während des ganzen Monats August lechzte sie fortwährend nach Informationen von Leuten, die Bachrach in Berlin kannten und als sie jemanden traf, der ihn kannte, konnte sie nicht widerstehen, ihn nach Bachrachs Adresse zu fragen – nicht, weil sie diese brauchte, sondern einfach, um sich zu vergewissern, daß er wirklich existierte. Als sie sich allmählich an den Gedanken zu gewöhnen begann, daß er sich in eine andere Frau verliebt und deshalb ihre Korrespondenz abgebrochen habe, kam ein Brief, der klarmachte, daß der ganze Jammer auf ein Mißgeschick bei der Post zurückzuführen war.

Dieser August war in jeder Hinsicht ein schwieriger Monat. Die Familie Efron war übereingekommen, Alja ins mährische Trebova zu schicken, einer kleinen Stadt an der deutschen Grenze, wo es ein gutes russisches Gymnasium gab. Marina zögerte anfangs, sie gehen zu lassen, und es war schließlich Serjoscha, der darauf bestand. Die Trennung von ihrer Tochter war Marina nur möglich, weil diese sich aus einem frühreifen kleinen Mädchen, das seine Mutter in jeder Hinsicht nachahmte, in ein enttäuschenderweise »gewöhnliches kleines Mädchen«

verwandelt hatte. Alja (die dieses Ereignis in ihren Erinnerungen festhielt) nahm diese Beschreibung in keiner Weise übel. Es war Marina, der die Veränderung ihrer Tochter Schmerz bereitete; in einem ihrer Briefe an Bachrach schrieb sie:

»Alja... spielt jetzt mit Puppen und ist mir gegenüber zutiefst gleichgültig ... O, Gott will mich wirklich zu einem großen Dichter machen, sonst würde er mir nicht alles so nehmen.«[108]

Dennoch war es schwierig, Alja in ihr Gymnasium zu schaffen. Serjoscha und Alja fuhren voraus, während Marina anfangs vorhatte, die Zeit von August an in Prag zu verbringen, wo sie sich auf dem Smichover Hügel ein Zimmer gemietet und begonnen hatte, an der neuen Freiheit Gefallen zu finden. Doch das Gefühl, Alja bei der Eingliederung in das neue Schulleben helfen zu müssen, überwog, obwohl sie der Verlust von zwei Wochen mit einer gewissen Ungeduld erfüllte; dazu litt sie immer noch an der vermeintlichen Brüskierung durch Bachrach. Paradoxerweise wollte sie gebraucht werden, aber nicht von ihrer Familie. Und noch weniger wünschte sie, eine schlichte Mutterrolle zu übernehmen.

In den Wäldern, welche die neue Schule ihrer Tochter umgaben, wurde Marina von abergläubischen Visionen ergriffen und meinte zu spüren, daß das Schicksal etwas Ungeheures und Schreckliches für sie bereithalte. Auf einem Spaziergang hörte sie die Stimme einer Frau und das Bellen eines Hundes, und als sie eine bucklige Bettlerin mit einem Sack auf der Schulter erblickte, identifizierte sie das alte Weib mit dem Schicksal. Dementsprechend bot sie der Bettlerin alles an, was sie bei sich hatte, darunter auch Aljas Sachen, ihre eigenen Schuhe, Brot und Kleider und stopfte sie ihr in den Sack. Die Frau küßte ihr wie wahnsinnig die Hände. Trotzdem mochte Marina nicht recht glauben, daß die Frau eine übernatürliche Erscheinung sei, und eine kurze Befragung ergab, daß das »Schicksal« drei

Kinder und einen Ehemann hatte. Desungeachtet spürte Marina, daß ein Ereignis von großer Tragweite bevorstand.

Es war nicht Bachrach, der die Liebesgeschichte in Briefen beendete. Sie löste sich auf, als Marina sich in eine andere, ganz und gar reale Person in Prag verliebte. Als das geschah, wußte sie, daß sie Bachrach schreiben und ihm ihre neue Beziehung eingestehen mußte. Das tat sie am 20. September 1923:

»Nehmen Sie all Ihre Tapferkeit in beide Hände und hören Sie mich an. *Etwas* ist zuende. Jetzt ist das Schwerste getan. Hören Sie weiter. Ich liebe einen anderen.«[109]

Aus Marinas nächstem Brief geht klar hervor, daß Bachrach ihr ziemlich gekränkt geantwortet haben muß, wenn sie schreibt:

»Sie haben meinen Brief nicht verstanden; Sie haben ihn unaufmerksam gelesen. Sie haben weder meine Zärtlichkeit noch meine Sorge noch meinen menschlichen Schmerz um Sie gelesen.«[110]

Es steht außer Frage, daß es nicht Bachrachs Gleichgültigkeit war, die zur Beendigung ihrer Beziehung führte. Ebensowenig scheint es, als habe einer von ihnen die Absicht gehabt, diese Beziehung lediglich als Gedankenspiel existieren zu lassen.

Trotz der Zärtlichkeit, die sie weiterhin für Serjoscha empfand, hatte Marinas leidenschaftliche Sexualität sich nur in der Liebesbeziehung zu Sophia Parnok entfalten können. Konstantin Rodzewitsch, der Mann, von dem sie Bachrach geschrieben hatte, erfüllte ihre Wünsche ganz und gar.

Im Prag des Jahres 1923 glaubten viele, er sei Offizier bei den Weißen gewesen. Tatsächlich hatte er jedoch eine Zeitlang in der Roten Marine gedient; doch in der (richtigen) Einschätzung, es werde sich in Emigrantenkreisen für ihn besser leben lassen, tat er alles, um den Eindruck zu erwecken, er habe auf

Seiten der Weißen gekämpft. Obgleich sein Vater, Boris Kasi-
mirowitsch, General in der zaristischen Armee gewesen war,
diente er nach der Revolution auf einem Schiff der bolschewi-
stischen Militärflotille auf dem Dnjepr. Nachdem er von der
Weißen Armee gefangengenommen, zum Tode verurteilt und
dann begnadigt worden war, entschloß er sich, sich mit den
Weißen zu verbinden. Diese Art, aufs Geratewohl ein Bündnis
einzugehen, war in mancher Hinsicht typisch für ihn.

Doch er vermittelte keineswegs den Eindruck von Schwäche.
Er war ein Mann mit guten Manieren, großem Charme und
legte eine fast antiquierte Höflichkeit an den Tag; gut gekleidet
und geistreich im Gespräch, hatte er nichts »Seelenvolles« an
sich. Er war stolz, sowohl auf sein Äußeres wie auch auf seine
Person, und wußte mit allen Frauen schmeichlerisch und mit
Zartgefühl umzugehen, so daß er immer großen Erfolg bei ihnen hatte.

Alles das fand Marina unwiderstehlich attraktiv. Was sie am
allermeisten bestrickte, war seine Art, sie nicht wie eine berühmte Dichterin, sondern als ein Objekt sexuellen Begehrens
zu behandeln. So pflegte er mit allen Frauen umzugehen, doch
für sie war diese Art etwas Neues. Gleich zu Beginn ihrer Beziehung fiel es ihm leicht, jene »großen Worte, wie es einfachere
nicht gibt«[111], ohne jede Befangenheit auszusprechen, und Marina schrieb an Bachrach, es sei gewesen, als höre sie diese
Worte der Liebe zum ersten Mal in ihrem Leben. Sie war es gewöhnt, in die mütterliche, beschützende Rolle zu schlüpfen;
vielleicht war ihr das einmal sicherer vorgekommen, vielleicht
hatte sie gerade das bei Mandelstam gewollt. Jetzt ließ sie sich
mit Rodzewitsch, der als ein Frauentyp bekannt war, auf eine
vollkommen neue Art von Beziehung ein. Sie konnte dem nicht
widerstehen, was sie in ihrem Brief an Bachrach vom 29. September als ein »Geschenk« beschrieb:

»Für den, der *mich* liebt, ist die Frau in mir ein Geschenk. Für den, der *sie* in mir liebt – für mich – ist sie eine nicht bezahlbare Schuld.«[112]

Rodzewitsch, selbst ohne literarische Ambitionen, war sich Marinas Berühmtheit wohl bewußt. Sie schreckte ihn nicht. er war gern mit starken Frauen zusammen. Sein zeichnerisches Talent nutzte er, um eine oder zwei Skizzen von Marina anzufertigen. Sie sind bemerkenswert gut getroffen, während ein Gemälde auf Holz aus derselben Zeit ein vollkommen idealisiertes, faltenloses Gesicht zeigt, das Haar ohne einen Schimmer von Grau. Marina fand die Schmeichelei nicht abstoßend. Im Gegenteil: Sie empfand die Aufmerksamkeit, die man ihrem Äußeren zuteil werden ließ, als wohltuend ungewohnt.

Ursprünglich war Rodzewitsch ein Freund Serjoschas gewesen, den er in Prag auf der Universität kennengelernt hatte, wo sie beide studierten. Von Rodzewitschs Verhältnis mit Marina, das vom September 1923 bis zum 12. Dezember desselben Jahres dauerte, wußte er jedoch nichts, und sollte diese Freundschaft mit Marinas Mann Rodzewitsch Unbehagen bereitet haben, so verdrängte er sein Schuldgefühl. Die Liebesaffäre war, so lange sie dauerte, eine gegenseitige Leidenschaft, »*un grand amour*«, wie Rodzewitsch sie gern nannte.

Marina liebte Konstantin nicht nur, weil er gut aussah und charmant war, sondern auch wegen einer gewissen Seelengröße, die niemand ihm sonst zusprach. Rodzewitsch hatte keine derartigen Ambitionen, und als ihm bewußt wurde, daß er über Wert bewundert wurde, fühlte er sich überfordert. Er begann ihre Kraft als etwas »Überwältigendes« zu empfinden. Nach seiner Ansicht war die Liebe dazu da, Vergnügen zu bereiten; Marinas verzehrendes Verlangen beunruhigte ihn: »Ich konnte die Anspannung nicht ertragen. Ich konnte der Heldenfigur nicht gerecht werden, zu der sie mich machte. Ich konnte dem Mythos nicht entsprechen.«[113]

Die Liebesaffäre dauerte nur wenige Monate. In ihrem »Poem vom Berg« beschreibt Marina, wie sie im Oktober 1923 gemeinsam auf einen Hügel in Prag stiegen und sich dort liebten. Ihre erste Begegnung vollzog sich mit der ganzen ungestümen Leidenschaft, die sie so beschreibt:

> So fern vom Fibel-Eden:
> Wir, im zugigsten Wind!
> Der Berg warf uns auf den Rücken
> Befahl uns: legt euch hin!

Es war ein kalter Tag, doch das leidenschaftliche Liebespaar kümmerte sich nicht darum. Ironischerweise bezeichnete Marina den Berg als das auslösende Element und nicht Konstantin, doch mit ziemlicher Sicherheit war er, der weitaus erfahrenere Liebhaber, derjenige, von dem die Initiative ausging. Ein Stückchen vom Alltag ihrer Beziehung kommt in einem Gedicht aus dem langen Zyklus »Poem vom Ende« zum Audruck, in dem sie ihr Lieblingscafé beschreibt, wo sie morgens oft eine Tasse Kaffee tranken und von der eingeweihten Kellnerin als Stammgäste betrachtet wurden. Es war eine Beziehung, die darauf angewiesen war, daß Marina in Prag eine zweite Bleibe hatte, doch diese war im Grunde ein Verschlag und nicht als Wohnung vorgesehen. Dort schrieb Marina so besessen wie immer. Ihre Liebesaffäre bedeutet keine Unterbrechung.

Auf dem Höhepunkt ihrer Liebe, im November 1923, erhielt Marina einen Brief, »einen brieflichen Schrei«, von Andrej Bely, der sie bat, in Prag eine Bleibe für ihn zu finden und sein Verlangen ausdrückte, ihr nahe zu sein. Beschäftigt wie sie war, antwortete Marina sofort und bot ihm ein Zimmer neben den ihren in Smichov an; sie teilte ihm mit, sie habe mit Slonim gesprochen, der ihr versichert habe, Bely werde ein tschechisches Stipendium von 800 Kronen monatlich erhalten. Ihr Brief war nicht nur praktisch, sondern liebevoll. Sie versprach Bely, sie würden zusammen essen, er würde andere Freunde treffen, und er könne immer auf ihre liebende Fürsorge zählen.

Dennoch wurde das Zimmer, das sie besorgt hatte, nie bezogen. Auch Slonims Angebot eines Stipendiums wurde nicht wahrgenommen. Im November 1923 kehrte Bely in die Sowjetunion zurück. Er reiste ab, ohne auch nur eine Antwort auf seinen Brief an Marina abzuwarten, als habe er seinen impulsiven Hilferuf vergessen. Und das hatte er vermutlich wirklich.

Für das Zerbrechen der Beziehung zwischen Marina und Rodzewitsch gab es mancherlei Gründe, doch zweifellos geschah es auf sein Betreiben. Es sei ihm unerträglich, behauptete er, weiterhin seinen Freund Serjoscha zu betrügen. Außerdem gäbe es politische Gründe: Er sei im Begriff, sich aktiv politisch zu betätigen und müsse sich von ihr trennen, um sich eindeutig zu den Linken zu bekennen. Wie seine Motive auch beschaffen sein mochten, er verließ Marina anschließend, um Mussa Bulgakowa zu heiraten, die Tochter eines berühmten Theologen, die reich genug war, um ihm jenen bürgerlichen Komfort bieten zu können, den es bei Marina nicht gab. Daran dachte Marina, als sie in ihrem Gedichtzyklus »Poem vom Berg« von ihm als von einem Mann sprach, der aus dem Taumel der Liebe unter den Kiefern zu den »sanften Wohltaten der Häuslichkeit« zurückkehrt. In dieser Gedichtfolge verhöhnt sie die Schrecklichkeit des Vorstadtlebens, indem sie von Schrebergärten auf dem Berg schreibt, die von kleinbürgerlichen, verheirateten »Ladenbesitzern in den Ferien« beackert werden.

In großer Trübsal wandte sie sich wieder Serjoscha zu, beichtete ihm ihre Affäre mit Rodzewitsch und hoffte auf emotionale Hilfe. Statt dessen verwundete ihn diese Neuigkeit tief und traf ihn wie ein schwerer Schock. Er dachte nicht daran, Marina zu helfen, sondern verkroch sich in sich selbst, und seine großen dunklen Augen blickten noch unglücklicher. Zu Beginn des Frühlings 1924 schrieb er an seine Schwester in Moskau:

»In Prag geht es mir schlecht. Ich lebe hier wie unter einer Ka-
puze. Ich kenne sehr viele der hiesigen Russen, doch ich werde
nur mit wenigen warm. Und dabei komme ich doch im allge-
meinen mit Leuten gut aus! Ich habe schreckliche Sehnsucht
nach Rußland. Wann wird es wohl möglich sein, daß ich zurück-
kehre? Nicht in dem Sinne – wann wird es wohl *sicher* sein,
sondern wie rasch wird es moralisch möglich sein! Ich bin
darauf vorbereitet, weitere drei Jahre zu warten. Ich fürchte,
länger werden meine Kräfte nicht reichen.«[115]

Zum ersten Mal in ihrer Beziehung dachte er über eine Trennung von Marina nach, und er sprach mit ihr darüber, noch bevor Rodzewitsch die Affäre von sich aus zu einem endgültigen
Abschluß brachte.

Serjoschas Vorschlag versetzte Marina in solchen Schrecken,
daß sie nicht schlafen konnte und abzumagern begann. Sie
konnte sich ein Leben ohne Serjoscha nicht vorstellen, während
es ihm unbehaglich war, Marina einem Mann in die Hände fallen zu lassen, in dem er nichts als einen Schmalspur-Casanova
sah.

Serjoscha war zu dieser Zeit körperlich in schlechter Verfassung, und durch die Entdeckung von Marinas Betrug erschien
ihm das Leben widerwärtig und seines Sinns beraubt. Obgleich
sie sich auseinandergelebt hatten, war Marina immer die wichtige Figur in seinem Leben gewesen, deren Bedürfnisse er mit
Freuden erfüllte und für die er glaubte, von Bedeutung gewesen
zu sein. Das Ausmaß ihrer leidenschaftlichen Affäre mit Rodzewitsch machte es ihm unmöglich, sich länger als notwendige
Stütze ihrer Existenz zu betrachten. Deshalb beschloß er im
Winter, ständig außerhalb von Prag auf dem Dorf zu leben,
wenn das auch bedeutete, daß er jeden Tag zwanzig Meilen fahren mußte.

Marina hingegen wandte sich im Januar 1924 wieder Bachrach zu, nicht nur, um zu erklären, daß ihre Affäre mit Rodze-

witsch zu Ende war, sondern um sich selbst über das Ausmaß
ihrer Verwundung klarzuwerden. Nicht zum ersten Mal dachte
sie darüber nach, um wieviel leichter sie es gefunden hatte,
selbst zu lieben, als geliebt zu werden. Für sie war das nur mit
Kindern, Greisen, Dichtern und (wenn auch kurz) mit Rodzewitsch möglich gewesen:

»Geliebte zu *sein* – das habe ich bis zu dieser Stunde nicht verstanden ... Lieber Freund, ich bin sehr unglücklich. Ich habe
mich von *diesem* getrennt, liebend und geliebt, auf dem vollen
Höhepunkt der Liebe; ich habe mich nicht getrennt – ich habe
mich losgerissen! ... Selbst lieben kann ich nicht; denn ich
liebe ihn, und ich will es nicht; denn ich liebe ihn. Ich will
nichts als ihn, außer ihm, aber ihn *wird es niemals mehr geben*.
Das ist solch eine erste Trennung fürs Leben, weil er, liebend, alles wollte: das *Leben*: das einfache, gemeinsame Leben, das,
worauf niemals einer von denen, die mich liebten, ›gekommen‹
ist ... Da ich zu lieben begann, seit ich die Augen öffnete, sage
ich: Solch einem bin ich nicht begegnet. Mit ihm wäre ich
glücklich gewesen. (Niemals habe ich daran gedacht!)«[116]

Im selben Brief spricht sie mit Bitterkeit davon, wie sehnsüchtig sie sich einen Sohn von Rodzewitsch gewünscht hätte. Diesen leidenschaftlichen Wunsch habe Gott ihr abgeschlagen;
nach dem Ende der Affäre war es ihr unmöglich, ein Baby zu
sehen, ohne Schmerz über diesen unerfüllten Wunsch zu empfinden. Marinas Kummer ließ sie eine Zeitlang glauben, keine
Zukunft mehr zu haben.

Sie mißbilligte es, daß Rodzewitschs Wahl auf Mussa Bulga-
kova gefallen war, die er im Lauf des Jahres heiratete, obgleich
sie wußte, daß diese ihm ein schlichtes, geordnetes Heim bieten
konnte. Sie war eine weniger attraktive Frau als Marina, emotional jedoch nicht so anspruchsvoll. Marina schmerzte der Gedanke, daß Rodzewitsch sie zurückgewiesen hatte, weil er ihr

nicht gewachsen und ebenso wie Serjoscha nicht willens war, in ihrem Schatten zu leben. Es war für ihre Zukunft ein schlechtes Omen, wenn die wahre Größe ihrer Dichtung unweigerlich Einsamkeit und Zurückweisung im Gefolge hatte. Diese Vorahnung ihrer Isolation führte zu ihrer bitteren Gleichsetzung der Dichter mit den Juden.

> Ghetto der Erwählten! Wall und Graben.
> Um Gnade braucht man nicht rufen!
> In der christlichsten aller Welten
> Sind alle Dichter Juden![117]

Währenddessen sah Serjoscha dem Jahr 1925 mit Bangen entgegen. Zwischen dem Wunsch, sein Studium fortzusetzen und der Notwendigkeit, seinen Lebensunterhalt zu verdienen, wurde er hin und her gerissen. Paris, das war ihm klar, bot mehr Möglichkeiten, Arbeit zu finden; andererseits zögerte er, nach Paris zu gehen, weil das eine Unterbrechung seines Studiums bedeutet hätte. Ein Gradmesser für Serjoschas düstere Stimmung in dieser Zeit war die Überlegung, ob nicht alle seine Bemühungen vergeblich gewesen seien, wie er sie in einem Brief an seine Schwester im Herbst zum Ausdruck brachte.

Freilich versank er nicht gänzlich in Selbstmitleid. Er dachte daran, Schriftsteller, die noch in Rußland waren, mit Exilanten zusammenzuführen, und wollte zu diesem Zweck eine kleine Zeitschrift gründen, in der ihre Texte nebeneinander erscheinen konnten. Durch Vermittlung seiner Schwestern, bemühte er sich um Artikel über das Wachtangow-Studio und den berühmten Schauspieler und Regisseur Wsewolod Emiljewitsch Meierhold. Er bat seine Schwestern auch, mit Woloschin und Antokolski zu sprechen und sie dazu zu bewegen, Gedichte für seine Zeitschrift zu schicken. Die Arbeit half ihm, aber dennoch hatte er weiterhin das Gefühl, in Moskau habe ihn jeder vergessen; und da er seine Sympathien für die Weißen nun bitter bereute, fürchtete er, sie könnten seine Heimkehr unmöglich machen.

Marina nahm ihre Genesung ungleich rascher in Angriff. Sie begann wieder zu arbeiten und gestaltete ihr Leid in zwei ihrer großartigsten Gedichtzyklen: »Poem vom Berg« und »Poem vom Ende«. Im Juni 1924 notierte sie, das »Poem vom Ende« sei vollendet, und obgleich sie hinzufügt: »Doch mein eigenes Ende – um wie vieles früher war es eingetreten!«, scheint sie geistig durchaus nicht am Ende gewesen zu sein, wenn sich in ihren Texten auch viel Leid findet. Sie muß gewußt haben, daß sie ihre bis dahin großartigste Lyrik geschrieben hatte.

Im »Poem vom Ende« gibt Marina nicht nur eine äußerst bewegende Beschreibung ihres Schmerzes über die Beendigung der Affäre durch Rodzewitsch, sondern der gesamten Beziehung. Im ersten Gedicht wird Rodzewitsch eine beinahe elegante, fast unnatürliche Ritterlichkeit zugeschrieben:

> Im Himmel, wie rostiges Eisen
> Ein Säulenschaft.
> So war die Stelle bezeichnet:
> Schicksalshaft.
>
> – Viertel vor. Gehts besser?
> – Der Tod haßt Verzug.
> Übertrieben lässig
> Des Hutes Schwung.
>
> In jeder Wimper – Aufreiz.
> Der Mund: ein Strich.
> Übertrieben weit
> Verbeugt er sich.
>
> – Viertel vor. Pünktlich?
> Die Stimme: Qual.
> Das Herz, besorgt: was ist ihm?
> Das Hirn: Signal!

Ein Himmel schlechter Zeichen:
Rost und Blech.
Er stand wie alle Zeiten.
Es war um Sechs.

Dieser lautlose Kuß:
Die Lippen: verspannt.
So küßt man toten Damen
Die kalte Hand ...

Der Menge Ellenbogen
Ins Kreuz gerammt.
Übertrieben gellte
Sirenendampf.

Gellte wie Hundeheulen
Lang und wund.
(Des Lebens Übertreibung
Zur Todesstunde.)

Was gestern zum Gürtel reichte
Nun reichts ins All.
(Übertrieben, ich meine:
Schluckt die Gestalt.)

Im Geiste: Lieber, Lieber.
– Wie spät? Sieben Uhr.
Wolln wir ins Kino, oder?
– »Nach Hause nur!«[117]

Im vierten Gedicht skizziert sie die Gesellschaft, in der sie und
Konstantin sich, fast unsichtbar, zusammen bewegen konnten:
eine korrumpierte, geldgierige Gesellschaft, skrupellos und
ausschweifend.

Im sechsten Gedicht klingen die Worte im Dialog der Lieben-
den so, als hätten sie sich unauslöschlich in die Erinnerung eingegraben. Konstantin kann seiner Liebe zu Marina nicht wider-

stehen, doch er liebte sie »in Qualen«, »verzehrend und dem
Tod nah«:

> – Ein letzter Wunsch.
> – Ich höre. – Keinem ein Wort
>
> Von uns ... auch keinem nach mir ...
> (So reden Verwundete auf der Bahre
> Wenn draußen – Frühling wird!)
> – Auch ich bitte, Schweigen zu wahren.
>
> – So darf ich einen Ring ...?
> – Nein. – Der offene Blick
> Ist verhangen. (Ein Siegel
> Schließt dein Herz, ein Ring
>
> Die Hand ... Ohne Szenen!
> Nimm!) Listiger und leise:
> – Ein Buch jedoch? – Wie jedem?
> Verfassen Sie auch keine
>
> Bücher ...

Im großartigsten Stück des Zyklus (Gedicht 8) wird in der Beschreibung eines Spaziergangs am Fluß das ganze Ausmaß von
Marinas Leid deutlich:

> Die letzte Brücke.
> (Ich halt mich weiter fest!)
> Die letzte Brücke.
> Das letzte Brückenbrett.
>
> Wasser und Fels.
> Ich zähle meine Moneten.
> Todesgeld:
> Charons Lohn für die Lethe.

Münzenschatten
In der schattigen Hand.
Münzenstille.
Und im Dunkel der Hand

Münzenschatten.
Ohne Glanz und Klimpern.
Münzen – den Schatten.
Von den Toten Mohnkörner.

Brücke.

Du letzte Kraft
Der Liebhaber ohne Hoffnung:
Du Leidenschaft
Du beständige Kopplung.

Ich niste: warm
Und schmiege mich der Rippe.
Nicht ein, nicht an:
Der Vor-Sicht eine Lücke!

Nicht Arm, noch Bein.
Von meinen Knochen und Sehnen
Lebt nur der Teil
Mit dem ich an dir lehne.

Nur dieser lebt!
Er ist mein Ohr und Echo.
Als Dotter kleb
Am Eiweiß ich, als Eskimo

In meinem Pelz.
Ihr Siamesenzwillinge
Sagt, was hält
Euch, welche Schlinge?

Die einst dich trug
Als ob man euch verschlänge
Ins Tuch dich schlug:
Sie hielt dich nicht enger.

Versteh! Wir schmolzen
In eins! Die Wiege – die Brust!
Ich spring nicht vom Holz.
Versinken wär Verlust

Deiner Hand.
Ich presse und presse ... Halte.
Bist Brücke, nicht Mann:
Geliebter – nicht zu halten!

Bist, Brücke, mit uns:
Wir füttern den Fluß mit Leibern!
Ich saug als Efeu
Als Zecke, auszureißen!

Wie Efeu! Wie Zecken!
Entmenscht! Ohne Gott!
Geworfener Krempel
Bin ich, in meiner Not.

Die nie ich pries
Ein Ding der hohlen Dingwelt!
Sag, daß ich schlief
Und Nacht war, die sich hellt

Ein Zug und Rom!
Granada? Hinweg das Laken
Aufgetürmt
Zu Mont Blanc und Himalaja!

Entblößte Tiefe:
Ich wärme mit letztem Blut.
Lausche der Hüfte!
Wahrer ist ihre Glut

Als Verse ... Erwärmt?
Wem morgen hingebogen?
Nenns Fieberhirn!
Sag, der Brückenbogen

Endet nicht ...
                    – Das Ende.[119]

Während Marina versuchte, den Schmerz über ihre Zurückweisung zu überwinden, waren Briefe von Pasternak weiterhin für
sie von zentraler Bedeutung. Es tat ihr wohl, zu wissen, daß er
froh darüber war, sie veranlaßt zu haben, ihm ihre Gedichte
und alles, was ihr wichtig war, zu schicken. Und es war eine se-
lige Freude, am 14. Juni 1924 einen Brief von ihm zu bekommen: »Welch außerordentliche Gedichte Sie schreiben ... Wie
schmerzlich, daß Sie im Augenblick größer sind als ich ... Sie
sind eine schändlich große Dichterin.«[120]

Indes sollten Briefe nicht ihre einzige Hoffnung auf Glück
sein. Etwa um die gleiche Zeit, da sie Pasternaks überschwengliches Lob empfing, begann sie sich weniger charakteristischen
Tätigkeiten zu widmen: dem Stricken und anderen Handar-
beiten; sie war darin nicht sehr geschickt, doch tat das ihrer
Begeisterung keinen Abbruch. Marina war wieder schwanger.
Gerüchte liefen um, Serjoscha sei nicht der Vater des Kindes –
Marina trug es gewiß mit solcher Freude aus, als ob es das so
ersehnte Kind von Konstantin wäre – doch es wurde dreizehn-
einhalb Monate nach dem Ende der Affäre geboren, und es ist
unwahrscheinlich, daß ihr früherer Liebhaber es gewagt hatte,
ihre Beziehung wiederaufzunehmen.

Wie schon ihre Mutter, hatte sich auch Marina immer danach gesehnt, einen Sohn zu haben, und jetzt war sie davon
überzeugt, daß sie einen Sohn austrug. Sie spürte, daß dieser
Schwangerschaft eine große Bedeutung zukam, und begann,
sich auf die Geburt auf eine neue Weise vorzubereiten. Sie

suchte Ärzte auf, beschaffte sich bei ihren Bekannten gebrauchte Kinderkleidung und erkundigte sich bei ihrer neuen Freundin, Anna Tesková, nach der besten Entbindungsklinik. Nachdem Rodzewitsch sie verlassen hatte, hatte sie ihr Zimmer in Prag aufgegeben; sie wollte sich jetzt durch Fahrten in die Stadt nicht ermüden, obgleich Horni Mokropsy sie zunehmend langweilte und das Gehen auf den schlammigen Dorfpfaden besonders anstrengend war.

Als Alja in den Sommerferien 1924 mit den Anzeichen einer tuberkulösen Schädigung der Lunge in Prag eintraf, reagierte Marina heftig auf die Krankheit ihrer Tochter, die, wie sie fürchtete, auf das Kind in ihrem Leib übergreifen könne. Sowohl diese Reaktion verletzte Alja, als auch Marinas Erklärung, die sie unbemerkt mitanhörte, höhere Schulbildung sei für Mädchen nicht von Nutzen. Dennoch richtete sich Alja von dieser Zeit an immer mehr nach den Bedürfnissen ihrer Mutter (und bald auch denen ihres jungen Bruders). Und obwohl sich ihr Gesundheitszustand von selbst besserte und sie imstande war, von jetzt an bis zu ihrer Abreise in die Sowjetunion 1937, unermüdlich für die ganze Familie zu arbeiten, schenkte man ihrer Erziehung in der Folgezeit sehr wenig Aufmerksamkeit. Immerhin lernte sie von Marina ein wenig Französisch.

Mit elf Jahren war Alja ein auffallend hübsches Kind mit klugen Augen in einem von vollem Haar gerahmten Gesicht. Ihre frühen Jahre hatten ganz und gar ihrer Mutter gehört. Allen Härten des Lebens hatten sie (mit den Worten des Dichters Konstantin Balmont) »wie zwei Schwestern« getrotzt und einander Liebe und Zuversicht geschenkt. Nun sah sie sich zurückgestoßen, ohne befreit zu sein. Es ist erstaunlich, daß sie in späteren Jahren in der Lage war, sich ohne Bitterkeit an diesen Augenblick zu erinnern.

Zuerst wollte Marina das Kind, das sie erwartete, nach Pasternak benennen, dessen Liebe ihr während der Jahre in der Tschechoslowakei geholfen hatte, ihre Selbstachtung zu bewah-

ren. Sie hatte eine weitere imaginäre, fast sagenhafte Gestalt
erschaffen, die immer bei ihr war, fordernd, strapazierend, die
sie dazu zwang, ihre Arbeit fortzusetzen – oder sie gelegentlich
daran hinderte, wie sie 1923 (vor ihrer Affäre mit Rodzewitsch)
geschrieben hatte:

»Aber der zu schreiben mich hindert – sind Sie selbst. Als ob
ein Damm gebrochen wäre – so kommen mir Gedichte an Sie.
Und ich erfahre so seltsame Dinge in ihnen. Es schleudert mich
von Wellen. Sie sind *anstrengend* in meinem Leben, der Kopf
ermattet, wie oft lege ich mich tagsüber hin, wälze mich auf
dem Bett, *niedergeworfen* von all dieser Dissonanz in Schädel
und Brust: von Zeilen, Gefühlen, Erleuchtungen – ja und einfach von Lärm. Sie werden lesen – und es nachprüfen können.
Etwas hat sich erhoben, hat sich ausgebreitet und will nicht enden – ich kann es nicht zur Ruhe bringen. Kann denn ein
Mensch so etwas bewirken?«[121]

Um 1924 begann Marinas Dichtung breite Anerkennung zu fin-
den, sowohl in Emigrantenzeitschriften als auch in Moskau.
Dennoch verbrachte sie den größten Teil des Jahres zurückgezo-
gen vom literarischen Leben, denn die Vorbereitung auf die
Geburt ihres Kindes ließ sie zögern, sich als Schwangere in die
Prager Gesellschaft zu begeben. Als Anna Tesková sie zu einer
Lesung nach Prag einlud, antwortete sie ihr am 5. Dezember
1924: »Ich weiß nicht, ob ich es für den 14. einrichten kann –
Bahnreisen sind schwierig für mich und ich habe kein geeigne-
tes Kleid.« Trotzdem vermißte sie die lebendige Atmosphäre
Prags, wenn sie auch Menschenansammlungen mied, und so
lud sie Anna ein, die Familie Efron in ihrer ländlichen Behau-
sung zu besuchen:

»Wir werden einen Spaziergang machen – die Umgebung hier
ist wunderschön; falls es regnet oder schneit, werden wir im
Haus bleiben und plaudern. Ich werde Ihnen Gedichte vorlesen. Außerdem werden Sie meinen Mann und meine Tochter
kennenlernen.«[122]

Am 1. Februar 1925, an einem Sonntag gegen Mittag, schenkte
Marina in ihrem Haus einem Sohn das Leben. Es war eine un-
komplizierte Geburt, wenn sie auch lange dauerte. Marina
schrieb an Anna Tesková: »Sie sagten, ich hätte mich gut gehalten – jedenfalls ohne einen einzigen Schrei.« Die stille Genug-
tuung dieser Feststellung verrät keinen Stolz. Sie war glücklich,
das Opfer der Schmerzen bringen zu dürfen, und wiederholte
die Worte einer Freundin, die bei der Entbindung geholfen
hatte: »Es sollte schmerzhaft sein.«[123]

Sie war stolz, daß sie einen Sohn geboren hatte. Ihre ursprüngliche Absicht, ihn nach Pasternak Boris zu nennen, rief
bei Serjoscha stürmische Ablehnung hervor. Eigentümlicher-
weise beharrte sie nicht auf ihrem Wunsch, als Serjoscha
schließlich seufzend nachgab. So wurde das Kind denn Georgi
genannt nach dem Schutzheiligen von Moskau, dessen Ruf, zugleich Beschützer der Wölfe und des Viehs zu sein, ihr besonders gefiel.

Serjoscha fand nicht, daß die Geburt eines Sohnes seinen eigenen Kummer erleichterte, und er zeigte an dem Baby wenig
Interesse. Er fühlte sich unsicher und krank, und nur zehn Tage
nach der Geburt brach er zu einem kurzen Besuch nach Paris
auf, um Arbeit zu suchen.

Nach seiner Abreise erklärte Marina, sie sei so glücklich und
so fasziniert von ihrem Sohn, daß sie sich kaum damit abgeben
könne, auf ihre Gesundheit zu achten. Zu einer Zeit, in der alle
Frauen der Oberklasse darin bestärkt wurden, wochenlang lie-
genzubleiben, um sich von der Geburt zu erholen, saß sie bald
aufrecht im Bett, um den Kampf wieder aufzunehmen, obwohl

sie bis jetzt noch kein Hausmädchen gefunden hatte und die Frau, die die Kohlen brachte, am Ende der Woche kündigte. Zwar war Serjoscha den ganzen Tag über gewöhnlich in der Bibliothek, doch scheint seine Abwesenheit sie nicht bedrückt zu haben. Die ganze Haushaltsführung oblag Alja. Die Tatsache, daß man daran dachte, ein Hausmädchen zu nehmen, bedeutete nicht, daß sich die finanzielle Lage der Familie Efron verbessert hätte. Marina mußte an Anna Tesková schreiben und sie bitten, ihr ein einfaches Waschkleid zu schicken:

»Den ganzen Winter über habe ich das gleiche Wollkleid angehabt, das sich nun an den Säumen aufzulösen beginnt. Ich brauche kein gutes – es ist nicht für einen öffentlichen Auftritt gedacht – bloß etwas einfaches. Ich kann im Augenblick nicht daran denken, eines zu kaufen oder zu nähen; gestern mußte ich der Hebamme für drei Besuche 100 Kronen zahlen; ein paar Tage vorher gab ich dem Kohlenhandler 120 bis 150 Kronen für Kohle für zehn Tage, dann ist da noch die Medizin, die Gebühr für die Müllabfuhr! Es ist nicht der Zeitpunkt, an ein Kleid auch nur zu denken. Aber ich hätte so gern ein sauberes. Sogar eine Schlange muß gelegentlich ihre Haut wechseln. Wenn es zu groß ist, spielt das keine Rolle – es kann hier geändert weden.

Ich habe für 50 Kronen einen Kinderwagen gekauft – fast neu, wunderbar; zur selben Zeit kaufte ich ein Bett und einen riesigen Lehnstuhl – ein paar Russen verkauften die Sachen vor ihrer Abreise.«[124]

Dieser Brief wurde (wie so viele von Marinas Gedichten aus dieser Zeit) um halb vier Uhr morgens geschrieben, wenn alle anderen schliefen; es war die einzige Zeit, die sie zu ihrer Verfügung hatte.

Marina war mehrere Male zu Lesungen nach Prag eingeladen worden, schob sie aber immer wieder hinaus. Darum beschloß Anna Tesková, sie zu besuchen. Marina war überglücklich, sie zu sehen, und so entzückt, jemanden bei sich zu haben, mit dem sie über Literatur sprechen konnte, daß sie vergaß, ihrem Gast etwas zu essen und zu trinken vorzusetzen.

Die Erklärung für diesen uncharakteristischen Mangel an Gastfreundschaft liegt darin, daß sie sich völlig auf ihren Sohn konzentrierte. Kein Zweifel, daß Serjoscha, dem bereits schmerzlich bewußt war, weiter aus Marinas Leben hinausgedrängt zu werden, als er ertragen konnte, in eine trübe Stimmung geriet, als er diese neue Besessenheit bemerkte. Er erkrankte abermals an Tuberkulose, die bei ihm oft zurückkehrte, wenn sein Lebensmut nachließ. Im Juli 1925 war er völlig abgemagert, und seine riesigen traurigen Augen lagen tief in den Höhlen. Er hatte das Gefühl, in der Falle zu sitzen, und in seiner Niedergeschlagenheit sehnte er sich danach, nach Paris umzusiedeln.

Aber seine Krankheit machte es unbedingt erforderlich, daß er das Sanatorium in Sangorska aufsuchte, und es ging ihm viel zu schlecht, als daß er die Abreise der Familie nach Paris vorbereiten konnte. Seine Überzeugung, daß ein Umzug nach Paris für ihn die einzige Chance war, seinen Lebensunterhalt zu verdienen, ließ im September 1925 die fürsorgliche Treue in Marina wieder erwachen.

Und so begann sie, Vorbereitungen zu treffen, die Tschechoslowakei und ihre Freunde zu verlassen und zum dritten Mal innerhalb von drei Jahren in ein anderes Land zu gehen. Da Serjoscha zu krank war, um mit ihnen zusammen zu reisen, war es ihr und Alja unmöglich, all ihre Habseligkeiten mitzunehmen; darum ließ sie einen Teil davon in der Obhut von Anna Tesková. Marina war durchaus nicht davon überzeugt, daß dieser Umzug klug war, und es gefiel ihr, Dinge für eine mögliche Rückkehr nach Prag zurückzulassen.

Mark Slonim besorgte ihnen Pässe, und Marina gelang es, genügend Geld aufzutreiben, um für sich selbst, Alja und Georgi (der inzwischen zärtlich »Mur« genannt wurde) die Fahrkarten kaufen zu können. Die Aussicht auf die Bahnreise erfüllte sie, größtenteils wegen ihres Babys, mit Entsetzen. Da selbst für das Notwendigste kein Geld mehr da war, wußte sie nicht, wie sie es bewerkstelligen sollte, ihn unterwegs zu füttern.

»In vierundzwanzig Stunden ißt er viermal, und alles muß aufgewärmt werden. Wie stellt man das an? Man kann doch keinen Spirituskocher anzünden«,[125] schrieb sie an Anna Tesková. Nichtsdestotrotz schaffte sie es, so daß man kurz nach dem 20. Oktober 1925 aufbrechen konnte.

So sehr Marina die Reise, die vor ihr lag, auch fürchtete, so bedauerte sie es nicht, Vsenory zu verlassen. Die letzten eineinhalb Jahre waren eine Zeit großer Isolation gewesen, wie sie in einem Brief an Boris Pasternak vom 19. Juli 1925 schreibt. Stilistisch weit weniger anspruchsvoll als die vorausgegangenen, erzählt dieser Brief im wesentlichen von ihrem einsamen Leben und dessen geistiger Armseligkeit, berichtet jedoch auch freimütig über ihre schwierige finanzielle Lage. Sogar in ihrer Einsamkeit hatte sie nach wie vor große Freude an ihrem Sohn Georgi und arbeitete besessen an ihrem Poem »Der Rattenfänger«, das sie allerdings erst in Paris beenden konnte.

Všenory bei Prag, 19. Juli 1925

Boris,
der erste menschliche Brief von Dir (die anderen sind Geistbriefe*), und ich fühle mich geschmeichelt, beschenkt, belobigt. Du hast mich einfach Deines Entwurfs gewürdigt.

Und hier mein Entwurf – in Kürze: Seit 8 Jahren (1917–1925)

---

* Im Original deutsch. [A. d. Ü.]

schmore ich im Alltag, ich bin jener Ziegenbock, den man unablässig schlachtet und nicht abschlachtet, bin selbst der Fraß, der unaufhörlich (8 Jahre) auf meinem Primuskocher schmort. Mein Leben – ist ein Entwurf; verglichen mit dem – sähest du es! – *meine* Entwürfe die feinste Stickerei sind. Ich verachte mich dafür, daß ich beim Ruf (1001 täglich!) des Alltags (NB! Alltag – deine Schuldverpflichtung bei anderen) mich von meinem Heftchen losreiße und NIEMALS zurückfinde. Ich habe ein protestantisches Pflichtgefühl – dagegen ist meine katholische – nein! – meine chlystische Liebe (zu Dir) ein Nichts.

Denk nicht, ich lebte »im Ausland«, ich leb im Dorf, mit Gänsen, mit Pumpen. Und denk nicht: das Dorf: eine Idylle: man hat die eigenen zwei Hände und keine einzige eigene Gebärde. Die Bäume seh ich nicht, der Baum erwartet Liebe (Zuwendung), und der Regen bedeutet mir insofern etwas, als die Wäsche trokken oder nicht trocken ist. Mein Tag: ich koche, wasche, schleppe Wasser, kümmere mich um Georgi (5 1/2 Monate, *entzückend*), übe mit Alja französisch; lies noch einmal Katerina Iwanowna aus *Schuld und Sühne*, das bin ich. Ich bin maßlos erbittert. Den ganzen Tag wirtschafte ich herum. Am Poem »Der Rattenfänger« schreibe ich schon den vierten Monat, habe keine Zeit zu denken, die Feder denkt. Morgens 5 Minuten (mich hinzusetzen), tags 10 Minuten, die Nacht gehört mir, doch nachts kann ich nicht, bin ich unfähig, eine andere Art Aufmerksamkeit, das Leben strömt nicht herein, sondern hinaus, und keiner da, zuzuhören, nicht einmal Geräusche der Nacht, denn die Wirtsleute verschließen ab 8 Uhr abends die Ausgangstür (ach, alle meine Türen sind Eingänge, diese Sehnsucht nach einem Ausgang – verstehst du!?), und ich hab keinen Schlüssel, Boris, nun schon *ein Jahr* lebe ich *faktisch* hinter Schloß und Riegel. Du hast zwischen Zuhause und Redaktion, zwischen Redaktion und Redaktion wenigstens Bürgersteigstücke, ich aber wohne in einem Talkessel, gewürgt von Hügeln; das Dach, der Hügel, auf dem Hügel – Gewölk: ein ausgeweidetes Tier.

Freunde habe ich nicht – hier mag man keine Gedichte, doch losgelöst von – nicht den Gedichten, sondern dem, *woraus* sie sind – was bin ich? Ungastliche Hausfrau, junges Weib in alten Kleidern ...[126]

Trotzdem flößte die Vorstellung, Prag zu verlassen, Marina Angst ein. Die Stadt bezauberte sie. Sie liebte die Sage vom Golem, jenem steinernen Ungeheuer aus dem siebzehnten Jahrhundert, von Rabbi Löw geschaffen, um die Prager Juden gegen ihre Feinde zu verteidigen*, und besonders liebte sie das Standbild des Ritters auf der Karlsbrücke, der angeblich einen Jungen darstellte, der den Fluß bewachte. Für Marina war er ein Symbol der Treue – mehr noch, der Treue gegen sich selbst. Sie schrieb an Anna Tesková:

»Ich hätte rasend gern ein Bild von ihm. Wo kann ich eines bekommen? Es gibt nirgendwo eins. Ich wunsche mir einen Stich zur Erinnerung. Erzählen Sie mir alles, was Sie über ihn wissen.«[127]

Selbst noch während der Vorbereitungen zu ihrer Abreise hegte Marina insgeheim den Gedanken, die Familie werde bald nach Prag zurückkehren; und sie ging so weit, im einzelnen zu planen, wo sie wohnen würden, dieses Mal entschlossen, eine Wohnung in der Vorstadt zu suchen, wo sie spazierengehen und mit ihrer Freundin Anna plaudern konnte. Sie beharrte darauf, daß sie Paris mehr als jede andere Stadt haßte, weil es bereits allzu sehr bewundert wurde. Als der Tag ihrer Abreise unaufhaltsam näherrückte, versuchte sie, sich mit dem Gedanken zu trösten, dort werde es leichter sein, die Familie zu unterhalten; und in optimistischen Augenblicken hoffte sie, dort neue

---

* Der Golem mußte zerstört werden, zum Teil weil er ungehorsam war, zum anderen, weil man seine Erschaffung als gotteslästerlich empfand. Die Überreste werden in der Altneuschul aufbewahrt.

Freunde zu finden. Gewiß hatte sie nur wenige Freunde im Dorf Všenory, wo alle ihre Gefühle verkümmerten. Aber trotz all ihrer Verwirrung hatte sie in Wirklichkeit keine andere Wahl, als abzureisen.

Am 26. Oktober tauchte ein Problem auf, das Marina in neue Panik versetzte: Ihre Abreise war auf den 31. Oktober festgelegt, und Geld, das sie von Freunden aus Paris erwartete, war nicht eingetroffen. Die Wohnung in Všenory würde in Kürze von neuen Mietern belegt werden; Serjoscha war noch immer im Sanatorium, und niemand konnte helfen. Sie schrieb auf der Stelle an Anna Tesková, bat sie, bei einer gewissen Madame Jurchinová (das Pseudonym der tschechischen Schriftstellerin Anna Jeveková) ein gutes Wort einzulegen und sie um ein Darlehen von 1000 Kronen zu bitten, das sie bis zum 15. November zurückzuzahlen verspreche. Im selben Brief bot sie an, Alja in Teskovás Wohnung zu schicken, für den Fall, daß Anna eine andere Möglichkeit sehe, Geld aufzutreiben. Alles, was sie an Sicherheiten anzubieten hatte, war die monatliche Unterstützung, die sie von der tschechischen Regierung erhielt.

Am 28. Oktober kam ein Telegramm aus Paris, des Inhalts, daß bis zum Tag ihrer Abreise wohl kein Geld mehr eintreffen werde. So wurde Alja zu Anna Teskovás Wohnung geschickt und kehrte mit genügend Geld zurück, um die Reise zu ermöglichen. Marina schrieb voller Dankbarkeit, daß »das Geld uns alle retten wird«: Ohne Zweifel hatte alles auf des Messers Schneide gestanden.

Mit der Aussicht auf eine Reise zu leben, die stattfinden, aber ebensogut nicht stattfinden konnte, hieß, daß man in einen Zustand der Anspannung versetzt wurde, den Marina als besonders unerträglich empfand. Nachdem die Sache mit dem Darlehen geregelt war, brach sie, in einer Mischung aus Hoffnung und Furcht, die diese Reise so qualvoll machte, wie jede, die sie unternommen hatte, mit ihren beiden Kindern nach Paris auf; sie ließ die Stadt zurück, in der sie so intensiv gelebt hatte und

die sie mehr liebte als jede andere Stadt außerhalb der Sowjetunion.

TEIL IV
PARIS

8
Ruhm und Armut
1925 - 1927

Marina mit ihrem Sohn Georgi
Paris 1927

Paris erschloß sich Marina nicht so wie Prag, obgleich ihr Ruhm bereits bis zu den zahlreichen russischen Emigranten gedrungen war, denen sich diese Stadt immer als die reizvollste europäische Alternative zu ihrer Heimat dargestellt hat. Als junges Mädchen hatte sie das geschäftigte Treiben in dieser Stadt als aufregend empfunden; jetzt versetzte sie der großstädtische Verkehr in Panik. Jedenfalls waren es nicht die Schönheiten von Paris, denen sie sich ausgeliefert fühlte.

Am 31. Oktober 1925 kam Marina Zwetajewa mit ihrem neun Monate alten Sohn Mur und ihrer zwölfjährigen Tochter Alja in Paris an, wo sie bei Murs Patentante, Madame Tschernowa-Kolbasina, Aufnahme fanden (sie war früher in Prag Marinas Freundin und Nachbarin gewesen). Die Tschernowas bewohnten drei Zimmer in Clarmart, einer Arbeitergegend, und die ganze Familie lebte in großer Armut. Aber Madame Tschernowa mochte Marina; ihre Töchter kannten und bewunderten ihre Dichtungen; und alle taten ihr Bestes, um ihre Gäste an ihrem kargen Leben teilhaben zu lassen. Es war ein Akt außerordentlicher Großzügigkeit, daß sie eines ihrer drei Zimmer abgaben.

Marina wußte das, fand aber dennoch den Mangel an Raum und die geräuschvolle Straße vor dem Haus bedrückend, und das Fehlen einer privaten Sphäre quälte sie. Das Zimmer, das sie bewohnte, wurde des öfteren von anderen Leuten betreten, die nicht nur miteinander schwatzten, sondern erwarteten, daß sie sich an ihrer Unterhaltung beteiligte. Selbst Marina war es unmöglich, zu ignorieren, daß es im Zusammenleben notwendig war, über Dinge zu sprechen, die sie nicht interessierten. Wie Serjoscha in Prag, hatte sie das Gefühl, in eine Falle geraten zu sein, wie sie in einem Brief an Anna Tesková vom 30. Dezember erläuterte:

»Wir sind zu viert [Serjoscha war mittlerweile eingetroffen] in
ein Zimmer eingepfercht. Ich kann überhaupt nicht schreiben.
Mit Bitterkeit denke ich daran, daß selbst der mittelmäßigste
Journalist einen Schreibtisch und zwei Stunden Ruhe hat. Ich
habe keine Ruhe – nicht eine Minute: ich bin ständig von Leuten umgeben, die sich unterhalten, und das lenkt mich von meinem Notizbuch ab. Ich denke fast mit Freude an meine Stellung
im sowjetischen Moskau – dort habe ich drei meiner Stücke geschrieben; *Ein Abenteuer*, *Fortuna* und *Phönix* – 2000 Zeilen
Verse. «[128]

Die Welt ringsum fand sie häßlich, das Viertel, in dem sie lebte,
erinnerte sie an Romane, die in den Londoner Slums spielten.
Das Fenster blickte auf einen Kanal, und wegen der zahlreichen
Schornsteine war es unmöglich, den Himmel zu sehen. Sie
haßte den Gestank von Ruß und das unaufhörliche Donnern
der Lastwagen. Nirgendwo konnte man spazierengehen, weit
und breit gab es keinen Busch, und zum einzigen Park waren es
zu Fuß vierzig Minuten.

In seinen Erinnerungen hat Mark Slonim Marina vorgewor-
fen, sie rede zuviel über ihre Armut, doch sie beklagte sich selten bei Leuten, die ihr bei den unangenehmen Tätigkeiten des
täglichen Lebens halfen. Sie war Frauen immer dankbar, die
Aufgaben zu meistern vermochten, mit denen sie nicht fertig
wurde. Vor allem hatte sie gelernt, jenen Liebe und Vertrauen
zu schenken, »die dir Pullover stricken und sich um deine Kinder kümmern«. Mit Dankbarkeit erinnerte sie sich der Familie
Tschirikov, die ihr in der Tschechoslowakei bei der Betreuung
ihres Babys geholfen hatte (Frau Tschirikova war Schauspielerin) und auch an ihre tschechische Freundin Anna Andrejewna,
deren mütterliches Wesen ihr bei Marina den Beinamen »Mut-
tertier« eintrug. Voller Liebe sprach sie auch von Katja, einer
weiteren Freundin aus dem Dorf, die Alja früher auf dem Rük-
ken die unwegsamen Hänge von Všenory hinaufgetragen hatte.

Marina fürchtete, in Paris nicht dieselbe Unterstützung zu finden, und sie schrieb über Madame Tschernowa, als wäre diese eine Zimmerwirtin. Doch Marina bekam zumindest einen richtigen Tisch, den ihr Olga (eine der Tschernow-Töchter) schenkte, und trotz aller häuslichen Zwänge fand sie Gelegenheit, daran zu arbeiten. In der Wohnung von Madame Tschernowa beendete sie »Der Rattenfänger«[129] – während sie schrieb und den Text überarbeitete, kochte sie Mur seinen Brei, kleidete ihn an und aus und badete ihn, genau wie in Všernory. Das hundertseitige Epos vom Rattenfänger erzählt die bekannte Geschichte der verschlagenen Bürger von Hameln in neuer überquellender, ausgelassener Rhythmik, wobei der Tod der Kinder am Schluß in magischen Lyrismen aufgelöst wird.

Am 4. Dezember schrieb Marina abermals, um Anna Tesková zu bitten, Madame Jurchinova um ein dunkles Kleid anzugehen, damit sie sich in interessanter Gesellschaft zeigen könne. Man hatte angefangen, sie einzuladen, und, anders als in Prag, schämte sie sich in Paris ihres schäbigen Aufzuges. Durch ihre Lebensumstände niedergedrückt, ertrug sie die große Welt nicht, und die Leute begannen, sie für hochmütig zu halten. Das Bitten war ihr jedoch auch peinlich, und sie bat Anna ausdrücklich, Serjoscha nichts davon zu erzählen, der noch immer in der Tschechoslowakei war: alle ihre Briefe an ihn berichteten nur Gutes über ihr Leben in Paris. Als Serjoscha schließlich Ende Dezember 1925 in Paris eintraf, stellte er fest, daß seine Frau innerhalb von sechs Wochen eine Berühmtheit geworden war.

Marina wurde aufgefordert, aus ihren Werken zu lesen, und nachdem der Termin der Lesung einmal verschoben worden war, fand diese schließlich im Februar 1926 statt; sie war in allen Emigrantenzeitschriften groß angekündigt worden, sogar in der Berliner Tageszeitung *Rul*. Es war vereinbart, daß sie zusammen mit einem Sänger und einem Geiger auftreten sollte,

doch es war keine Frage, daß diese relativ unwichtig waren. In
der dichtbesetzten Halle hatte sie einen stürmischen Erfolg, der
ihre Stellung als eine der bedeutendsten Dichterin der Emigration festigte.

Irina Kotting, eine Dichterin, die der Lesung beiwohnte,
schrieb am Tag danach ein Gedicht, in welchem sie sich ziellos
durch den Regen wandernd beschreibt, ohne auf den Autover-
kehr zu achten, da sie von der Veranstaltung so überwältigt war.
Auch *Rul* in Berlin bezeichnete die Lesung als einen persönlichen Triumph.

Der Beifall gab Marina nicht nur einen dringend notwendi-
gen seelischen Aufschwung, sondern er etablierte sie in der russischen Gemeinde in Paris als eine literarische Berühmtheit.
Serjoscha, der noch immer Trost und Zuneigung brauchte, tat
sich schwer, Freude über ihren Erfolg zu empfinden, und die Familie Efron brauchte Geld zweifellos nötiger als Ruhm. Ihre finanzielle Lage blieb prekär, und im Lauf des nächsten Jahres
verließen sie das Zimmer bei Madame Tschernowa und zogen in
den südwestlichen Vorstädten von Paris von einer Wohnung in
die andere. Eine Wohnung im Zentrum von Paris konnten sie
sich keinesfalls leisten, selbst wenn Marina sich dort nicht un-
wohl gefühlt hätte: »Mitten in der Stadt bin ich das jämmer-
lichste Geschöpf, wie ein Schaf, das sich mitten in New York
wiederfindet.« Und so hoffte Marina noch im September, trotz
ihrer bedeutenden Bekanntschaften, zu denen jetzt Bunin und
sein Kreis gehörten, auf eine Rückkehr nach Prag, träumte immer noch davon, dort eine Wohnung in der Nähe des Zentrums
zu finden, die es ihr möglich machte, alles, was Prag zu bieten
hatte, zu genießen. Ihr waren durch die Ansprüche der Kinder
und dem Geldmangel solche Grenzen gesetzt, daß eine ganze
Wohnung nicht in Frage kam, wie sie wußte, doch in einem
Brief an Anna Tesková spekulierte sie: »Ob es wohl möglich
wäre, zwei Zimmer bei einer tschechischen Familie zu finden,
die Russen gern hat und es mit der Sauberkeit nicht zu genau

nimmt?« Sie erwog, für kurze Zeit zu einem Besuch nach Prag zurückzukehren und die tschechischen Behörden davon zu überzeugen, daß sie ihren Wohnsitz nicht auf Dauer verlegt habe, damit man ihr weiterhin ihr regelmäßiges Stipendium von 1000 Kronen im Monat zahlte. Die angedrohte Reduzierung dieser Summe auf die Hälfte hätte zur Folge gehabt, daß Marina ganz auf die Wohltätigkeit ihrer Freunde angewiesen gewesen wäre.

Währenddessen gewann ihre Korrespondenz mit Pasternak eine neue Intensität. Der überschwengliche Ton, in dem alle ihre Briefe an Pasternak gehalten sind, könnte einen Außenstehenden sehr wohl beunruhigen. Aus Pasternaks Antwortbriefen geht deutlich hervor, daß seine Schwärmerei inzwischen den Grad der ihren erreicht und begonnen hatte, sein Verhältnis zu seiner Frau Shenija zu beeinflussen. Am 20. April 1926 schrieb er an Marina und bat sie zu entscheiden, welche Form ihre Beziehung im folgenden Jahr annehmen solle:

»Schau um Dich, und aus diesem Umschauen schöpf den Antrieb zu Deiner Antwort, aber nicht aus dem Wunsch, mich zu sehen, denn Du weißt ja, wie ich Dich liebe und das mußt Du erkennen wollen. Antworte mir sofort. Wenn Du mich nicht zurückhältst, komme ich mit leeren Händen *nur zu Dir* ...«[130]

Es war Marina, die vor einer solchen Bindung zurückschreckte, wie sie viele Jahre später an Anna Tesková schrieb: »Im Sommer 1926, nachdem er mein ›Poem vom Ende‹ gelesen hatte, fühlte sich B. wahnsinnig zu mir hingezogen, wollte kommen und bei mir sein – ich hinderte ihn daran: ich fürchtete eine totale Katastrophe.«[131]

Pasternak sollte ihr später für ihre Weigerung dankbar sein, zuzulassen, daß ein Erdbeben sein Leben zusammen mit dem ihren zerstörte.

Im April 1927 ließ sich die Familie Efron in Meudon nieder, wo eine Anzahl anderer russischer Emigranten, damals wie heute, hauste. Ihre neue Anschrift – Rue Jeanne d'Arc, Nr. 2 – gefiel Marina. Um diese Zeit war Meudon eine recht ansehnliche Vorstadt mit hübschen Hügeln und Parks. Die Wohnung der Efrons war nur fünfzehn Eisenbahnminuten von Paris entfernt, und es gab dort den Luxus eines Gartens für Mur, obgleich die Efrons das Haus mit einer anderen Familie teilen mußten. Die Aussicht auf den Umzug entzückte Marina und setzte sie instand, sich über die mißbilligende französische Wirtin ihrer bisherigen Wohnung lustig zu machen, die darauf bestand, daß alle Schränke vor ihrem Auszug gründlich zu reinigen seien.

In Meudon fanden sie seelenverwandte Nachbarn, die ihnen für den Rest ihres Lebens in Treue verbunden bleiben sollten – besonders Jelena Iswolskaja, die Tochter eines russischen Diplomaten, dem früheren Botschafter in Frankreich. Jelena, selbst Übersetzerin von Gedichten, beschrieb ihren Eindruck von Marina einfühlsam und detailliert:

»Weder elegant noch hübsch: hager, blaß, fast ausgemergelt... sie war nicht schön, sondern glich eher einer Ikone. Sie arbeitete und schrieb und holte Feuerholz und nährte ihre Familie mit Essensresten. Sie wusch, bügelte, nähte mit ihren einst schlanken Fingern, die nun von der Arbeit rauh waren. Ich erinnere mich gut an diese Finger, gelb vom Rauchen; sie hielten eine Teekanne, eine Bratpfanne, einen Kessel, ein Bügeleisen, sie fädelten einen Faden ein und entfachten ein Feuer. Dieselben Finger führten Feder oder Bleistift über das Papier auf dem rasch abgeräumten Küchentisch. An diesem Tisch schrieb Marina – Verse, Prosa, Entwürfe für ganze Poeme; manchmal warf sie zwei oder drei Worte und einen bestimmten Reim aufs Papier und schrieb ihn wieder und wieder ab... Ihr bei der Arbeit zuzusehen, war, wie wenn ein Naturfreund das Wachsen eines

Grashalmes, eines Blattes, eines Stengels beobachtet, das Ausschlüpfen junger Vögel in Waldnestern oder die Verwandlung einer Puppe in einen Schmetterling.«[132]

Serjoscha schloß sich immer enger an eine politische Bewegung an, der Marina wenig Interesse entgegenbrachte. Die Gruppe der »Eurasier« war von dem Musikwissenschaftler Peter Suwtschinski gegründet worden, der mit seiner Frau Vera in ihrer Nähe wohnte; in ihrer Nachbarschaft gab es eine Reihe von Förderern dieser Bewegung, der auch Jelena Iswolskaja angehörte. Der Grundgedanke der »Eurasier« war, daß die Sowjetunion sowohl zu Europa als auch zu Asien gehöre. Unter den Emigranten glaubte man, die Mitglieder seien Sympathisanten der Bolschewiken, obgleich ihre größte, vielleicht hochtrabende Hoffnung in einer Reform (wenn nicht gar einer Überwindung) des Sowjetregimes bestand. Wo auch immer Marinas politische Präferenzen lagen, die Erweiterung ihres Pariser Bekanntenkreises, den Serjoschas Verbindung mit den »Eurasiern« zur Folge hatte, sollte sich als sehr wichtig für sie erweisen.

Der Kritiker Mirski (Fürst Swjatopolk-Mirski, später Kommunist) war zu dieser Zeit Mitglied der Gruppe und Mitherausgeber ihrer Zeitschrift *Werstpfähle*. Marina – die gekränkt gewesen war, weil er sie nicht in seiner Anthologie russischer Lyrik berücksichtigt und von ihr als einer »schlampigen Moskowitin« gesprochen hatte – fand jetzt in ihm einen unerwarteten Verbündeten. Vera Suwtschinski, selbst eine große Verehrerin Marinas, behauptet, sie habe diesen dramatischen Wandel in seinem Verhältnis zu Marina bewirkt. Mit der Person Marinas war sie freilich weniger gedulig. Die beiden waren sich Ende 1925 in Clamart zum ersten Mal begegnet, als Mur kaum neun Monate alt war. Damals hatte Marinas Weigerung, ihre Brille zu tragen, Vera empört, weil sie darin ein absurdes Zeichen ihrer Unfähigkeit sah, sich auf die äußere Welt einzustellen, doch sie bewunderte den Gang der Dichterin – »wie eine Ziege«. Das

ist kein Kompliment in anderen Sprachen, doch im Russischen
wird es als solches verstanden. Marinas Gang war leichtfüßig
und trotz ihres harten Lebens energisch und entschlossen.

Im Frühjahr 1926, nach ihrer triumphalen Februarlesung,
lud Mirski sie ein, ihn bei einem Besuch in London zu begleiten, in der Hoffnung, ihr in England eine Lesung zu verschaffen. Zu einer Lesung kam es nicht, doch für Marina waren es
ihre ersten freien Wochen in den acht Jahren seit der Revolution. Nach einer unerquicklichen Kanalüberquerung angekommen, fand sie London liebenswert: den Fluß, Bäume und Kinder, Hunde und Katzen, die »wundervollen Kamine und das
wundervolle Britische Museum«. Wie in einem Rausch schrieb
sie in einer Woche so viel, wie sie unter ihren gewohnten häuslichen Bedingungen in anderthalb Monaten geschrieben hätte.

Marina verbrachte mit Mirski eine Nacht in London. Er berichtete Vera Suwtschinski, Marina sei, sehr zu seiner Überraschung, an seinem Bett aufgetaucht, und ihr nackter jun-
genhafter Körper habe ihn verblüfft. Ob er dieses Erlebnis
unbefriedigend fand, wie Vera behauptet, oder nicht, jedenfalls
maß keiner der beiden ihm große Bedeutung bei.

Als sie nach Paris zurückkam, erfuhr Marina, daß großzügige Freunde ihr einen weiteren Urlaub ermöglicht hatten, und
sie und die Kinder verbrachten den Sommer, zusammen mit
Vera Suwtschinski am Meer in St. Gilles in der Vendée, während Serjoscha in Paris blieb. Marinas Aussehen besserte sich,
sobald sie die häßlichen Kleider der Armut abwerfen konnte.
Sie wurde schnell braun, wie damals vor vielen Jahren auf der
Krim, und obwohl sie das Baden im Meer nicht mochte, liebte
sie es, in der Sonne zu liegen. Große Freude hatte sie an der zunehmenden Gesundheit und Kraft ihres Sohnes Georgi, der inzwischen etwa achtzehn Monate alt war, und alles, was er tat,
entzückte sie. Vera fand diese Vernarrtheit in den Sohn zum Ra-
sendwerden. Einmal hatte das Kind sich so hingestellt, daß es
Veras Körper das Sonnenlicht nahm, und Vera bat Mur, beisei-

tezugehen. Marina ermahnte sie scherzhaft: »Du kannst *ihn*
doch nicht bitten, aus der Sonne zu gehen. Schau ihn doch an!
Er *ist* die Sonne ...« Diese Übertreibung befremdete Vera, und
schon damals hatte sie an Marinas Verhalten als Mutter mancherlei zu kritisieren. Sie sah deutlich, wie Alja vernachlässigt
wurde, während Marina ihre ganze Liebe auf Mur konzentrierte. Alja zeigte kein Verlangen, gegen die fehlende Aufmerksamkeit ihrer Mutter anzukämpfen, sondern wurde statt
dessen gleichmütiger und selbstbewußter denn je.

Marinas Aufenthalt in St. Gilles war keine reine Idylle.
Manchmal war es so kalt und windig, daß alle ihre Wintermän-
tel anziehen mußten. Obgleich Marina die Großartigkeit der
ozeanischen Küste und des Meeres zu würdigen wußte, brachte
sie keine Liebe dafür auf:

»Was soll ich mit dem Meer anfangen? Soll ich es anschauen?
Das genügt mir nicht. Schwimmen? Ich mag die horizontale
Lage nicht ... Ich liebe die Vertikale: Gehen, einen Berg; ich
liebe das Gefühl der Kraft, die daraus entspringt. Vor dem
Ozean bin ich ein Beobachter; als säße ich im Theater in einer
Loge ... Außerdem, entweder wird man durch das Meer einge-
schüchtert oder weich gestimmt. Das Meer ähnelt zu sehr der
Liebe. Ich liebe die Liebe nicht (sie ist immer eine Frage des Sit-
zens und Wartens, was die Liebe mit mir anstellen wird). Ich
liebe Freundschaft: einen Berg.«[133]

Während des ganzen Sommers 1926 kamen Marinas Briefe an
Anna Tesková aus St. Gilles, wo sie sich trotz der Nähe zu
Strand und Meer, nach Prag sehnte. Sie wußte, daß sie Gast in
St. Gilles war, doch wegen des Aufwands an Höflichkeit, den
man aufbringen mußte, haßte sie es, Gast zu sein. Als sie eine
Postkarte aus Prag betrachtete, sah sie in den Bäumen eine Ein-
ladung zur Rückkehr.

Dennoch begann sie im Juni 1926 ihren Plan fallenzulassen,

in die Tschechoslowakei zurückzukehren. Das geschah aus praktischen Erwägungen – zum Beispiel war die Miete für das Haus
im Meudon bereits bis Mitte Oktober bezahlt, und das Geld
durfte nicht verschwendet werden – doch wichtiger war die Notwendigkeit, die mit dem »Poem vom Ende« und dem »Poem
vom Berg« verbundenen Emotionen zu verdrängen. Vielleicht
war es heilsamer, jetzt, da Rodzewitsch verheiratet war, sich
vorzustellen, die Stadt Prag gebe es nicht mehr.

Marina erwähnte die Heirat ihres Geliebten beiläufig in einem Brief an Pasternak vom 10. Juli. Nun begann sie sich
selbstbewußt zu fragen, was sie von ihren Beziehungen zu
Männern überhaupt noch erwarte. Ihre Analyse fiel bitter aus,
als sie die Gründe zu verstehen suchte, warum sie jene Art von
Leidenschaft nie entfacht hatte, nach der sie sich sehnte. Sie
ahnte, daß die Männer Eva als geschlechtliches Wesen der Psyche vorzogen, und trotz ihrer faszinierenden Kraft hatte sie nie
jemanden gefunden, der sie mehr liebte als alles andere auf der
Welt. Nicht nur, weil sie zu vergeistigt war, sondern weil etwas
in ihr war, das sie mehr zu einem Gast als zu einem Gastgeber
machte.

»Man schießt sich wegen der Hausherrin, nicht wegen des Ga-
stes. Ich zweifle nicht, daß ich in den greisenhaften Memoiren
meiner jungen Freunde an erster Stelle stehen werde. In den
wirklich männlichen – komme ich überhaupt nicht vor.«[134]

In einem anderen Brief, geschrieben am 21. Juni, wich Marina
einer genauen Analyse von Pasternaks neuem Poem »Leutnant
Schmidt« aus, während er Schwierigkeiten hatte, zu ihrem
»Rattenfänger« Zugang zu finden. Sie hatte viele literarische
Probleme. Mirski bekam Schwierigkeiten mit den Emigranten-
Kritikern, weil er die Gedichte Zwetajewas und Pasternaks ver-
teidigte. Viele von ihnen reagierten ausgesprochen feindselig,
und eine der bösartigsten war Sinaida Hippius. Zwischen den

beiden Frauen gab es eine gewisse Rivalität, wenngleich die Hippius zu hochmütig war, um sich auf einen Vergleich einzulassen. 1926, zum Beispiel, schrieb sie einen Brief in ihrer Eigenschaft als Mitherausgeberin einer literarischen Zeitschrift: »Wie die Herausgeber zu den Gedichten der Zwetajewa stehen, ist gewiß eine Sache ihres Geschmacks, doch sie zusammen mit den meinen auf derselben Seite zu sehen, zeugt unzweifelhaft von schlechtem Geschmack. Meinen Sie nicht auch?«

Pasternaks Bewunderung Marinas hielt unvermindert an, ja sie vergrößerte sich noch durch die Rechtschaffenheit, mit der sie sich weigerte, sein Poem »Leutnant Schmidt« zu loben. In einem Brief an Maxim Gorki versuchte er 1927, dessen einflußreiche Unterstützung für das »ungeheure Talent von Marina Zwetajewa und ihr unglückliches, unerträglich schwieriges Schicksal« zu gewinnen, und er bot an, alles zu tun, was ihr zu einer Rückkehr in die Sowjetunion verhelfen könne. Gorkis Weigerung zu helfen, führte zu einem wütenden Zwist zwischen den beiden Schriftstellern, obgleich Gorkis Absichten alles andere als schändlich waren. Er und seine Frau hatten Marina und ihre Schwester als Kinder gekannt, und Gorki stand mit Anastassja noch immer auf freundschaftlichem Fuß. Verglichen mit Pasternak, war Gorki jedoch von Marinas Werk weniger beeindruckt und hatte eine erheblich klarere Vorstellung von den Gefahren, die sie erwarteten, wenn sie zurückkehrte.

In ihrem Brief an Pasternak erwähnte Marina einen Umstand, der sie weit mehr schmerzte als die Eifersucht der Emigranten-Kritiker. Wladimir Majakowski war ein Dichter, dem Marina immer uneingeschränkte Bewunderung gezollt hatte, eine Bewunderung, die ihre Unpopularität in Emigrantenkreisen, in denen kein Sowjetpoet akzeptabel war, natürlich vergrößerte. Deshalb war sie besonders schmerzlich berührt, als sie in einem Artikel Majakowskis als Rat an die sowjetischen Buchhändler lesen mußte:

»Der Buchhändler muß dem Käufer stärker zusetzen. Da kommt so eine Komsomolzin mit der beinahe festen Absicht, beispielsweise ein Buch von der Zwetajewa zu kaufen. Dieser Komsomolzin müßte der Buchhändler dann sagen, indem er den Staub von einem alten Buchumschlag pustet: ›Genossin, wenn Sie sich für Zigeunerstimmung interessieren, dann bin ich so frei, Ihnen Sselwinskij zum empfehlen. Das gleiche Thema, aber wie bearbeitet! Ein Mann! ... Versuchen Sie doch mal dieses Buch hier von ...‹«[135]

Zwar war Marina verletzt, doch sie hegte keinen Groll und änderte ihre kritische Meinung über Majakowskis Rang nicht. Er war ein glänzender Dichter, wenn sie ihn auch nicht mehr idealisierte.

Marina hat einmal erklärt, sie sei nur zwei Männern begegnet, die sich in ihrer dichterischen Kraft ebenbürtig seien: Rilke und Pasternak; obwohl sie mit Rilke ausschließlich in brieflichem Kontakt stand. In ihrer Kindheit war sie einmal Rilkes Freundin in einem Märchenschloß begegnet, doch die Begegnung mit Rilke selbst war ein imaginäres Treffen, das sie in ihrem Essay »Dein Tod« beschreibt, und ihre Korrespondenz begann erst sechs Monate vor Rilkes Tod. Ihre Gefühle waren aufrichtig, und sie wurden erwidert. Der erste Kontakt zwischen den beiden Dichtern kam 1925 durch Pasternak zustande. Rilke hatte seinem alten Freund Leonid Pasternak geschrieben und einen Brief für seinen Sohn beigelegt; er hatte bereits einige Gedichte Marinas gelesen, und kam Pasternaks Bitte nach, ihr ebenfalls zu schreiben. Am 9. Juni 1926 sandte Rilke ihr eine lange herrliche Elegie, die er ihr widmete und in der es heißt:

Wellen, Marina, wir Meer! Tiefen, Marina, wir Himmel.
Erde, Marina, wir Erde, wir tausendmal Frühling, wie
                                                    Lerchen,
die ein ausbrechendes Licht in die Unsichtbarkeit wirft.
Wir beginnens als Jubel, schon übertrifft es uns völlig;
plötzlich, unser Gewicht dreht zur Klage abwärts den Sang.
Aber auch so: Klage? Wäre sie nicht: jüngerer Jubel nach
                                                    unten.
Auch die unteren Götter wollen gelobt sein, Marina.
So unschuldig sind Götter, sie warten auf Lob wie die
                                                    Schüler.[136]

In ihrer Antwort betonte Marina, ihre Inbrunst sei »ein Kuß
ohne Lippen«, und er sei für sie die »verkörperte Poesie«. Ein
paar Wochen später sandte er ihr ein Exemplar von *Vergers*, einem Band mit Gedichten in französischer Sprache, mit folgen-
der Widmung:

Marina: voici galets et coquillages ramassés récemment à la
française plage de mon étrange Cœur... (J'asmerai que tu con-
naisses toutes les étendues de son divers paysage depuis sa côte
bleue jusqu'à ses plaines russes.)[137]

Von all jenen, zu denen Marina eine intensive Beziehung brief-
licher Art hatte, war es Rilke, der ihre geistige Überzeugung am
eindeutigsten bestätigte, nach der Dichtung Unsterblichkeit
versprach: Nicht in dem banalen Sinne, daß man die Bewunderung der Nachwelt errang, sondern durch die heilige Kraft der
Schöpfung selbst, und gemeinsam hatten sie eine religiöse Ehr-
furcht vor dem wunderbaren Reichtum der Welt. Doch selbst
ihm fehle in gewisser Weise etwas, wie sie an Pasternak schrieb.
Es mangele ihm, wie sie meinte, an gewöhnlicher Menschlichkeit gegenüber seiner erwachsenen verheirateten Tochter aus
erster Ehe; er habe kein Interesse an seinen Enkelkindern; und

(unfairerweise) mißtraute sie sogar seinem Interesse an ihrer
Dichtung, als sie entdeckte, welche Schwierigkeiten er mit der
russischen Sprache hatte. Daß er früher imstande gewesen war,
Gontscharow ohne Wörterbuch zu lesen, machte es nur noch
schlimmer, wie sie Pasternak gegenüber äußerte:

»Darin habe ich eine Sekunde lang den Ausländer in ihm
gesehen, d. h. mich als Russin, ihn als Deutschen. Demüti-
gend. Es gibt eine Welt irgendwie schwerlastender Werte (und
erniedrigender, schwer in ihrer Niedrigkeit), von denen Rilke
in keiner Sprache, welcher auch immer, wissen sollte. Gontscharow (gegen dessen Alltäglichkeit im Sinn der russischen
Literatur irgendeines vierten Jahrhunderts ich nichts einzu-
wenden habe) verliert zuviel in Rilkes Mund. Man muß mit-
leidiger sein.«[138]

Drei Tage vorher (am 23. Mai 1926) hatte Marina beschlossen,
nicht mehr an Rilke zu schreiben. Es sei nicht nur zwecklos,
sondern verwirre sie so sehr, daß es sie beim Schreiben aus dem
Konzept bringe. Rilkes Kühle tat ihr weh, weil er ihre Briefe
nicht brauchte. Wie sie Pasternak gegenüber eingestand, war
ihr Stolz verletzt:

»Ich bin nicht weniger als er (künftig), doch ich bin jünger als
er. Um viele Leben jünger. Die Tiefe der Neigung ist das Maß
der Höhe. Er hat sich tief zu mir herabgeneigt – vielleicht tiefer
als ... (unwichtig!) –, was habe ich empfunden? *Seine Größe*.
Ich habe auch früher um sie gewußt, doch jetzt kenne ich sie im
Vergleich zu *mir*. Ich schrieb ihm: Ich werde mich nicht kleiner
machen, das macht Sie nicht größer (mich schmälert es nicht!),
das macht Sie nur *noch einsamer*, denn auf der Insel, *wo wir geboren sind, – sind alle wie wir* ...
 O Boris, Boris, lecke und heile meine Wunde. Sag mir –
warum. Beweise mir, daß alles so ist. Lecke die Wunde nicht –

brenn sie aus! ›Ich habe ein wenig Honig gekostet‹ – erinnerst
Du Dich? Honig!

Ich liebe Dich. Der Jahrmarkt, die Eselskarren, Rilke – alles,
alles geht zu Dir, in Deinen riesigen Strom (nicht Meer – das
will ich nicht!) Ich habe solche Sehnsucht nach Dir, als hätte ich
Dich erst gestern gesehen.«[138]

Marinas Abwendung von Rilke hing damit zusammen, daß sie
das schwierige, beinahe einsiedlerische Wesen des Dichters, an
den sie schrieb, falsch einschätzte. Durch ihre Erregung, ihm so
nahe zu sein, offenbarte sie ihm eine Leidenschaft, die ihm
nicht willkommen war, und überschritt in ihrem Brief vom 2.
August 1926 eine entscheidende Grenze:

»Rainer, ich will zu Dir... Sei mir nicht bös, *ich* bin's ja, ich will
mit Dir schlafen – einschlafen und schlafen... Einfach schlafen.
Und weiter nichts. Nein, noch: den Kopf in deine linke Schulter
eingegraben, den Arm um deine rechte – und weiter nichts.
Nein, noch: und bis in den tiefsten Schlaf wissen, daß Du's bist.
Und noch: wie Dein Herz klingt. Und – Herz küssen.«[139]

Selbst wenn er zu dieser Zeit nicht bereits an tödlicher Leukä-
mie gelitten hätte, wäre er durch diesen Ton in Furcht versetzt
worden, weil er nicht nur körperliche Nähe forderte, sondern
beängstigend besitzergreifend war. (Sie beanspruchte das
Recht, von Rilke als die einzige Dichterin angesehen zu werden,
die Rußland repräsentierte.) Obgleich er ihr ohne Vorwurf antwortete, spürte sie die Veränderung seiner Gefühle und schrieb
ihm sogar eine traurige Karte mit der Frage, ob er sie immer
noch liebe.

Rilke hatte nur noch sechs Monate zu leben, und als er starb,
überkam Marina ein leidenschaftlicher Schmerz. Später
schrieb sie ein großartiges Gedicht, »Neujahrsgrüße«, zu seinen Ehren. Am Neujahrstag 1927 schrieb sie an Pasternak:

»Boris, er starb am 30. Dezember, nicht am 31. Noch ein Lebensfehlschlag. Die letzte kleinliche Rache des Lebens – am Dichter. Boris, nie werden wir zu Rilke fahren. Jene Stadt gibt es nicht mehr.«[140]

Nach der Beschreibung eines Traums über einen Ozeandampfer, den sie dahingehend interpretierte, daß Pasternak sie bald besuchen werde, und der sie mit einem gewissen Heimweh an London erinnert hatte, kehrte sie wieder zu der Überlegung zurück, was ihr – im Vergleich zu Rilke – unmöglich sei:

»Siehst Du, Boris; zu dritt, im Leben, wäre nichts zustande gekommen. Ich kenne mich: ich hätte seine Hände küssen müssen und hätte sie nicht küssen können – nicht einmal in Deiner Gegenwart. Ich wäre zersprungen, auseinandergebrochen, hätte mich gekreuzigt, Boris, weil es trotz allem noch *diese* Welt gewesen wäre. Boris! Boris! wie ich *jene* Welt kenne! Aus Träumen, aus dem Hauch von Träumen, aus der Anhäufung, aus der Vordringlichkeit der Träume.

Wie ich *diese* Welt nicht kenne, wie ich sie nicht liebe, wie sie mich kränkt! Jene Welt, versteh es doch: Licht, Erleuchtung, Dinge *anders* beleuchtete, durch Dein Licht, durch meins.

In *jener* Welt – wenn erst diese Wendung stattgefunden haben wird, wird es auch Volk geben. Aber ich spreche jetzt nicht von Völkern.

– Von ihm. Sein letztes Buch schrieb er französisch, ›Vergers‹. Er war der Sprache seiner Geburt müde geworden.

Er war es müde, alles zu können, er wollte Schüler sein und griff nach der für Dichter undankbarsten aller Sprachen – der französischen (›poésie‹) – er bewältigte auch sie, noch einmal bewältigte er eine Sprache, wurde plötzlich müde. Es ging nicht um das Deutsche, es ging um das Menschliche. Der Drang zum Französischen erwies sich als Engelsbegierde, jenseitig. Mit dem Buch ›Vergers‹ sprach er sich in Engelssprache aus.

Siehst Du, er ist Engel, ich spüre ihn unverbrüchlich an meiner *rechten* Schulter (nicht meine Seite).«[141]

Ihr Brief schloß mit einer flehentlichen Bitte an den engelhaften Rilke, sie oft in ihren Träumen zu besuchen.

Dies ist ein Gradmesser für die Trübsal, die jetzt ihr alltägliches Leben erfüllte. Serjoscha arbeitete noch immer zeitweilig an seiner literarischen Zeitschrift, doch den größten Teil seiner Energie widmete er der Eurasischen Bewegung. Marina hielt deren Ideale für durchaus wertvoll, doch sie sah, daß Serjoscha erschöpft war und seine Gesundheit sich wieder verschlechterte. (Es ist gut möglich, daß er neuerdings an Erschöpfungszuständen litt, weil er im Zuge seiner Behandlung jeden Tag arsenhaltige Medikamente einnahm.) Außerdem waren die finanziellen Verhältnisse der Familie außerordentlich angespannt, trotz des Geldes, das Marina von Salomea Halpern und anderen bekam. Sie schreibt: »Kohle, Gas, Strom, der Milchmann, der Bäcker verschlingen unser Geld. Viele Monate haben wir nur Pferdefleisch gegessen, und davon nur die billigsten Stücke... Alles, was nur drei Francs fünfzig kostet – das heißt, Herz, Leber und natürlich die Nieren – das Fleisch für sieben, acht Francs können wir uns nicht leisten.«

Marina versuchte die Tatsache, daß die Familie Pferdefleisch aß, vor Serjoscha zu verbergen, doch als er es schließlich merkte, gefiel ihm zu ihrer Überraschung die Vorstellung, Pferdeherzen zu essen, weil er darin eine Verbindung zu Dschingis Khan und dem eurasischen Erbe sah.

Hätte Marina die 1000 Francs, mit der Salomea Halpern und andere sie monatlich unterstützen, für sich allein gehabt, wären diese Entbehrungen nicht nötig gewesen. Aber sie hatte zwei Kinder zu versorgen und mußte darüber hinaus Geld für Serjoschas Ausbildung als Kameramann aufbringen, obgleich, wie sich erwies, daß einzige Geld, das er je beim Film verdiente, aus einer Tätigkeit als Komparse herrührte.

Im Sommer 1927 kam Marinas Schwester Anastassja, die sich bei Gorki in Sorrent aufgehalten hatte, zu einem Besuch nach Paris. Beide hatten sich verändert, obgleich Marina noch immer so schlank war, daß sie ihrer Schwester wie ein römischer Jüngling vorkam, und der vor allem die Schatten unter Marinas hellen grünen Augen auffielen. Auch ihre Art, sich zu kleiden, hatte sich natürlich geändert. Anstelle des farbigen Kaftans aus Koktebel trug sie jetzt eine graue Hausfrauenschürze und hatte häkeln gelernt – nicht nur Kopftücher, sondern sogar große Decken. Anastassja fand, daß Alja mit ihren großen Augen immer mehr ihrem Vater ähnelte. Dagegen sah der zweijährige Mur weder Vater noch Mutter ähnlich. Er war sehr groß für sein Alter – einen »kleinen Riesen« nannte ihn Marina – und man mußte ihm Kleider kaufen, die für einen Sechsjährigen bestimmt waren. Anastassja bemerkte sofort, daß Marina ihren Sohn inniger liebte als ihre Tochter.

Obgleich sie es sich kaum leisten konnte, hatte Marina, um die Ankunft ihrer Schwester zu feiern, ein großes Stück Kalbfleisch gekauft und es zu Ehren Anastassjas gebraten. Unglücklicherweise war diese inzwischen Vegetarierin geworden, und so konnten die Efrons, wenn sie sich auch selbst an dieser seltenen Mahlzeit labten, sie nicht mit ihrem Gast teilen.

Am folgenden Tag gingen die beiden Schwestern nach Versailles. Anastassja bemerkte überrascht, daß ihre Schwester sich noch immer vor dem Verkehr fürchtete. Zuerst herrschte zwischen den beiden eine natürliche Befangenheit, und erst in Versailles, als sie in der kleinen friedlichen Stadt umherspazierten, entspannten sie sich allmählich und fingen an, von ihrem Leben zu erzählen. Am Abend lag Marina auf dem Sofa, das ihr als Bett diente, rauchte pausenlos und plauderte so aufgeräumt wie in den alten Zeiten. Sie las ihrer Schwester ein kürzlich be-

endetes Gedicht vor und beschrieb ihr, was sie damit auszudrücken versuchen wollte: Es sollte den märchenhaften Schwe-
bezustand wiedergeben, den sie fühlte, wenn sie vor dem
Schlafengehen zuviel schwarzen Kaffee getrunken hatte, ein
Zustand, bei dem sie das Gefühl hatte, jeden Moment davon-
fliegen zu können. Aber als Marina erzählte, wie ihre Tage von
Gängen zum Markt und dem Heimschleppen der Einkäufe auf-
gezehrt wurden, sah Assja deutlich, daß sie ihre alltäglichen
Sorgen nicht mehr mit heiterer Gelassenheit bewältigen
konnte. Im Chaos der Wohnung in in der Boris-und-Gleb-
Straße hatte sie kraftvoller gewirkt als jetzt in diesen neuen
kleinen Räumen in einer fremden Stadt. Es ist möglich, daß
das, was Anastassja für Erschöpfung hielt, die ersten Anzeichen
einer Krankheit waren.

Anastassja ihrerseits erzählte von ihrer Freundschaft mit
Gorki, und Marina war so dankbar, davon zu hören, daß sie ihm
schreiben und danken wollte. Da sie ihre Schwester nicht ver-
letzen wollte, übertrieb Anastassja die Wärme, mit der Gorki
Marinas Werke betrachtete.

Nur ein paar Tage nach dieser Unterhaltung erkrankten Alja
und Mur an Scharlach. Anastassja verschob ihre Rückkehr nach
Sorrent – auch deshalb, weil sie Gorki nicht der Gefahr einer In-
fektion aussetzen wollte, denn seine Tochter war 1906 an Scharlach gestorben. Es war ein glücklicher Entschluß. Bald hatte
Marina Hilfe bitter nötig. Während die beiden Schwestern die
kranken Kinder betreuten, kamen sie einander näher; als die
Kinder schliefen, bekannte Marina offen, sie habe inzwischen
das Gefühl, ihr eigenes Leben werde durch Serjoschas Fanatis-
mus für die Eurasische Bewegung unterdrückt. Sie wollte
nichts anderes als Ruhe, um schreiben zu können. Tagsüber
hatte sie kaum Gelegenheit dazu, und abends war es nicht anders, weil ihre Kraft verbraucht war. Sie gab freimütig zu, daß
sie Alja eine Erziehung vorenthielt, da sie ohne ihre Hilfe nicht
zurechtkommen konnte. Obwohl Serjoscha eine kleine Be-

schäftigung in einem Verlag gefunden hatte, wurde die Familie hauptsächlich von Marina ernährt. Und Mur brauchte Fürsorge. Marina glaubte, daß ihre Stimmung sich bessern und sie sogar glücklich sein würde mit Leuten zu sprechen, wenn sie nur eine Arbeit vollenden könne.

Anastassja deutete an, ihre Schwester werde vielleicht in Rußland mehr Frieden finden, aber Marina war zu ausgelaugt, um den Gedanken ernsthaft in Erwägung zu ziehen. Sie könne sich vorstellen, allein auf die Osterinseln oder an einen anderen entrückten, ursprünglichen, unberührten Ort zu ziehen, doch wenn sie auch Heimweh nach den birkenbestandenen Hügeln von Tarussa habe, so seien es doch nur *Orte*, nach denen sie sich sehne. Anastassja erinnert sich, daß Marina fragte:

»Liebst du immer noch *Leute*? Ich habe es vor langer Zeit aufgegeben, etwas zu lieben – bis auf Tiere und Bäume… Alja ist in einem schwierigen Alter. Sie ist sehr talentiert, sehr intelligent. Aber völlig anders als ich. Mur – er ist *wirklich* mein Sohn! Er ist wundervoll.«[142]

In den Augen Anastassjas indessen war ihr junger Neffe weitaus weniger ungewöhnlich als Alja. Sie erinnerte sich gut, wie Alja, als sie in Murs Alter gewesen war, mit einer frühreifen Intelligenz geglänzt hatte. Mur war weder frühreif noch gesprächig, und es war schwer zu verstehen, warum sich Marina so ungestüm in ihm wiedererkannte.

Mur begann allmählich, sich zu erholen, während Aljas Zustand sich kaum besserte. Dann, als die Familie endlich zum normalen Leben zurückzukehren schien, erkrankte Marina selbst an Scharlach. Für eine fünfunddreißigjährige Frau war das eine ernste Sache. Marina hatte hohes Fieber, und ein paar Tage lang war überhaupt nicht sicher, ob sie überleben würde, und sie litt wahnsinnige Schmerzen. Ohne Anastassjas Hilfe wären diese Wochen wohl kaum durchzustehen gewesen, denn es war kein Geld da, um eine Pflegerin zu engagieren. Serjoscha (der trotz seiner körperlichen Gebrechlichkeit gegen die Krankheit immun war) konnte die einzige Arbeit, die er gefunden hatte, nicht aufgeben, und obwohl Alja wieder auf den Beinen war, brauchte Mur weiterhin Pflege.

Als sich Marina nach und nach soweit erholte, daß sie das Bett verlassen konnte, war Alja noch immer bleich, und sogar Mur war abgemagert. Es war nun an der Zeit, sich auf Anastassjas Abreise vorzubereiten. Sie bat die Familie noch einmal, nach Rußland zurückzukehren. Marinas Antwort bestand darin, daß sie ihr, kurz bevor der Zug abfuhr, Orangen schenkte, was unglaublichen Luxus bedeutete. Anastassjas letzte Erinnerung an Serjoscha war sein schmales Gesicht mit riesigen freundlichen Augen und ein gelüfteter Hut.

9
»Niemand braucht mich hier«
1927 - 1934

Marina Zwetajewa
1925

Obgleich sie jetzt Mitte Dreißig war, hätte man Marina für dreiundzwanzig halten können. Sie hatte nie so ausgesehen, wie es ihrem wirklichen Alter entsprach: als Kind hatte sie viel älter gewirkt, als sie war, nun sah sie jünger aus. Auch ihre Kleider, die ihr meistens geschenkt worden waren, paßten besser zu einer jüngeren Frau. Ihre Krankheit hatte sie seelisch geschwächt. Sie erinnerte sich zwar an ihre Fieberphantasien, doch sie wußte nicht mehr, daß auch Alja schwerkrank gewesen war. Sie erinnerte sich lediglich an Aljas Halsentzündung, während ihre eigene Krankheit, bei der sie wegen der Schmerzen in den Gliedern nicht hatte schlafen können, als die schwerste Krankheit ihres Lebens in ihrem Gedächtnis blieb. Sie ging geschwächt und kahlköpfig daraus hervor, und nur ein hellblaues Kinderkäppchen bedeckte ihren Kopf, der auf Anweisung des Arztes hatte kahlgeschoren werden müssen.

Möglicherweise glaubte sie, dem Gefängnis der Vorstadtarmut entfliehen zu können, als sie ihre Pläne, nach Prag zurückzukehren, erneut vorantrieb. Ihr Widerwillen gegen Paris wurde immer heftiger. Sie sehnte sich nach Prag, der Stadt, von der sie sich nie wirklich losgerissen hatte. Im Dezember 1927 schrieb sie an Anna Tesková:

»Bald ist Weihnachten. Ich bin, um die Wahrheit zu sagen, so abgehetzt vom Leben, daß ich nichts fühle. Bei mir ist im Laufe der Jahre (1917 - 1927) nicht der Verstand, sondern die Seele abgestumpft. Erstaunliche Beobachtung: gerade Gefühle brauchen Zeit, nicht Gedanken ... Ein einfaches Beispiel: wenn ich 1 1/2 Kilo kleiner Fische im Mehl wälze, kann ich denken, fühlen nicht: der Geruch stört! ... der *Fisch* stört – jeder einzelne und alle 1 1/2 Kilo zusammen.«[143]

Marina arbeitete weiter an den Fahnen ihres Gedichtbuches
Nach Rußland, das, wenngleich ihr bis dahin bestes Buch, nie
soviel Anerkennung wie ihr früheres Werk finden sollte. Und,
abgesehen von ihrer geschwächten Gesundheit und den üblichen finanziellen Nöten, beunruhigten sie neue Ängste. In der
Emigrantenpresse hatten Kritiker der Eurasischen Bewegung
zu verkünden begonnen, daß deren Mitglieder von den Bolschewiken riesige Geldsummen erhielten. Wie distanziert Marina dieser Bewegung selber auch gegenüberstand, erschütterte
sie diese Anschuldigung derart, als werfe man ihr vor, Geld von
den Bolschewiken angenommen zu haben. Sie war um so verär-
gerter, als sie nicht begriff, wie jemand, der solche Summen
empfing, noch darauf angewiesen sein sollte, billige Arbeit anzunehmen, so wie Serjoscha – der, zum Beispiel, für fünfzig
Francs am Tag in kleinen Nebenrollen beim Film agierte, wovon
fünf Francs für Fahrgeld in Paris und sieben für Mahlzeiten
draufgingen.

Es gab einen anderen Schmerz. Ihr früherer Liebhaber Rodzewitsch und seine Gattin hatten sich in Paris niedergelassen und
verkehrten in den gleichen Kreisen wie Serjoscha und Marina,
ja, sie waren sogar Nachbarn. Marina schrieb an Anna Tesková
über die unwillkommene, unbeschwerte Freundschaft, die sie
mit Madame Rodzewitsch angeknüpft hatte: »Wir gehen ins
Kino. Wir kaufen zusammen Geschenke. Ich für meine Familie,
sie für ihn.« Am Neujahrstag 1928 fand in Marinas Wohnung
eine Gesellschaft statt, bei der Geschenke ausgetauscht wurden.
Unter den Gästen waren Konstantin und Mussa Rodzewitsch,
die meisten anderen waren Mitglieder der Eurasischen Bewegung. Marina spürte, daß sie mit den Leuten, die die Ideale der
Bewegung teilten, nichts gemeinsam hatte, und das Exil erschien ihr mehr und mehr ohne Ende zu sein. Sogar in ihrem
Heim fühlte sie sich wie im Exil. In dem Brief an Anna Tesková
über dieses traurige Neujahr schrieb sie: »In jeder Gruppe bin
ich eine Fremde, und das bin ich mein Leben lang gewesen.«[144]

1924 hatte sie in einem ihrer schönsten Gedichte, »Versuch einer Eifersucht«, mit einem unmerklichen Hauch von Stolz, Eifersucht und Gekränktheit über Rodzewitsch's Heirat geschrieben:

Und wie lebt sichs mit der andern –
Leichter doch? Ein Ruderschlag –
Und als Uferlinie schwand
Eilig die Erinnerung an

Mich, die fern schwimmende Insel
(Über den Himmel – nicht auf dem Fluß!)
Seelen, Seelen! – Nicht Geliebte.
Schwestern werden sollt ihr nun!

Und wie lebt es sich bei einer
Einfachen? Der Götter los?
Da vom Thron die Herrscherin
Ist gestürzt (sie ließ den Thron) –

Wie lebt es sich – und läuft im Haushalt –
Fröstelt sichs? Wie steht sichs auf?
Mit dem Zoll unsterblicher Plattheit –
Wie, Ärmster, kommen Sie so aus?

Stockungen, das Herz, und Krämpfe –
Schluß! Ich miete mir ein Haus.
Wie lebt sichs meinem Auserwählten
Jetzt mit einer Dutzendbraut?

Eßbarer und mehr bekömmlich
Ist die Kost? Beschwer dich nicht . . .
Wie lebt sichs mit einem Abbild
Für Sie, der Sinai verriet?

Wie lebt sichs mit einer Fremden
Hiesigen? Schmeckt ihre Rippe?
Peitscht die Scham als Götterzügel
Nicht mit Feuer Ihre Stirn?

Kurz, wie lebt sichs – und wie ist es –
Wie gehts wie stehts? Wie singt sichs? Schlecht?
Mit der Schwäre des Gewissens –
Wie, Ärmster, kommen Sie zurecht?

Und wie lebt sichs mit der Ware,
Die vom Markt kommt? Drückt der Zins?
Nach dem Marmor von Carrara –
Wie lebt sichs mit dem Mulm aus Gips

(Ganz aus einem Fels gehauen
Ist ein Gott – und glatt zerschlagen!)
Wie gehts mit einer wie hunderttausend
Für Sie, die Sie bei Lilith lagen?

Von der Marktneuheit nun, sind Sie
Satt? Für Zaubereien blind –
Lebt es sich mit einem irdischen
Weibchen *ohne* sechsten Sinn?

Auf den Kopf jetzt: sind Sie glücklich?
Nicht? In ihrer glatten Spalte –
Lebt sichs Lieber? Schwerer, wie?
Wie für mich mit einem anderen?[145]

Das Selbstbewußtsein dieses Gedichtes entsprang der Überzeugung, daß sie Rodzewitsch ebensoviel bedeutet hatte wie er ihr. Vera Suwtschinski, die seit ihrer Freundschaft mit Rodzewitsch in den 20er Jahren mit ihm in Verbindung geblieben war, hat das stark bezweifelt, als ich sie 1975 danach fragte; doch ihre Einstellung zu Marina als Frau ist bereits behandelt worden. Die allgemeine Meinung derer, die Marina und Rodzewitsch zu jener Zeit kannten, war, daß er sehr gut ohne sie auszukommen schien. Das glaubte auch Marina, und es kränkte sie.

Als ich jedoch 1975 Rodzewitsch in Paris besuchte, unterstützte er überraschenderweise Marinas Glauben an die Fortdauer seiner Liebe. Fünfzig Jahre später (Jahre, in denen er mit seinen Habseligkeiten mehrere Male umgezogen war, um in Spanien und in den Reihen der Resistance zu kämpfen) verfügte er immer noch über eine Sammlung von Erinnerungsstücken, die er wie einen Schatz hütete. Es gab Photos von Marina aus den 20er Jahren, das Gemälde auf Holz, das er selbst gemalt hatte, und den Abzug einer Photographie, den er koloriert hatte, wodurch ihre wunderschönen grünen Augen in lebendigem Glanz strahlen. Am überzeugendsten war vielleicht sein Bekenntnis, seine jetzige Frau sei noch immer eifersüchtig auf die Heftigkeit seiner Gefühle für Marina – in einem Maße, daß er über die Affäre nur sprechen mochte, wenn sie nicht zu Hause war, wie am Nachmittag unseres Treffens. Für Marina war es jedoch, fünf Jahre nach dem Ende ihrer Beziehung mit Rodzewitsch, schwer zu ertragen, wenn sie täglich mitansehen mußte, wie sehr Rodzewitsch die Freuden einer Häuslichkeit genoß, die sie ihm, ungeachtet aller Anstrengungen, niemals bieten konnte.

Unter den Freunden auf der Neujahrsgesellschaft war Vera Suwtschinski, die weiterhin große Bewunderung für Marinas Dichtung und wenig für die Person, die sie schrieb, aufbrachte. Vera war über die Lebensbedingungen der Efrons schockiert. Sie konnte nicht begreifen, wie jemand sich selbst und seine Wohnung in solchem Maße vernachlässigen konnte, wie Marina es tat. Sie empfand den Gestank als ekelerregend, und erinnerte sich später mit aristokratischem Abscheu der Schmutzschichten in der Küche. Außerdem war sie davon überzeugt, daß Marinas Haltung gegenüber Alja vollkommen selbstsüchtig sei.

Um die Wahrheit zu sagen, war Vera Marinas hübschem, weichherzigen Gatten mehr zugetan. Sie war eine außergewöhnlich schöne Frau, der die Männer immer zu Füßen gelegen hatten, und sie besaß einen natürlichen Hochmut, den Marina nach besten Kräften parierte. So spielte sie ihr eine

Reihe von Streichen, die an das schelmische Verhalten erinnern, das sie in Prag Nina Berberova gegenüber an den Tag legte. Einmal, als Vera zum Essen kam, empfing Marina sie an der Tür mit einem halb abgezogenen Kaninchen, das sie lachend vor Veras Gesicht schwenkte.

Marinas damalige Depressionen waren zum Teil auf ihre weiterhin schlechte Gesundheit zurückzuführen. Obgleich ihr Haar nach ihrer Genesung vom Scharlach wieder gewachsen war, hatte sie unter einer Reihe von Abszessen zu leiden gehabt, die mit heißen Kompressen behandelt und geöffnet werden mußten. Auch ihre finanziellen Schwierigkeiten verschlechterten sich im Januar 1928, als es so aussah, als würden die Zahlungen aus der Tschechoslowakei aufhören. Die einzige Hoffnung schien ihr darin zu liegen, Subskribenten für ihr neues Buch *Nach Rußland* zu finden. Der Plan schlug fehl. Der Mann, auf dessen Hilfe sie gebaut und der ihr Buch in einem Verlag hatte herausbringen wollen, war eines Tages verschwunden. Es stellte sich heraus, daß er das Buch ohne Wissen und Zustimmung der Firma zur Publikation angenommen hatte. Und selbst als sie diese praktischen Probleme bewältigt hatte, mußte sie einsehen, daß die Begeisterung unter den Emigranten für ihr Buch gering war.

In ihren düsteren Momenten erwog sie die Rückkehr in die Sowjetunion, doch es geschah halb im Spaß, als sie an Anna Tesková schrieb, die Buchstaben »S.S.S.R.« enthielten kein Gefühl für das alte Rußland. Die Vorstellung, in ein Land *ohne Vokale* zu gehen, schrecke sie ab, denn es komme ihr vor wie ein Land ohne *Stimme*. Auf jeden Fall zweifelte sie daran, daß die sowjetischen Behörden ihr die Einreise gestatten würden. So kam sie zu der bitteren Einschätzung: »In Rußland bin ich ein Dichter ohne Bücher; hier ein Dichter ohne Leser.«

Obgleich im März 1928 ein paar alte Freunde (darunter Boris Pasternaks Vater Leonid) Subskriptionen gesammelt hatten, war *Nach Rußland* noch nicht ausgeliefert. Der Verlag hielt das

Buch immer noch zurück, und Marina kommentierte sarka-
stisch: »In Rußland haben wir in der Regel solche Kutscher: sie
schlafen, während das Pferd zieht. Aber manchmal schlafen sie
und das Pferd schläft ebenfalls.«[146]

Währenddessen hatte Marina eine weitere Konfrontation
mit dem Tod. Der Sohn einer Freundin war kurz zuvor an Tuberkulose gestorben. Er war erst achtundzwanzig Jahre alt gewesen und hatte nicht gewußt, daß er in Lebensgefahr war.
Nicht nur seine Jugend ging ihr besonders nahe, sondern auch
der betrügerische heitere Traum, den er in der Nacht vor seinem Tod gehabt hatte. Das Begräbnis schockierte sie, denn nach
französischem Brauch ist es den Totengräbern erst gestattet,
den Sarg mit Erde zu bedecken, wenn die Angehörigen sich entfernt haben. Trotzdem harrte sie eigensinnig neben dem Grab
aus, und es bereitete ihr und der Mutter des Toten einige
Schwierigkeiten, die Totengräber dazu zu überreden, das Grab
in ihrer Gegenwart zuzuschaufeln. Es war eine lange, traurige
Zeremonie – die Schaufeln waren klein – doch sie stand dort
eine Stunde und zwanzig Minuten lang im Schnee, damit die
Mutter der Beerdigung ihres Sohnes nicht ohne eine Freundin
an ihrer Seite beiwohnen mußte.

In ihrem Schmerz muß Marina auch ihre eigene Isolation bewußt geworden sein. Einmal, in einem Augenblick völliger Of-
fenheit, erzählte sie Mark Slonim von ihrer totalen Einsamkeit
als Frau. Sie beklagte das Fehlen einer großen Liebe: »Ich habe
vierzig Jahre gelebt und nie hat ein Mann mich mehr als alles
andere auf der Welt geliebt.«[147]

Als es 1928 in Paris Frühling wurde, begann Marina das alte
Verlangen zu spüren, dem täglichen Trott, der Sorge um die Familie zu entfliehen. In Meudon wurden die Roßkastanien grün,
und während Marina die Blätter wehmütig betrachtete, ge-
mahnte sie der Kontrast zwischen dem allmählichen Einsetzen
des Frühlings in Paris und der überschäumenden Freude, mit
der er in Rußland begrüßt wurde, an ihre verlorene Jugend und

an ihr Heimweh. Nichtsdestotrotz wurde ihr in dieser Zeit ein
unerwartetes Glück zuteil. Aus Rußland kam eine entfernte
Verwandte zu Besuch und bot an, als Entgeld für ihre Unter-
bringung im Haushalt zu helfen. Zum ersten Mal seit zehn Jahren hatte Marina freie Zeit.

Dieser Freiraum gab Marina die Möglichkeit, Freundschaft
mit einem achtzehnjährigen Jungen zu schließen: Nikolai
Gronski. Seine Mutter war Bildhauerin, sein Vater Mitherausgeber der Emigrantenzeitschrift *Letzte Nachrichten*. Der junge
Mann hatte selber ein kleines dichterisches Talent und war ver-
sessen darauf, mit Marina lange Spaziergänge in den Wäldern
und Hügeln nahe Meudon zu machen. Da er die Berge der Mee-
resküste vorzog, war er ihr seelisch um so verwandter, und gewiß waren sie und ihr junger Wandergefährte bald mehr als
Freunde. Eine der Passagen in Marinas Briefen an Jurij Ivask
(dem estländischen Kritiker, mit dem sie 1933 einen Briefwechsel begann), die sich auf ihre Freundschft mit Gronski bezieht,
räumt ein:

»Sie haben recht. Er war von meiner Art. Woher wissen Sie von
unsrer Freundschaft und ihrem Schlachtfeld (denn die Freundschaft war eine Schlacht) in den königlichen Wäldern von Meudon ...? Er war auch *körperlich* mein Gefährte – ein Geschöpf
des Berges, nicht ein Geschöpf des Meeres.«[148]

Ob die beiden sich körperlich geliebt haben, ist unwichtig; wie
weit Marina sich emotional einließ, war vom sexuellen Kontakt
nicht abhängig. Doch wie tief ihre Bindung an Gronski war,
läßt sich aus der Heftigkeit schließen, mit der sie ihn in jenem
Sommer an der Antlantikküste erwartete. Anfang August war
sie mit ihrer Familie in die Villa Jacqueline in Pontaillac (nahe
Rohan) gefahren, wo es eine ganze Gemeinde von Russen gab,
die dort Ferien machten, darunter Peter und Vera Suwtschinski.
Die Efrons hatten ihren russischen Hausgast, der die Hausar-

beit machte und sich um Mur kümmerte, und zum ersten Mal hatte Marina das Gefühl, richtig Ferien zu haben. Sie blieb bis Ende September dort, obwohl Serjoscha sehr viel früher wegen »eurasischer Angelegenheiten« nach Paris zurückkehren mußte. Dies war auch eine Zeit vorübergehender finanzieller Erholung, zum Teil durch die Einkünfte aus einer Lesung im Juni, doch hauptsächlich durch großzügige Geschenke von Salomea Halpern und Mirski.

Marina genoß den Sonnenschein, doch der wirkliche Grund für ihr Bleiben war ihre Vernarrtheit in den jungen Gronski, der versprochen hatte, zu kommen. Es war ihr Wunsch, ein neues »wir« zu schaffen, wie sie es nannte, und sie brauchte Zeit, um diese Beziehung zu entwickeln. In Meudon waren sie oft allein gewesen, doch es hatte keine Gelegenheit gegeben, eine Bindung von jener Stärke zu entwickeln, die sie in Paris brauchte.

Gronski hatte zugesagt, am 1. September zu ihr zu kommen, doch als Marina an jenem Tag freudig zum Bahnhof ging, erschien er nicht. Tief enttäuscht kehrte sie nach Hause zurück, wo sie einen Brief von ihm vorfand, in dem er sich für seinen Wortbruch entschuldigte und erklärte, daß er um seiner Familie willen habe zu Hause bleiben müssen.

Das war keine lahme Entschuldigung. Gronski war das einzige Kind zweier Menschen, die schwer unter dem Exil litten, und er war das wichtigste Bindeglied, das ihre Leben zusammenhielt. Im Grunde hatte er das immer gewußt, doch es wurde ihm eindeutig klar, als er nach Hause fuhr, um sich vor der Abreise nach Pontaillac zu verabschieden. Bei seiner Ankunft war seine Mutter gerade im Begriff, seinen Vater zu verlassen; also stellte er seinen Koffer vor der Tür ab und versuchte, seiner Mutter ihren Entschluß auszureden. Sechs Stunden später konnte er in dem Bewußtsein in seine Mansarde zurückkehren, daß seine Mutter bleiben würde, doch er würde Marina nicht am Meer besuchen können; und sie wußte instinktiv, daß diese Gelegenheit sich nicht noch einmal ergeben würde. Daß er in diesem Sommer nicht kam, setzte der Entwicklung ihrer Beziehung ein unwiderrufliches Ende, aber Marina war seelisch viel zu großzügig, um ihn zu drängen, seine Meinung zu ändern. Sie wollte nicht »an der Seele eines achtzehnjährigen Jungen zerren«, und obwohl ihre Freundschaft sich noch über den Sommer hinweg fortsetzte, entfernte sich Gronski allmählich von ihr, was, wie sie wußte, unvermeidlich war. Was seine jugendliche Zuneigung ihr im Sommer 1928 bedeutet hat, kommt am stärksten in einem Gedicht zum Ausdruck das sie viele Jahre später schrieb:

> WEIL DU MICH EINST, JUNG UND KÜHN
> Nicht strecktest zwischen Tumbe hin
> Auf daß in Mauern ich verderbe
> Laß ich dich nicht – endgültig sterben!
>
> Weil du, an deiner reinen Hand
> Hinaus mich führtest, über Land
> Und Sträuße mir ins Zimmer brachtest
> Laß ich dich nicht – von Gras bewachsen!
>
> Weil du, als grauer ward mein Haar
> Nur stolz warst und von Würde sprachst
> Kindlich erhelltest meinen Schauder
> Laß ich dich nicht – in andern grauen![149]

Was immer Nikolais Eltern in bezug auf Marinas Freundschaft mit ihrem Sohn gefürchtet haben mögen, die *Letzten Nachrichten* bleiben eine der wenigen Zeitschriften, die daran interessiert waren, ihre Gedichte zu veröffentlichen, obgleich man redaktionell dazu neigte, ihr Frühwerk zu drucken.

Marina machte sich ironisch darüber lustig: »Was heißt hier *Letzte Nachrichten*? 1928 drucken sie Gedichte aus dem Jahr 1918!« Da man nur frühe Gedichte wollte, sah sie sich genötigt, an Anna Tesková zu schreiben, mit der Bitte, ihr das Manuskript ihrer frühen Gedichte zu schicken, das von Mark Slonim aufbewahrt wurde, der damals noch in Prag lebte. Sie zog es vor, statt an Slonim direkt an Anna Tesková zu schreiben, weil sie glaubte, er würde sich vielleicht mit dem Abschicken der Gedichte Zeit lassen (wenn er ihr auch sehr zugetan war). Dennoch sollte die Zeit, da sie mit Beiträgen bei den *Letzten Nachrichten* willkommen war, bald zu Ende sein.

1928 besuchte Majakowski Paris, und Marinas Bewunderung für seine Dichtung sollte sie jetzt mit ihren letzten Unterstützern unter den Emigranten in Konflikt bringen. Schon bevor sie vor zwei Jahren entdeckt hatte, daß er eine geringe Meinung von ihrem Werk hatte, war ihre persönliche Beziehung nie sehr eng gewesen. Doch sie erinnerte sich oft daran, wie sie ihn an einem der letzten Tage vor ihrer Abreise auf einer menschenleeren Moskauer Brücke getroffen hatte. Sie hatte ihn gefragt, was sie den Menschen im Ausland sagen solle, und er hatte geantwortet: »Daß die Wahrheit – hier ist.« Marina hatte oft an seine Worte und an seine verschwindende Gestalt gedacht. In späteren Jahren fragte sie sich sogar, was wohl geschehen wäre, wenn er gerufen hätte: »Hör auf damit, Zwetajewa! Laß die Finger davon! Geh nicht!« Wäre sie in Rußland geblieben? Es scheint unwahrscheinlich, daß flehentliches Bitten sie zu jener Zeit hätte dazu bewegen können, Serjoscha im Stich zu lassen. Doch die Erinnerung an seine Worte lebte mit nachteiligen Folgen in einer Äußerung wieder auf, die berühmt werden sollte.

Im November 1928 las Majakowski im Café Voltaire in Paris, und am Schluß wurde Marina gefragt: »Was können Sie nach Majakowskis Lesung über Rußland sagen?« Sie erinnerte sich an ihre früheren Begegnungen und erwiderte: »Die Kraft ist dort.« Ihre Worte und ihr Kontext wurden in *Eurasia* abgedruckt.

Die »Kraft«, auf die sie sich bezog, war die Kraft der Poesie, doch auch die Kraft des Geistes, die sie bei den Emigranten in ihrer Umgebung vermißte. Die Emigranten interpretierten ihre Bemerkung freilich politisch. Doch selbst wenn man den Gegensatz zwischen »Wahrheit« und »Kraft« berücksichtigt, kann man ihre Worte schwerlich als ein Lob des Sowjetregimes auslegen. Die *Letzten Nachrichten* (die für die Finanzen der Familie Efron inzwischen sehr wichtig geworden waren) weigerten sich, weiterhin etwas von ihr zu drucken. Ironischerweise waren die Gedichte, die als nächste zum Druck anstanden, Lobgesänge auf die Weiße Armee *(Lager der Schwäne)*, doch Marina wurde jetzt von allen Herausgebern als Bolschewikin angesehen.

Im Frühling 1929 traf Marina zum letzten Mal mit Majakowski zusammen. Er war von einer Gruppe Kommunisten aus einem Vorstadtviertel von Paris gebeten worden, vor französischen Arbeitern zu lesen. Einer der Organisatoren war ein Freund Serjoschas. Majakowski bat sie, seine Gedichte für ihn ins Französische zu übersetzen, weil sie sonst nur von wenigen Zuhörern hätten verstanden werden können. Marina war einverstanden, und Majakowski las seine Gedichte auf Russisch und erläuterte kurz ihren Inhalt. Dann hatte Marina die schwierige Aufgabe, sie spontan ins Französische zu übertragen. Sie fungierte auch als Dolmetscherin, übersetzte Fragen aus dem Publikum und Majakowskis Antworten. Die Zuhörer waren weniger an Gedichten interessiert als am Leben und an den Sorgen der Arbeiterklasse in Rußland, doch Marina war willens, sich ihrer Aufgabe ohne Ironie zu unterziehen, weil sie Majakowski als Dichter liebte und bewunderte.

Etwa um diese Zeit begann Marina mit der Arbeit an einem langen Aufsatz über die russische Künstlerin Natalja Gontscharowa, die in Paris lebte. Marina hielt Natalja für eine bemerkenswerte Person, wenn sie auch für ihre Malweise wenig Verständnis aufbrachte. Sie war fünfzehn Jahre älter als Marina, doch zwischen beiden gab es viele Ähnlichkeiten – zum

Beispiel Nataljas völlige Gleichgültigkeit gegenüber der öffentlichen Meinung und ihre Vorliebe für die Einsamkeit. Die Tatsache, daß sie die Urgroßnichte von Puschkins Frau war, deren
Schönheit zu dem tödlichen Duell geführt hatte, verlieh ihre
eine zusätzliche Faszination. Marina interessierte die Künstlerin als Person weitaus mehr als deren Werk. Sie machte sich in
Gegenwart der Künstlerin Notizen, während sie versuchte, zu
einem Verständnis des innersten Wesens dessen zu gelangen,
das sie an Natalja am meisten bewunderte: ihr »ungeheures
Ego«. Während sie an ihrem Aufsatz schrieb, arbeitete die
Künstlerin an den Illustrationen zu Marinas Gedicht *Der
Recke*.

Wie das bei vielen ihrer Freundschaften der Fall war, begann
Natalja sich jedoch von ihr zu entfernen, während Marina sich
immer mehr zu ihr hingezogen fühlte. Im April 1929, gerade
als Marina mit Bewunderung von Nataljas Kühle sprach, bemerkte sie die Anfänge eines vertrauten Unbehagens. Sie
schrieb an Anna Tesková: »Ich schäme mich immer, mehr zu
geben, als mein Gegenüber braucht (d. h. mehr als er verkraf-
ten kann!)«[150] Dieser Charakterzug, den Rodzewitsch gefürchtet und Mark Slonim ihre »einsame nackte Seele« genannt hat,
war der Grund, daß auch diese Freundin sich zurückzog.

Marina fragte sich, ob wohl eine ihrer Freundschaften von
Dauer sein würde. Sie spürte, daß sogar Mark Slonims Loyali-
tät begrenzt war. Als sie einmal als Gast einer literarischen Veranstaltung beiwohnte, sah sie ihn, eingerahmt von einer hübschen Blonden und einer Brünetten, von denen keine auch nur
einen Schimmer von Literatur hatte, und fühlte sich auf demü-
tigende Weise ignoriert. Slonim hingegen machte sich Sorgen
um Marina, weil er bemerkte, daß Serjoscha nicht nur ein kranker, sondern auch ein hoffnungslos schwacher Mann war, ein
geborener Verlierer. Daß Marina unverbrüchlich an ihrer Zuneigung zu ihrem Mann festhielt, erfüllte ihn mit respektvoller
Verwunderung, aber bald sollte sich Serjoschas fatale Mi-

schung aus Naivität und Idealismus als verheerend erweisen. Es
hatte schon lange Gerüchte gegeben, Serjoscha sei nicht nur ein
Kommunist, sondern auch ein Agent des NKWD. Als Marina davon hörte, weigerte sie sich einfach, daran zu glauben – selbst
dann noch, als Professor Nikolai Alexejew (einer der Begründer
der Eurasischen Bewegung) und zahlreiche andere Mitglieder
öffentlich verkündeten, Serjoscha sei ein Bolschewik. Ihre Reaktion war, daß sie Alexejew einen Schurken schalt, und ihr
Mitleid mit Serjoscha ließ sie in wütender Treue darauf beharren, daß er in der Eurasischen Bewegung die einzige moralische
Kraft sei.

Serjoscha hatte es indessen immer danach verlangt, einer Sache zu dienen, die größer war als er selbst, und so, wie er einst
durch Träume von Treue dazu verleitet worden war, sich der
Weißen Armee anzuschließen, hatte er nun nach einem glei-
chermaßen hochfliegenden Ideal Ausschau gehalten. Eine
Zeitlang schien er in der Eurasischen Bewegung genau dieses
gefunden zu haben, doch das reichte ihm auf die Dauer nicht
aus. Als er sich schließlich mit dem Kommunismus einließ, lieferte er sich ihm so bedingungslos und fanatisch aus wie früher
anderen Idealen. Daß er diesen Schritt jetzt getan haben sollte,
hielt Marina für gänzlich unglaubwürdig, was eigentlich nur
zeigt, wie sehr sie sich auseinandergelebt hatten. Ein paar
Jahre lang war es für Serjoscha nicht leicht gewesen, sich seine
Würde zu bewahren: Er wurde immer als »der Ehemann von
Marina Zwetajewa« angesehen, schlimmer noch, als ein finanziell von ihr abhängiger Ehemann. Sein früheres Interesse an
Literatur hatte nachgelassen; und es war Jahre her, daß er
selbst etwas geschrieben hatte. Slonim bemerkte dazu: »Ich
habe nie etwas von gemeinsamen Ansichten oder Zielen bemerkt. Jeder ging seinen eigenen Weg.«[151] Doch Marina spürte
ganz genau, in welcher Not er sich befand. Als die Zeitschrift
Eurasia zeitweilig eingestellt wurde, hatte sie sowohl Verständnis für seine Enttäuschung wie für seinen lebenslangen

Wunsch, sich für immer eine Bürde aufzuladen, die über seine Kräfte ging.

Ihre ganze Liebe jedoch richtete sich jetzt auf ihren vier Jahre alten Sohn Mur. Das Kind, wenngleich von heiterer Gemütsart, war sich seiner russischen Herkunft wohl bewußt, und Marina folgerte, das sei wohl auch der Grund, warum es ihm so schwerfiel, Freundschaft zu schließen. Sie selbst träumte noch immer von der Landschaft bei Všenory: vom Fluß, den Pflaumenbäumen, den Feldern, von all dem, was viel eher eine richtige Landschaft ausmachte, als die Vorstadt am Rande von Paris, in der sie lebte. Sie sehnte sich nach Schafen und Ziegen und sogar nach dem Lärm einer Schmiede. In Paris zu sein, hatte für sie keinen Wert, weil sie das Leben in der Stadt nicht genießen konnte. Sie war von Museen und Konzerten abgeschnitten und in einer Gegend eingesperrt, die ihr nichts bieten konnte. Es war nicht nur Mur, der sich dadurch eingeengt fühlte, daß in den umliegenden Häusern von Meudon Leute vom Fenster aus jeden Schritt der Familie Efron mißbilligend beäugten.

Im August 1929 begann Marina, eine Lesung in Prag vorzubereiten. Sie war sehr stolz auf ihre Pariser Garderobe (da man ihr ein paar schöne Kleider geschenkt hatte), und Anna Tesková fand einen Saal, in dem die Veranstaltung stattfinden konnte. Marina schickte Alja für zwei Wochen zu Freunden in die Bretagne und traf Vorkehrungen, Mur mit nach Prag zu nehmen.

Nachdem offenbar alles geregelt war, überrascht es einigermaßen, daß sich Marinas Pläne am 30. September plötzlich wieder geändert hatten. Sie war zu einer Lesung nach Brüssel eingeladen worden. Fürs erste machte das eine Absage der Veranstaltung in Prag nicht erforderlich, und Marina hatte vor, von Brüssel aus direkt nach Prag weiterzureisen. Sie beschäftigte sich weiterhin mit den Vorbereitungen für den Kartenverkauf für die Prager Lesung. Sie glaubte, möglicherweise 300 Leute zusammenzubekommen, und rechnete mit der Möglichkeit, dort signierte Exemplare ihrer Bücher verkaufen zu können.

Am 26. Oktober 1929 war Marina in Brüssel, wo sie vor einer kleinen, armen und extrem rechten russischen Kolonie las. Es kamen lediglich hundert Leute, um sie zu hören, und am Ende hatte sie nicht mehr als 50 Francs eingenommen. Finanziell war diese Reise eine Katastrophe, weil die Kosten für Reise, Pässe, Visa und Lebensunterhalt sich auf mehr als 400 Francs beliefen. Der einzige Vorteil dieser Reise war, daß Marina Gelegenheit hatte, in Brüssel spazieren zu gehen, das sie an Prag erinnerte und das sie wegen seiner stillen, ehrwürdigen Atmosphäre liebte.

Marina schickte Anna Tesková eine Ansichtskarte von dem berühmten kleinen Jungen auf dem Brüsseler Brunnen und versicherte ihr weiterhin, daß sie zur Lesung nach Prag kommen wolle. Nichtsdestotrotz mußte sie ihr Vorhaben bis zum Januar verschieben. Der Hauptgrund war eine körperliche und geistige Krise ihres Mannes. Serjoscha verdiente überhaupt kein Geld mehr, er war entmutigt, unsagbar abgemagert, und die Lungentuberkulose hatte sich wieder bemerkbar gemacht. Medizinische Betreuung war notwendig, doch um sie zu bezahlen, mußte die ganze Familie auf Kredit leben. An einen Besuch in Prag war nicht zu denken. Wichtig war jetzt, daß Serjoscha aus Meudon fortkam, das in einer Senke mit besonders feuchtem Klima lag.

Marina mußte nicht nur nach neuen Geldquellen Ausschau halten, sondern sah sich außerdem mit der Möglichkeit konfrontiert, daß ihre Zuwendungen aus der Tschechoslowakei 1930 aufhören und ihre Einkünfte sich dadurch auf katastrophale Weise dezimieren würden. Für ein Jahr harter Arbeit hatte sie nicht gerade viel vorzuweisen. Sie hatte ein langes Poem über den Bürgerkrieg geschrieben, *Perekop*, das jedoch unglücklicherweise zwischen den beiden Lagern von Emigranten ins Kreuzfeuer geriet: die Rechten fanden es linkslastig oder formal »avanciert«; die Linke fand, sein Inhalt sei rechtsradikal. Es war unwahrscheinlich, daß es Geld einbringen würde.

Man sagte Serjoscha, er müsse für drei Monate ein Sanatorium aufsuchen, weshalb alle weiteren Gedanken an eine Reise
nach Prag bis nach seiner Rückkehr verschoben werden mußten. Am 23. Dezember reiste Serjoscha nach St. Pierre-de-Ru-
milly in Savoyen. Glücklicherweise hatten Marinas Freunde finanzielle Hilfe geleistet, vor allem Salomea Halpern. Auch
Mur war in einem außerordentlich schlechten gesundheitli-
chen Zustand und litt eine Woche lang an heftigen Magenschmerzen, verbunden mit hohem Fieber. Wie es um Marinas
Gesundheit bestellt war, mag man der Tatsache entnehmen,
daß sie seit anderthalb Monaten nicht eine Zeile geschrieben
hatte. Nach Serjoschas Abreise begann sie zu glauben, sie
könne wieder anfangen zu schreiben, doch schon der bloße
Hinweis auf das, was sie vorhaben könnte, bedeutete nichts Gutes.

Im April 1930 beging Wladimir Majakowski Selbstmord. Ein
Nachruf auf den Sowjetdichter, im Ton verächtlich, verfaßt von
dem emigrierten Kritiker A. Lewinson, erschien in der französischen Zeitschrift *Les Nouvelles Littéraires*, und viele nam-
hafte französische und russische Schriftsteller und Maler rich-
teten einen Protestbrief an das Blatt. Am 12. Juli erschien ein
Gegen-Protest, in dem erklärt wurde, daß Majakowski nie ein
großer russischer Dichter gewesen sei; er trug die Unterschrif-
ten von Nina Berberova, Iwan Bunin, Sinaida Hippius, Wladislaw Chodassewitsch und anderer. Marina unterschrieb weder
die eine noch die andere Erklärung. Ihr Gefühl fand seinen Ausdruck in dem großartigen Zyklus von sieben Gedichten auf den
Tod Majakowskis.

Der Kummer über Majakowskis Selbstmord, ihr Streit mit
den Emigranten, zusammen mit Serjoschas Krankheit und ihren Geldsorgen, brachten Marina an den Rand des Zusammen-
bruchs. Am 21. April 1930 schrieb sie an Anna Tesková: »Die
Person, die Dir schreibt, steht unter Beschuß.«[152] Sie arbeitete
weiter für das Überleben ihrer Familie, obwohl ihr bewußt war,

daß sie auf eine bestimmte Weise angefangen hatte, Urlaub von ihr zu nehmen. Das war keine Frage mangelnder Liebe. Der Familie gehörte ihr ganzes Herz, doch sie spürte, daß sich das Herz auf Kosten der Seele ausweitete. Niemand wußte wohl besser als Marina, wie falsch der Unterschied war, den man gemeinhin zwischen dem Schreiben um des Ruhmes willen und dem Schreiben um des Geldes willen machte. Für sie selbst stand fest: »Ich schreibe, weil ich nicht anders kann.« Es würde keine aristokratisch getönte Weigerung mehr geben, etwas anderes als Geschenke anzunehmen, wie in den Tagen ihrer frühen Veröffentlichungen in St. Petersburg. Jetzt würde sie bereitwillig Geld annehmen:

> Geld, meine Lieben. So viel, wie ich bekommen kann.
> Geld setzt mich instand, weiterzuschreiben.
> Geld – das sind die Gedichte von morgen.
> Geld ist mein Freikauf aus den Händen von Redakteuren,
> Verlegern, Wirtinnen, Ladenbesitzern, Hauswirten;
> es ist meine Freiheit und mein Schreibtisch.

Dieser Tisch war der Zuchtmeister für Marinas Seele, und für den Rest ihres Lebens unterwarf sie sich bereitwillig und ohne Pause seiner Disziplin:

DER TISCH

> Mein Schreibtisch, ich danke dir, treuer!
> Du gingst für mich mit mir durchs Feuer
> Des Daseins, durch Garbe um Garbe,
> Du schütztest mich – wie eine Narbe.

> Mein Schreiblasttier, danke dir, nie
> Zerbrachs dich, nie brachst du ins Knie,
> Nie drückte den Rücken dir nieder
> Mein Wachtraum: die Fracht meiner Lieder.

Mein Spiegel von härtester Klarheit,
Du stelltest, und sprachst mir die Wahrheit,
Dich zwischen mich, Zeile für Zeile
Und Glück und Vollendung wohlfeile.

Mein Hemmschuh von Holz – dem Gemeinen
Und niedrigen widrigen Kleinen,
Dem Pavian Eigengefallen,
Dem Haß, diesem Habicht – dem allen.

Gehäus meines Totenwurms, Bretter,
Euch dank ich, ihr wuchst und trugt Blätter,
Ihr dehntet, verbreitertet euch,
Dem Werk, auf euch tätigen, gleich –

Zu Weiten von Ozeanfreie,
Und mich – im ertrinkenden Schreie
Umkrallte ich, halt! euern Rand . . . –
Überspültet ihr wie einen Strand!

Mein Schreibtisch, mein Schraubstock, dir dank ich –
Du zwangst mich und zwangst, und entsprang ich,
Da sprangst du mit rascheren Sprüngen
Mir nach wie ein Pascha, zu zwingen

Die flüchtige Sklavin – zurück!
Du rissest mit Magierblick
Mich aus der verführenden Chance
Wie aus somnambulischer Trance.

Die Purpurspur meiner Blessuren
Gerann auf dir, Tisch, zu den Suren
Des Ichs, meines Ichs, zum Koran
Des Seins: meins – in Taten und Plan.

Stylitensitz, Spund vor dem Mund,
Du warst für mich Thron, Boden und
Das, was für die wandernde Schar
der Juden die Leuchtsäule war.

Gesegnet sei, Tischland Gelobtes,
Von Stirn, Elle, Knie – schlachterprobtes.
Ins Mark rammte sich, ins gebrannte,
Mir – quer durch die Brust – deine Kante![153]

»Ihr Leben war heroisch. Jeden Tag vollbrachte sie eine Heldentat. Sie handelte aus Treue zu dem einzigen Land, dessen Bürgerin sie war: Poesie.«[154] Das waren Pasternaks Worte zu Alexander Gladkow über Marina Zwetajewa nach ihrem Tod. Gewiß war die schwere Aufgabe, einzige Stütze ihrer Familie zu sein, eine Pflicht, die sie in zunehmendem Maße erschöpfte.

Als Ende 1929 Serjoschas Tuberkulose zum Ausbruch kam, hatte er mit einem Sanatoriums-Aufenthalt von drei Monaten gerechnet. Er sollte am Ende acht Monate dort zubringen. Im Sommer 1930 zogen Marina und die Kinder dicht in seine Nähe – nicht in das Dorf, sondern in ein kleines Chalet mit einer riesigen Scheune am Fuß des Berges. Serjoscha wohnte in einer russischen Pension, die sich in einem Schloß aus dem fünfzehnten Jahrhundert befand, und Marina konnte ihn jeden Tag besuchen. Manchmal fühlte er sich kräftig genug, um zu einem Besuch zu ihnen zu kommen. Einmal in der Woche ging sie mit Alja und Mur in die benachbarte Kleinstadt, um für die Woche Gemüse und Fleisch zu kaufen. Die Zeit verging wie im Traum. Zum Glück bezahlte das russische Rote Kreuz, das sich um notleidende Flüchtlinge kümmerte, Serjoschas gesamte medizinische Kosten.

Der Sommer war regnerisch und die Wälder fast so feucht wie die in der Taiga. Alles war mit Efeu und Brombeerranken durchsetzt. Im Talgrund sah man Flüsse, die bei Sonnenschein wunderschön gewesen wären. Doch Marinas Gedanken waren nicht bei den Schönheiten der Natur. Sie versuchte zu arbeiten, in erster Linie an einer Übersetzung ihres Gedichts *Der Recke* ins Französische und an den Gedichten für Majakowski, die sie in *Die Freiheit Rußlands* zu veröffentlichen hoffte.

Am 9. Oktober 1930 kehrte die Familie gemeinsam nach Meudon zurück. Sie fand eine Situation vor, in der es in wachsendem Maße schwieriger wurde, irgendeine Arbeit zu finden. Tatsächlich gab es für Serjoscha so gut wie keine Hoffnung auf Arbeit. In einer Fabrik angestellt zu werden, war fast unmöglich, selbst für einen völlig gesunden Mann, und obgleich Serjoscha etwa zehn Pfund zugenommen hatte, war er noch immer krank und wagte nicht, seine Leistungsfähigkeit auf die Probe zu stellen. Währenddessen lebte die Familie weiterhin auf Kredit. Sie hatten noch nicht einmal genug Geld, um die Fahrt in die Stadtmitte zu bezahlen, und Marina hatte bereits alle schönen Seidenkleider verkauft, mit denen sie erst ein Jahr zuvor vor Anna Tesková geprahlt hatte.

Hartnäckig beendete Marina ihre Übersetzung von *Der Recke*, doch ungeachtet der Illustrationen von Natalja Gontscharowa, die damals in Paris sehr bekannt war, erwies sich, daß ihre Mühe vergeblich gewesen war. Niemand wollte das Buch. Alles in allem war es unmöglich geworden, auch nur einen Teil der Arbeiten, die in den vergangenen zwei Jahren geschaffen worden waren, in klingende Münze umzusetzen. Die *Freiheit Rußlands* lehnte *Perekop*, ihr langes Poem über die Weiße Armee, ab, die *Zeitgenössischen Annalen* beantworteten nicht einmal ihre Briefe. Marina hatte das Gefühl, bei allen ihren Pariser Bekannten unerwünscht zu sein; es gab niemanden, zu dem sie ohne vorherige Absprache hätte gehen können. Bitter fühlte sie sich daran erinnert, daß vor ihrer Abreise nach Savoyen niemand außer dem Gasmann und dem Stromableser in ihre Wohnung gekommen war. Einzig Jelena Iswolskaja besuchte sie weiterhin. Schmerzlicher noch als ihre Entfremdung von den russischen Emigrantenzirkeln (die sie nie wirklich akzeptiert hatten) empfand sie das kühle Verhalten Natalja Gontscharowas. Nicht, daß Natalja etwas gegen Marinas Besuche gehabt hätte, doch konnte Marina nicht entgehen, daß die Künstlerin sie selbst nie besuchte. Sogar ihre Familie war, wie

sie meinte, »an jedermann, außer an mir interessiert, und zu
Hause – schmutziges Geschirr, Bratklopse...« Offenbar gab es
niemand, dem sie etwas bedeutete, wie sie am 26. Februar 1931
an Anna Tesková schrieb: »Niemand braucht mich hier.«[155]

Das tschechische Stipendium, von dem die ganze Familie abhängig war, traf 1931 mit mehrmonatiger Verspätung ein, weshalb sie im September ernsthaft mit der Miete im Rückstand
waren und nicht wußten, wo sie das Geld für das nächste Quar-
tal auftreiben sollten. In ihrem Eifer, etwas zu verdienen, nahm
sie Mark Slonims Einladung an, für die erste Nummer der
Neuen Literarischen Zeitschrift einen Artikel zu schreiben.

In ihrer Arglosigkeit schrieb sie über neue sowjetische Kinderbücher, die sie, im Vergleich mit der Literatur ihrer Kindheit, bewunderungswürdig fand. Das zu tun, zeugte von hoffnungsloser Naivität. Die Redaktion lehnte den Artikel ab, weil
es für sie ein unumstößlicher Grundsatz war, daß Kinderbücher
unter einem sowjetischen Regime nichts anderes sein konnten
als Propaganda. Marina war von dieser Einstellung überrascht.
Sie hatte gedacht, durch Vermeidung des Wortes »sowjetisch«
ihre Ausführungen zu entpolitisieren. In »Der Dichter über die
Kritik« hatte sie geschrieben: »Richtig zu hören – nur das ist
meine Sorge. Eine andere habe ich nicht.«[156] Doch es war nicht
mehr möglich, wenn auch wahrheitsgemäß, über Dinge zu
schreiben, wie man sie sah, und außerhalb der politischen Tren-
nungslinien jener Zeit auf Anerkennung dieser Wahrheit zu
hoffen. Die Gemeinde der Emigranten hatte ihre Fronten ver-
härtet, und es kam für sie nicht in Frage, die Aufgabe, die Marina sich gestellt hatte, zu respektieren.

Es waren nicht nur finanzielle Sorgen, die Marinas Energie
aufzehrten. Die selbstauferlegte »Familienzusammengehörig-
keit« wirkte sich auch lähmend aus: »Ich bin immer mit jemandem zusammen, nie allein«[157], beklagte sie sich bei Slonim. Am
schlimmsten war die Verantwortung für den Haushalt. Am 31.
August 1931 schrieb sie an Anna Tesková: »Für den Dichter ist

alles ein Segen... außer, vom gewöhnlichen Leben überwältigt zu werden.«[158] Es war nicht der Verlust an Energie, den die täglichen Mühen selbst mit sich brachten – sie war in Dingen des Haushalts alles andere als anspruchsvoll – es war auch nicht das Gefühl, auf die Rolle einer gewöhnlichen Hausfrau in Meudon reduziert zu sein. Was es ihr unmöglich machte, ihre Tage fröhlich dahinzuleben, war der Druck der unvollendeten Gedichte und unbeantworteten Briefe.

Es war Marinas Gewohnheit, Anna Tesková Neujahrsgrüße zu schicken, die sie oft dazu benutzte, über ihren seelischen Zustand Rechenschaft zu geben. Ihre Bestandsaufnahme zum Beginn des Jahres 1932 fiel düster aus – so düster, daß sie fast nicht den Mut aufbrachte, die vier Seiten in ihrer kleinen Handschrift abzuschicken und versucht war, sie in den Ofen zu werfen. Am 31. März 1931 war die Familie gezwungen, nach Clamart umzuziehen, wo es Marina gelungen war, eine viel billigere Wohnung zu finden. Diese war so eng, daß Marina in der Küche schlafen mußte, um Platz für ihren Tisch und ihre Bücher zu schaffen. Auch das Heizen war schwierig, doch allmählich gewöhnten sie sich ein.

Marina beschäftigte sich andauernd mit der Frage, wo sie leben sollte. Alles schien sie zurück in die Sowjetunion zu treiben. 1931 hatte Prokowjew sie besucht, weil er einige ihrer Gedichte vertonen wollte. Vielleicht wäre sie ja doch willkommen, wenn sie zurückkehrte. Und doch mochte sie nicht ganz daran glauben: »Hier bin ich unerwünscht. Dort bin ich unmöglich.«[159] Marina wußte genug von dem, was dort vorging, um zu ahnen, was ihr bevorstehen konnte. »Nach Rußland gehen?... dort würde man mir nicht nur den Mund verschließen, weil meine Bücher nicht veröffentlicht werden würden, sondern sie würden nicht einmal zulassen, daß ich sie schreibe.«[160] Ihre Gesundheit verschlechterte sich durch mangelnde Ernährung; sie war blutarm und das Haar fiel ihr aus. Eines der vier Betätigungsfelder Marinas, die Zeitschrift *Die Freiheit*

Rußlands, stellte ihr Erscheinen ein, als sie die Unterstützung der tschechischen Regierung verlor. Es gab Monate, in denen der Familie lediglich die fünf Francs zur Verfügung standen, die Alja durch Strickarbeiten verdiente, und ohne den Großmut von Freunden wie Salomea Halpern und Mark Slonim hätten sie nicht überleben können; Slonim versuchte sogar, eine Gruppe von Leuten dazu zu bewegen, regelmäßige Zahlungen zu leisten. Auch Mirski kam ihr zu Hilfe.

Am 11. August 1932 war Marina in einer kleinen Buchhandlung in der Nähe des Waldes von Clamart. Dort sah sie eine fünfbändige Ausgabe von Dumas' *Joseph Balsamo,* ein Buch, das ihr Woloschin vor zwanzig Jahren geschenkt hatte. Sie hatte nicht die erforderlichen acht Francs, um die Ausgabe zu kaufen, doch als sie heimging, mußte sie an ihre Jugendzeit denken. Ihre Gedanken liefen zu Woloschin, der in Rußland lebte, und an diesem Abend schrieb sie über die Bolschewiken und ihre Art, mit Schriftstellern umzugehen: »Woloschin, zum Beispiel, ist, von ihrem Standpunkt aus, ein eindeutiger Konterrevolutionär, und doch haben sie ihm eine Pension von 240 Rubeln im Monat zugestanden, und das, davon bin ich überzeugt, ohne daß er darum nachgesucht hätte.«[161] Eine Freundin erkundigte sich beiläufig bei ihr, ob Woloschin noch lebe, und die entsetzte Marina versicherte ihr, er lebe noch.

Aber nur fünf Tage später las Marina in der *Pravda,* daß Woloschin in Koktebel gestorben sei. Abergläubisch notierte sie, daß sie exakt zu seiner Todesstunde (Mittag) versucht hatte, um den *Balsamo* in Clamart zu handeln. Bald darauf begann sie mit der Niederschrift ihrer Erinnerungen an Woloschin. Sie wollte ihn als jemanden beschreiben, der sich ebenso wie sie, vorgenommen hatte, sowohl sowjetische Schriftsteller gegen die Verunglimpfungen der Weißen als auch weiße Schriftsteller gegen die sowjetischen Behörden zu verteidigen – das heißt, als einen wirklichen Humanisten.

Nie hatte sie die Unterstützung ihres alten Freundes mehr

vermißt als jetzt. Während sie schreibend an ihrem Tisch in
Clamart saß, stieg sein Bild vor ihr auf, wann immer sie den Teller mit dem Löwenkopf anblickte, den sie vor vielen Jahren aus
Moskau bis hierher gebracht hatte; und sie dachte sehnsüchtig
und traurig nicht nur an Anna Achmatowa, sondern auch an andere Dichterinnen, die sie gekannt hatte, vor allem an Cheru-
bina de Gabriac, die vor zwei Jahren in Turkestan gestorben
war. Der Dicherinnen gedenkend, denen Woloschin behilflich
gewesen war, wollte es ihr scheinen, als seien alle von Frauen
geschriebenen Gedichte in gewissem Sinne von derselben Frau
verfaßt worden. In ihren Erinnerungen an Woloschin schrieb
sie darüber: »Von ein und derselben – einer *Namenlosen*.«[162]
Marina verspürte in sich selbst die Kraft jenes anonymen und
machtvollen Geschöpfes.

Marina Zwetajewas Wesen oder Temperament läßt sich aus
Photographien schwer ablesen. Man erinnert sich eher an ihre
Gesten als an ihre Gesichtszüge: an ihr pausenloses Rauchen,
ihren beschwingten Gang, an die Bewegungen ihres jungenhaf-
ten Körpers. Sie selbst hielt es für töricht, über Aussehen zu
sprechen, weil ihre Erscheinung unwesentlich sei. Sie hatte
nichts vom Glanz einer Frau, die schön ist oder jene Art von
hingebungsvoller Dienstbarkeit einfordert, die Anna Achmatowa erheischte. Doch die Wandelbarkeit ihres Gesichtes von
einem Tag zum anderen war in sich ein Kennzeichen von inneren Spannungen. Ihre Züge waren zu weich, um einen teil-
nahmslosen Ausdruck vorspielen zu können, im Gegenteil, jeder Stimmungswechsel war ihrem Gesicht abzulesen.

Oft hatte sie den Ausdruck eines gehetzten Tieres, manchmal
sah sie ungeduldig aus, doch nie wirkte ihr Gesicht (außer auf
den gestellten »schönen« Photos der frühen 20er Jahre) sta-
tisch. Sie konnte erschöpft aussehen, auf dem Kopfsteinpflaster
von Clamart stehend, an einem Tag des Jahres 1933, den Blick
auf ihren Sohn gerichtet, das Haar ungekämmt und gekleidet

wie eine arme Zigeunerin; und dann wieder, im Sommer des
Jahres 1935 am Meer, zehn Jahre jünger wirken, das Haar offen
und länger, die harten Linien von der Nase zum Mund durch
das Sonnenlicht ausgelöscht.

In den 30er Jahren war Marinas Haltung durch eine strenge
Abwesenheit von Selbstmitleid gekennzeichnet, einer Art stol-
zer Verachtung für menschliche Wesen, die gedankenlos in gewöhnlichen Freuden Trost fanden, besonders in gutem Essen.

Viele in der Mitte dieses Jahrzehnts geschriebenen Gedichte
machen sich über das Vergnügen der Genießer am guten Essen
lustig. Bevor Mirski 1932 in die Sowjetunion abreiste, hatte ihn
oft ihre Weigerung befremdet, sich für die Güte der Speisen zu
interessieren, die er ihr vorsetzte, doch Marina aß alles und
hatte keine Lieblingsspeisen. Das hatte Mirski zu der Klage veranlaßt: »Alles, was Du tust, ist reden. Es ist Dir gleich, was Du
ißt. Man könnte Dir ebensogut Heu vorsetzen.«[163]

Marinas Strenge war teilweise eine Rechtfertigung ihrer Unfähigkeit, die täglichen Hausarbeiten schnell und energisch zu
bewältigen. In ihrer Korrespondenz mit dem estländischen Kritiker Jurij Ivask, der 1933 begonnen hatte, ihr zu schreiben, erläuterte sie ihre asketische Haltung:

»Ich würde nie das winzigste Stückchen Brot wegwerfen. Eine
Kruste in einem Mülleimer ist eine Ungeheuerlichkeit . . . Also
denken hier die Leute, ich sei geizig, aber es steckt etwas anderes dahinter. Ich bin anspruchslos wie meine Eltern; meine
Mutter kannte kein Lieblingsessen (– bedenken Sie – eine Pro-
testantin und Spartanerin!). Sie kam nie auf die Idee, es könne
eine bestimmte Mahlzeit geben, die man nicht mochte.«[164]

Mittlerweile war sie zum ersten Mal in ihrem Leben dazu über-
gegangen, keine Gedichte, sondern Prosaerinnerungen an
einige der Dichter zu schreiben, denen sie in der Vergangenheit
nahegestanden hatte. Darunter war auch die Arbeit über Max

Woloschin, 1932 nach der Nachricht von seinem Tod begonnen, und eine weitere über Bely, der 1934 starb. Am 24. November 1934 schrieb sie aus Clamart an Anna Tesková:

»Gedichte schreibe ich fast keine, und zwar deshalb: Ich kann mich nicht mit einem Gedicht begnügen, sie bilden bei mir Familien, Zyklen, so wie ein Trichter, ein Wasserstrudel gar, in den ich *gerate*, folglich ist es auch eine Frage der *Zeit*. Ich kann nicht gleichzeitig Prosa und Gedichte schreiben und könnte es sogar dann nicht, wenn ich ein freier Mensch wäre. Ich bin Konzentriker. Meine Gedichte aber nimmt man nirgends, keiner nimmt auch nur eine Zeile, man vergißt, daß ich eine Dichterin bin. Mit ›nirgends‹ und ›keiner‹ meine ich *Letzte Nachrichten* und *Zeitgenössische Annalen*, mehr Anlaufpunkte gibt es nicht.«[165]

Sie setzte hinzu: »Die Emigration macht mich zum Prosaiker.«

1934 wurde Marina vom Kummer über den Tod von Nikolai Gronski überwältigt, der bei einem Metro-Unfall ums Leben gekommen war. Obwohl sie lange vor seinem Tod den Kontakt mit ihm abgebrochen hatte, bat sie sein Vater, der noch immer Mitherausgeber der *Letzten Nachrichten* war, etwas über die Gedichte seines Sohnes zu schreiben. Im Lauf der sechs Jahre, zwischen dem Ende ihrer Affäre und Gronskis Tod, hatte sie ihn nur einmal, im Frühling 1931, und später nur zufällig getroffen. Ihre Aufforderung, ihre Freundschaft fortzusetzen, war von ihm nie befolgt worden, aber dennoch schmerzte sie sein Tod. Sie übernahm den Auftrag seines Vaters bereitwillig, und wenn sie Nikolais Verdienste als »der erste wirkliche Dichter unter den Emigranten« übertrieb, war doch in ihrer prägnanten Schilderung seiner Schönheit nichts Übertriebenes. Besonders berührten sie die Statuen, die Gronskis Mutter von ihrem Sohn angefertigt hatte: Die erste zeigte ihn als Zehnjährigen, die zweite als Sechzehnjährigen, und schließlich hatte sie eine Statue des jungen Mannes in voller Größe angefertigt, die ihn sitzend, mit leicht geneigtem Kopf und in den Hosentaschen vergrabenen Händen zeigte.

Als ihr Aufsatz über Gronski von den *Letzten Nachrichten* abgelehnt wurde, fühlte sie sich bewußt gedemütigt, doch in einem Brief an Vera Bunina räumte sie ein, sie verstehe, daß die beiden Gronskis mit dem intimen Ton ihres Artikels zutiefst unzufrieden seien. Obwohl sie gekränkt war, erkannte sie doch, daß die Nerven des Vaters zerrüttet waren, und zwar so schwer, daß er in ein Sanatorium gebracht werden mußte. Und sie wußte, daß für ihn mit Nikolais Tod alles zu Ende ging, ob die Ärzte seinen Zustand nun als akute Neurasthenie oder als Depression bezeichneten. Um ihrem Schmerz um Nikolai Ausdruck zu geben, veranstaltete sie ihm zu Ehren eine Lesung. Möglicherweise wegen der Anspannung verlor sie zwei Tage vorher ihre Stimme; da der Saal jedoch gemietet und die Lesung angekündigt war, konnte sie nicht absagen. Das Publikum lauschte aufmerksam, doch Marina spürte, daß man distanziert blieb. Vielleicht mißfiel ihnen die Selbstsicherheit, mit der Marina erkennen ließ, daß sie von Nikolai weit mehr wußte als seine Eltern. In ihren Gedichten für ihn, *Epitaph*, wird ihr Unglück deutlich und auch die Abneigung gegen die üblichen Tröstungen:

> Ich tausch dich nicht um Sand
> Und Dampf. Durch dich verwandt
> Geb ich dich nicht für Geist und Leichnam fort.
> Hier ist zu sehr hier, dort zu dort.[166]

Marina hatte Verwandtschaft bitter nötig. Ihre eigenen Familienverhältnisse begannen zusammenzubrechen.

10
Die Frage der Rückkehr
1934 - 1937

*Marina in Paris
Anfang der 30er Jahre*

HEIMWEH

Heimweh, jedesmal
Entlarvte Illusion
Mir ist es ganz egal
Wo ich allein bin.

Allein auf welchem Stein
Steh mit dem Einkaufsnetz,
Ich weiß nicht, was ist mein,
Wie in Kasernen oder Krankenhaus.

Gleich, vor welchem Gesicht
Sich mir das Fell sträuben muß.
Die Menschen drängeln dicht,
Ich bin herausgedrängt, allein.

Für mich sein. Ein Kamschatkabär
Ohne das Eis. Kann nicht dabeisein,
Kann nicht (wills auch nicht mehr).
Wo man sich beugen muß, mir gleich.

Ich werde nicht hinweggenommen
Von meiner Heimatsprache, ihrem Milchschrei –
Und wenn, die mir entgegenkommen,
Mich nicht verstehn, es ist mir gleich

(als Schlucker von dem Zeitungsbier
Als Zentnerleser, Zeilenmelker)
Sie, 20. Jahrhundert, ist von hier,
Und mein Jahrhundert irgendeins.

Erstarrter Stamm aus dem Bereich
Einer Allee, nun hinterlassen.
Ist mir egal und ist mir gleich,
Vollkommen, ganz und gar, vielleicht.

Gewesener als alles, bin ich gewesen,
All meine Daten, meine Zeichen
Wie von der Hand gelöscht, nicht mehr zu lesen,
Seele, geboren, irgendwo.

Mein Land beschützt mich auch nicht mehr.
So gehn die wachsamsten Spione
Mir durch die Seele kreuz und quer
Finden den Ort nicht mehr, das Muttermal.

Das Haus ist Fremde, der Tempel Leere
Und alles ganz und alles gleich.
Vielleicht von einer Vogelbeere
Ein Ast sich unterwegs entgegenstreckt.[167]

1932 hatte sich Sergej Efron dem »Verband der Heimkehrer in
die UdSSR« angeschlossen, einer pro-sowjetischen Organisation, deren erklärtes Ziel es war, emigrierten Russen die Rückkehr in die Sowjetunion zu ermöglichen. Auch Alja war beige-
treten, und Marina wußte, daß beide sich danach sehnten, nach
Rußland zurückzukehren. Doch anfangs war Serjoschas Nach-
suchen um einen Paß erfolglos, und Marina war überaus erleichtert, daß er nicht reisen konnte. Sie selbst war entschlossen, nicht zurückzukehren. In einem Brief an Salomea Halpern
erklärte sie 1933: »Ich werde auf keinen Fall gehen; wenn es
auch Trennung bedeuten würde, die trotz allen Gezänks nach
zwanzig Jahren des Zusammenseins schwer zu ertragen wäre. «
Ebenso wie ihre Schwester Anastassja, die in der Sowjetunion war, hatte auch Marina dort Freunde wie Pasternak und
Ehrenburg; obgleich sie sich in einem Brief an Jurij Ivask vom

4. April 1933 verächtlich von Ehrenburg distanzierte, weil er
ohne jedes Rückgrat von einem Lager in das andere wechsle. Sie
war keine Frau, die sich dazu hergab, sich zu ducken, Kompro-
misse zu machen oder einfach nur zu schweigen. Wahrscheinlich war es unvermeidlich, daß sie in Stalins Rußland unlieb-
same Aufmerksamkeit erregen würde. Sie war, wie Pasternak
nach ihrem Tod schreiben sollte,

»eine schaffensfreudige Frau mit einer männlichen Seele, entschlossen, kämpferisch, unbezähmbar. Im Leben wie in der
Kunst griff sie zielsicher, begierig, ja beinah wild nach dem Bestimmten und Entschiedenen. Doch im täglichen Leben war sie
hoffnungslos unpraktisch.«[168]

Im entscheidenden Augenblick blieben einige Stimmen, die
sich vielleicht hätten warnend erheben können, stumm. Ehrenburg hatte mehrere Male Paris besucht, Marina jedoch selten
gesehen. Wenn sie sich trafen, war er mit ihr ebenso unduld-
sam wie sie mit der russischen Gemeinde, wie wenig Berüh-
rungspunkte sie auch mit ihr hatte; und er machte sich über
ihre beharrliche Weigerung lustig, den alten Kalender aufzuge-
ben und das Neue Jahr an einem anderen Tag als dem 13. Januar
zu feiern. Doch es tat ihm leid, mitansehen zu müssen, wie
schwer ihr Leben war und wie gering die Chancen ihres kranken Mannes waren, Arbeit zu finden. Zwar kannte er die Gefahren zu gut, die sie in der Sowjetunion eventuell erwarteten,
doch er mag gedacht haben, daß ihre Situation dort nicht
schlimmer sein konnte als in Paris.

Als Ivask nach ihrer Einstellung zum Sowjetregime forscht,
wohl wissend, daß ein beträchtlicher Teil des Mißtrauens, das
die Emigranten gegen sie hegten, auf ihrer Nähe zur Eurasischen Bewegung beruhte, macht Marinas eigensinnige Antwort deutlich, daß sie sich nie gegen ihren Willen in eine bestimmte politische Position zwingen lassen würde:

»Sie meinen vielleicht, daß mein Haß auf die Bolschewiken den Emigranten nicht groß genug ist? Darauf sage ich: es ist eine andere Art von Haß. Die Emigranten hassen sie, weil sie ihnen ihren Besitz weggenommen haben, ich hasse sie – weil sie Boris Pasternak nicht in sein geliebtes Marburg fahren lassen, und mich nicht in meine Geburtsstadt Moskau. Und Hinrichtungen, mein Lieber – alle Henker sind Brüder, gleich, ob es sich um die Hinrichtung eines Russen nach einem ordentlichen Gerichtsverfahren oder um einen Schuß in den Rücken durch die Tscheka handelt –, ich schwöre Ihnen, daß alles die gleiche Gemeinheit ist, der ich mich nie unterordnen werde, wie keiner organisierten Gewalt, in wessen Namen auch immer.«[169]

Das gewaltige Ausmaß der politischen Morde in der Sowjetunion unter Josef Stalin war noch nicht bekannt; vielmehr gelangten andauernd Akte unerwarteter Großzügigkeit (wie im Fall Woloschins) zu ihrer Kenntnis.

Der Verlust von Ehrenburgs Freundschaft wog für Marina weniger schwer als das allmähliche Abnehmen ihrer Korrespondenz mit Pasternak. Nicht, daß Pasternak seine Freundschaft mit Marina vergessen oder in seiner Bewunderung für ihre Dichtung nachgelassen hätte; im Gegenteil, sein außerordentlich tiefes Verständnis für ihre persönliche Eigenheiten wie für ihren Rang als Dichterin verstärkten sich eher. Wie er sie sah, läßt sich einem 1928 datierten und 1929 veröffentlichten Gedicht entnehmen; als ihren besonderen Vorzug beschreibt er dort, daß sie die Wahrheit der Dinge, so wie sie seien, akzeptiere; eine selbstverständliche Bejahung, die sich auf alles erstrecke, was zufällig eine eigene Schönheit besitze:

> Hast recht, die Taschen ausgekehrt
> Zu sagen: sucht nur, wühlt und scharrt.
> Was schert mich, was den Nebel nährt
> Wenn märzenklar ist jeder Fakt.[170]

Anders als Ehrenburg hatte ihn das Wissen um das, was sich in
der gesamten Sowjetunion abspielte, bis an den Rand des
Wahnsinns getrieben. Seit Anfang der 30er Jahre war er in mi-
serabler seelischer Verfassung gewesen, als er mehrere von Reisen unternahm, um Material für ein Buch über die neue Kollek-
tivierung der Landwirtschaft zu sammeln. Auf diesen Reisen
fand er überall ein so unvorstellbares Elend, daß »ich es einfach
nicht begreifen konnte. Ich wurde krank. Ein ganzes Jahr lang
konnte ich nicht schlafen.« Um so bemerkenswerter ist es, daß
Pasternak, als die beiden Dichter sich (nach so vielen Jahren der
Planung) 1935 in Paris trafen, versäumte, Marina oder ihre
Familie vor den Gefahren zu warnen, die ihnen im Fall ihrer
Rückkehr drohten. Noch Jahre nach ihrem Tod machte er sich
deswegen Vorwürfe. Doch es fällt schwer, ihn strenger zu verurteilen, als er das selber tat.

Pasternak traf im Juni 1935 als Delegierter des von den Kommunisten geförderten Kongresses für die Verteidigung der Kul-
tur in Paris ein. Er war krank und unglücklich; ein eingeschüch-
terter Mann, der genau wußte, was in der Sowjetunion nach
der Ermordung von Kirow (die als Vorwand für die stalinisti-
schen »Säuberungen« diente) geschehen war, und nicht darüber sprechen durfte. Möglicherweise wäre er einer Begegnung mit Marina von sich aus ausgewichen, wäre sie nicht
vorschnell in seinem Hotel aufgetaucht. Trotzdem, und obwohl
sie sich während seines Aufenthaltes in Paris mehrere Male
trafen, blieb er zurückhaltend. Voller Wut über die Unmöglich-
keit, mit ihm einen echten Kontakt hergestellt zu haben,
schrieb Marina ihm nach seiner Abreise einen schroffen Brief.
Der Gegensatz zwischen ihrer Bereitschaft, auch menschlichen
Belangen gerecht zu werden, und Pasternaks instinktiver,
selbsterhaltender Art, sich davor zurückzuziehen, den sie in
diesem Brief offenlegt, ist jedoch unzweifelhaft vorhanden und
für das Verständnis von Marinas Lebensauffassung von ent-
scheidender Bedeutung.

1935 war Marina bei schlechter Gesundheit, unterernährt
und einsam. In den Briefen an ihre tschechische Freundin Anna
Tesková liefert sie eine qualvolle Bestandsaufnahme der Lebensweise, der sie sich ausgeliefert sah. Sie war der dreizehn
Jahre des Exils müde, in denen sie sich mit den täglichen Zwängen des Kochens und Einkaufens herumschlagen mußte und
zugleich die Hauptstütze für zwei Kinder und einen selten nicht
an Tuberkulose leidenden Ehemann war. Das grundlegende Paradox in ihrem Wesen bestand darin, daß Marina *nicht* jene
rücksichtslose Frau war, von der sogar ihre eigene Tochter
schrieb: »Sie war imstande, alle Dinge ihrem Werk unterzuordnen. Ich betone: *alle*.«[171]

Marina wurde von einer Standhaftigkeit aufrechterhalten,
die sie, wie sie selber sagte, von ihrer Mutter gelernt hatte.

Und doch zeigte sie gewiß weniger Verständnis für Pasternaks Lage als er für die ihre. Pasternak kam elend an, weil er
von den Säuberungen wußte, die im Westen unerwähnt blieben. Eine große Delegation antifaschistischer Schriftsteller war
glücklich, an dem Kongreß teilzunehmen, darunter Heinrich
Mann, André Gide, Henri Barbusse, Bertolt Brecht, André
Malraux und Louis Aragon (natürlich auch Ehrenburg). Pasternaks und Isaak Babels Anwesenheit war durch den speziellen
Wunsch einer Gruppe französischer Schriftsteller ermöglicht
worden, die beim sowjetischen Botschafter in Paris interveniert
hatten, obgleich keiner der beiden Autoren ursprünglich der sowjetischen Delegation angehört hatte. Deshalb trafen beide mit
dem Flugzeug in Paris ein, als der Kongreß seine Arbeit bereits
aufgenommen hatte.

Zweifellos befand sich Pasternak im Zustand akuter Angst.
Er war gezwungen worden, seine Frau in Rußland zu lassen,
und er versuchte Marina zu erklären, wie man ihn mit Gewalt
in ein Flugzeug gesetzt hätte. Während seines Aufenthaltes tat
er kein Auge zu. Einmal fand er Gelegenheit, Marina, die unter
den Zuhörern war, zuzuflüstern: »Ich habe nicht gewagt, nicht

zu fahren; bei mir erschien Stalins Sekretär, und ich hatte Angst.«

Marina konnte den Inhalt dieser Drohung nicht verstehen. Und Pasternak war es unmöglich, dem Kongreß die Gründe für seine seelische Verwirrung zu erklären; er sprach in seiner Rede von seiner Krankheit und sagte nur wenige Worte über Dichtung. André Malraux, der ihn vorstellte, nannte ihn »einen der wirklich großen Dichter unserer Zeit« und fungierte bei Pasternaks Rede als Übersetzer. Pasternak erhielt anhaltenden stürmischen Beifall. Gleichwohl liegt eine schreckliche Ironie in Pasternaks Kennzeichnung der Dichtung als einer »organischen Funktion des menschlichen Glücks, ausgestattet mit dem segensreichen Geschenk rationaler Sprache«, da er gleichzeitig wußte, daß alles, was im menschlichen Wesen niederträchtig und irrational war, in seinem eigenen Land entfesselt war.

Als Marina in unpassender und überaus ärmlicher Kleidung in sein Hotel kam und sich ihm, der sich mit anderen Mitgliedern der sowjetischen Delegation unterhielt, näherte, muß zu Pasternaks Ehre gesagt werden, daß er sie herzlich und stolz begrüßte und sie seinen Begleitern als »eine unserer großen russischen Dichterinnen« vorstellte. Nach ihrer ersten Begegnung trafen sich Pasternak und Marina mehrere Male in den Gängen des Gebäudes, in dem der Kongreß stattfand, und sprachen über die Gedichte, die sie in der letzten Zeit geschrieben hatten. Pasternak hatte auch Gelegenheit, Marina in ihrer Wohnung zu besuchen und ihre Kinder und ihren Gatten kennenzulernen. Er sagte von Serjoscha, dieser sei »ein sensibler, charmanter, äußerst standhafter Mann, den ich wie meinen eigenen Bruder lieben lernte«. Pasternak schrieb das 1967, als ihm alle Fakten von Efrons Leben bekannt waren; und »standhaft« ist angesichts von Efrons politischen Prinzipien gewiß ein überraschendes Adjektiv. In bezug auf Serjoschas Treue zu Marina traf es jedoch völlig zu, und das mag für Pasternak der wichtigste Gesichtspunkt gewesen sein.

Pasternak war bekannt, daß Marinas Familie in die Sowjetunion zurückzukehren beabsichtigte; inzwischen betrachteten
Serjoscha, Alja und Mur den Kommunismus als ihr Ideal. Pasternak sah, welch schreckliches Leben Marina in Paris führen
mußte und daß sie es unmöglich viel länger würde durchhalten
können. Trotzdem brachte er es nicht über sich, sie zu warnen,
als sie ihn nach seiner Meinung fragte. 1967 schrieb er ein wenig beschönigend in *Novy Mir*: »Ich wußte nicht, was ich ihr
raten sollte, ich fürchtete, daß für sie und ihre bedeutende Familie das Leben in Rußland schwer und unruhig werden würde.
Die Tragödie dieser Familie übertraf bei weitem alle meine Befürchtungen.«[172]

Pasternak wußte genau, wie unglücklich das Exilleben sie
machte, und dabei dachte er nicht bloß an ihre Armut. In *Lava.
Meine Zeit mit Pasternak* zitiert Olga Iwinskaja ein paar Zeilen
von ihm, bei denen er eindeutig an Marina gedacht hat:

Ein fernes, fremdes Land. Fremder Regen
Rinnt von den Hüten in die Gräben
Und zur Eiche geworden, bar jeder Hoffnung,
Steht der Dichter, ein Fremder, wie Puschkins Müller.[173]

Er muß bereits gewußt haben, daß es Marina an jeder Voraus-
setzung fehlen würde, in Stalins Rußland zu überleben: Sie
hätte sich den wichtigsten Grundsatz nicht zu eigen machen
können – das Haupt zu beugen. Doch ohne ihre Familie wäre
sie in Paris ebenfalls verloren gewesen.

In einem Brief an Anna Tesková vom 2. Juli 1935 macht Marina deutlich, Pasternak hätte sich nicht solche Vorwürfe machen zu müssen, wie er es tat. Er hatte davon gesprochen, er
fühle sich nicht wohl und stehe am Rand eines Nervenzusam-
menbruchs; wahrscheinlich hatte er Marinas seelischen Zustand überhaupt kaum wahrgenommen. Was sie in ihrem Brief
andeutet, legt diesen Schluß gewiß nahe: »Ich werde über das

Treffen mit Pasternak (es fand statt – und was für eine Nicht-Begegnung) schreiben, sobald Sie mir antworten.«[174]

Als Pasternak Paris verließ, fühlte er sich zu elend, um sofort nach Rußland zurückzukehren, und er verbrachte zwei Tage bei der Familie Lomonossow in London, bevor er sich nach Leningrad einschiffte. Marina mochte nicht glauben, daß er, als er mit der Eisenbahn durch Deutschland gefahren war, nicht ausgestiegen war, um seine Mutter zu besuchen, die in München lebte. Der folgende Brief zeigt, wie wenig sie von dem begriff, was Pasternak durchgemacht hatte. Sie hatte keine Vorstellung von dem Druck, der auf ihm lastete, sonst hätte sie nicht so unbarmherzig angedeutet, er müsse »geringer« von sich denken.

Ende Oktober 1935

Lieber Boris!
Ich habe alles beiseite geworfen und antworte Dir sofort ... Zu Dir: zugegeben, man darf Dich nicht verurteilen wie einen Menschen ...

Schlag mir den Kopf ab, aber ich werde nie begreifen, wie man im Zug sitzen bleiben und an seiner Mutter vorbeifahren kann, an zwölf Jahre langem Warten. Und auch Deine Mutter wird es nicht begreifen – erwarte das nicht. Hier hat mein Verständnis ein Ende, mein menschliches Verständnis. Ich bin hierin das *Gegenteil* von Dir: ich spanne mich selbst vor den Zug, um das Wiedersehen möglich zu machen (obwohl ich mich vielleicht ebenso davor fürchte und mich ebensowenig freue). Und hier muß ich eine Beobachtung anbringen: Alle, die mir nahestanden – es waren wenige –, erwiesen sich als viel, viel weicher als ich, selbst Rilke schrieb mir: ›Du hast recht, doch Du bist hart.‹* – und das betrübte mich deshalb, weil ich anders nicht sein konnte. Heute, Rückschau haltend, sehe ich: Meine scheinbare Härte war nur – Form, Kontur des Wesens, unerläß-

---

* Im Original deutsch. [A. d. Ü.]

licher Selbstschutz – vor *eurer* Weichheit: Rilke, Marcel Proust und Boris Pasternak. Denn in *letzter* Minute habt ihr die Hand zurückgezogen und mich, die ich schon lange aus der Familie der Menschen ausgeschieden war, allein gelassen mit meiner Menschlichkeit. Unter euch, Nicht-Menschen, war ich *nur Mensch*. Ich weiß, daß ihr einer höheren Gattung angehört, und es war an *mir*, Boris, Hand aufs Herz, zu sagen: – Oh, nicht ihr – ich bin der Proletarier. – Rilke starb, ohne weder Frau noch Tochter, noch Mutter gerufen zu haben. Und *alle* – liebten. Das war die Sorge um die eigene Seele. Wenn ich einmal sterben werde, werde ich nicht dazu kommen, an sie (mich) zu denken, ganz damit beschäftigt: ob die, die mir das Geleit geben sollen, auch beköstigt sind, ob sich meine Nächsten bei meinem Konsilium auch nicht ruinieren, und *bestenfalls* (vielleicht), egoistisch – ob sie nicht meine Manuskripte fortschleppen.

Ich selbst (*allein* mit meiner Seele) war ich nur in meinen Heften und auf einsamen Wegen – selten, denn das ganze Leben habe ich ein Kind an der Hand geführt. Für »Weichheit« im Umgang reichte es bei mir nicht mehr, nur für den Umgang: fürs Dienen: *nutzlose* Aufopferung. Die *Pelikan-Mutter* ist – aufgrund des von ihr geschaffenen Ernährungssystems – *böse*. – So ist das.

Zu *eurer* Weichheit: Ihr kauft euch frei mit ihr, verstopft mit dieser hygroskopischen Watte die Wunden, die ihr schlugt, verschließt der Wunden brüllenden Schlund. Oh, ihr seid gütig, ihr könnt bei einem Gespräch *nicht* als erster aufstehen, könnt euch noch nicht einmal als erster räuspern, zum Abschiedssatz ansetzen – um »niemanden zu kränken«. Ihr »geht nach Zigaretten« und verschwindet für immer, um dann in Moskau, Wolchonka 14, oder an noch entfernterem Ort aufzutauchen. Robert Schumann *vergaß*, daß er Kinder hatte, vergaß, wie viele es waren, vergaß ihre Namen, vergaß überhaupt die Tatsache, fragte nur, ob die älteren Mädchen immer noch so wunderschöne Stimmen hätten.

Aber – nun eure Rechtfertigung – nur *so Geartete* vollbringen *solches*. Auch Goethe war war einer von euch, der nicht Abschied von Schiller nehmen ging, der x Jahre nicht zu seiner
Mutter nach Frankfurt fuhr – um sich für den Faust Zwei zu bewahren – oder für sonst noch etwas, aber (Klammer!) – die
Kühnheit besaß, sich mit vierundsiebzig zu verlieben, und heiraten wollte – da schonte er sein Herz (das physische!) nicht
mehr. Denn darin seid ihr Verschwender... Denn ihr heilt euch
von allem (von eurem ganzen Selbst, diesem Grauenhaften:
dem Unmenschlichen in euch, dem Göttlichen in euch...
durch das einfachste Mittel – die Liebe ... Ich selbst habe die
Welt der Nicht-Menschen gewählt – was hadere ich?

... Deine Mutter, wenn sie Dir verzeiht, ist die Mutter aus je-
nem mittelalterlichen Gedicht – erinnerst Du Dich, er lief fort,
das Herz der Mutter fiel ihm aus den Händen, und er stolperte
darüber:
   »Et voici que le cœur lui dit: T'es-tu fait mal, mon petit?«
Nun leb wohl. Laß es Dir gut gehen. Denk nicht so viel über
Dich nach. Alja und Serjoscha richte ich Deine Grüße aus, sie
denken mit großer Zärtlichkeit an Dich zurück und wünschen
Dir – wie ich – Gesundheit, Kraft zum Schreiben, Ruhe.
   Wenn Du Tichonow siehst – grüß ihn ...[175]

Marina begann sich alt zu fühlen – und abgeschnitten von allem. Sie spürte, daß sie in den Augen der Zwanzigjährigen
ringsum inzwischen nur noch eine exzentrische alte Dame war,
an der sie kein Interesse hatten. Sie, die junge Menschen immer angezogen und in deren stimulierender Welt gelebt hatte,
fühlte sich ganz und gar ausgeschlossen.
   Für sie war menschliches Mitgefühl immer über politische
und ökonomische Theorien zu stellen. »Alles, was verletzt
wird, erlangt seine Reinheit wieder zurück. Es sammelt alle
seine Kräfte und heilt sich selbst«, hatte sie 1924 geschrieben.

Und wenn sie jetzt von Serjoschas und Aljas politischem Engagement zurückwich, so nicht vor einem abstrakten Prinzip, sondern aus Mißtrauen gegen solche Prinzipien überhaupt. Aljas Begeisterung für den Kommunismus war echt, doch waren deren psychologische Ursachen leicht zu erkennen. Sie hatte sich seit langem eng an ihren Vater angeschlossen und war nur allzu leicht bereit, in den Idealen des Kommunismus einen Ersatz für die absolute Werte zu finden, die sie einst in der Verehrung der Kunst durch die Mutter verkörpert gesehen hatte.

Für Marina war dieser Abfall der Tochter weniger schmerzlich als die wachsende Einsicht, daß Murs Treue ihr gegenüber alles andere als unumstößlich war. Der einzige Mensch, von dem Marina hoffen konnte, daß er sie wirklich brauche, war ihr zehnjähriger Sohn, und ihr Kummer wuchs in dem Maße, in dem die Grenzen seiner Intelligenz deutlich sichtbar wurden. Er war weder ein Grübler noch ein Idealist, doch sie wünschte sich trotzdem, daß er mit seinem Leben etwas anfing, das der Mühe wert war. Er jedoch verstand sie nicht und hatte für ihre Gefühlswelt nichts übrig. Er war immer ein schwieriges Kind gewesen, und Slonim fand ihn jetzt ungehobelt und verzogen und ärgerte sich, wenn er mitansehen mußte, wie klaglos Marina ihren Sohn anhimmelte. Doch selbst sie begann sich ernsthafte Sorgen darüber zu machen, wie er sich entwickelte. Sie haßte seine Art, die ideologischen Gemeinplätze nachzuplappern, die er von Vater und Schwester aufgeschnappt hatte. Sie erkannte, daß Serjoscha und Alja leidenschaftlich daran glaubten, doch wenn sie dieselben Wendungen aus Murs Mund hörte, klangen sie blasiert und gedankenlos. Wenn sie Unterstützung oder Verständnis brauchte, konnte sie sich gewiß nicht an ihn wenden. Doch wenn es zu entscheiden galt, was am besten zu tun sei, dachte sie zuerst an seine Interessen.

Marinas Ansicht, daß Mur von überragender Bedeutung war, demonstrierte sie in einem ganz anderen Zusammenhang. Im Lauf des Jahres 1935 machte sie die Bekanntschaft der rei-

chen amerikanischen Erbin Natalie Clifford Barney, die in der
Rue Jacob 20 einen berühmten literarischen Salon unterhielt.
Natalies eigene schriftstellerische Talente waren bescheiden;
sie lebte ganz ihrem leidenschaftlichen Glauben an die Kraft
der Liebe zwischen Frauen. Sie selbst war in vielen Romanen
als Figur aufgetaucht (zum Beispiel in Radclyffe Halls *Quell der
Einsamkeit*), und es überrascht nicht, daß sie Marina zu ihrem
bemerkenswerten Essay »Brief an die Amazone« *(Mein weiblicher Bruder)* inspirierte. Während ihrer Exilzeit hatte Marina
keine lesbischen Erfahrungen gemacht, vergleichbar ihren Affären mit Sophia Parnok und Sonja Holliday, und sie schrieb
den Essay hauptsächlich, um die Beschaffenheit ihrer eigenen
Reaktionen zu untersuchen. Trotz aller Schönheit der Liebe
zwischen Frauen (die Gott, nach ihrer Ansicht, nicht mißbilligte), war sie zu der Überzeugung gelangt, daß es die weibliche
Natur selbst war, welche die Hoffnung auf jede dauerhafte Beziehung vereitelte – nicht wegen des Verlangens nach einem
Mann, sondern wegen des generellen Wunsches der Frauen,
Kinder zu haben. Marinas soziologische Beobachtungen mögen heute ohne Belang erscheinen, doch in bezug auf ihre Wahl
sind sie jedenfalls höchst aufschlußreich. Sie war eine Frau, deren fanatische Liebe zu ihrem Sohn stärker war als jede andere
Leidenschaft, die sie empfand; man kann sogar sagen, daß ihre
längste Liebe (die zu Serjoscha) der Liebe einer Mutter sehr
nahe kam. Der bezeichnendste Satz in ihrem Essay ist derjenige, in dem sie erklärt, nur krankhafte Frauen könnten der Ansicht sein, ihre Kinder nicht mehr zu lieben als ihre Liebhaber.

Marina fürchtete um Murs Zukunft, ob sie ihn nun nach
Rußland brachte oder weiterhin mit ihm im Exil blieb. Zweifellos waren die Aussichten in Frankreich trübe. Marina sah sich
bei anderen jungen Leuten um, die versuchten, aus ihrem Leben im Exil etwas zu machen, und fand, daß ihrem Sohn nichts
anderes als eine Sackgasse bevorstand. Serjoscha und Alja versuchten sie davon zu überzeugen, daß er im Fall einer Rückkehr

der Familie weit bessere Aussichten habe. Auch die geliebte Anastassja war wieder einmal in Moskau, und sie erinnerten sich an die zahlreichen guten Schriftsteller, die dort geblieben waren. Marina wußte auch, daß es ihr schwerfallen würde, sich selbst und Mur aus eigner Kraft durchzubringen. Das kleine Einkommen aus der Arbeit, die Serjoscha inzwischen gefunden hatte (von der Marina glaubte, es handele sich um irgendeine Schreibtätigkeit für die »Bewegung zur Rückkehr in die Heimat«), würde wegfallen, wenn er in die Sowjetunion zurückkehrte, und die *Letzten Nachrichten* hatten für ihre Arbeiten keinen Platz mehr.

Trotzdem zögerte sie, doch dieses Zögern hatte nichts mit den Schreckensmeldungen zu tun, die Pasternak ihr zugeflüstert haben mochte. Für ihren Wunsch, nicht zurückzukehren, gab es ganz private Gründe. Sie stellte sich das jüngst neuerbaute Moskau als eine Asphaltwüste mit Lautsprechern und riesigen Propagandatafeln vor. Sie fürchtete das neue sowjetische Erziehungssystem, in dem die Kinder nach der Schule gezwungen wurden, in Pioniergruppen mitzumachen und wenig Zeit bei ihren Familien verbrachten. Marina, von der man vielleicht erwartet hätte, daß sie darin eine Chance für Frauen sah, außerhalb der Zwänge des häuslichen Lebens zu arbeiten, sah darin einzig und allein die Gefahr, jeden Kontakt mit Mur zu verlieren.

Sie wußte instinktiv, daß es ihr unmöglich sein würde, »Glückwunschadressen an den großen Stalin zu unterschreiben«, doch dieses Unvermögen gründete sich nicht darauf, daß sie irgendeine Kenntnis von seinen Verbrechen hatte. Sie betrachtete ihn lediglich als Oberpriester einer banalen Kirche, in die sie nie würde zum Gottesdienst gehen können.

Sie mußte ihre Wahl treffen, doch immer noch zögerte sie, und zwar so nachhaltig, daß ihre alte abergläubische Natur sich wieder geltend machte und sie an Anna Tesková schrieb: »Liebe Antonovna, kennen Sie einen guten Wahrsager in Prag? Wie es scheint, komme ich ohne einen Wahrsager nicht aus.«[176] Sie sah keine Möglichkeit, die Situation richtig einzuschätzen, da sie zu diesem Zeitpunkt kaum Informationen über die politische Lage der Sowjetunion hatte.

Marinas Glaube an die Poesie war ihre einzige Gewißheit, als sie zu entscheiden versuchte, welchen Weg sie nehmen sollte. Doch die Ansprüche, die sie in ihrem außergewöhnlichen, brillanten, oft unzusammenhängenden Essay »Die Kunst im Lichte des Gewissens« an die Dichtkunst stellte, waren von denen, die man gemeinhin an die Kunst stellt, sehr verschieden. Obgleich sie die Dichtkunst »heilig« nannte, wählte sie als Beispiel ein Gedicht von Puschkin, das sie für zutiefst blasphemisch hielt – »Gelage während der Pest« – und das sie durch seine Vision von der Pest »als Eigenname und Person DES BÖSEN« faszinierte, dessen Macht der Dichter als so stark empfindet, daß er von ihr verführt wird.

»Der lyrische Dichter verrät sich durch das Lied, wird sich stets verraten, er kann gar nicht anders, als seinen Liebling (oder Doppelgänger) dazu bringen, in seiner, des Dichters, Sprache zu reden.«[177]

Zu einer Zeit, da Dichter emsig darum bemüht waren, ihre Kunst in den Dienst der Menschlichkeit zu stellen oder der Sache des Volkes zu widmen und ihr Talent um jeden Preis einem Kampf zu überantworten, behauptet Marina Zwetajewa kühl, jeder, der dienen wolle, solle »in die Heilsarmee eintreten – und DAS DICHTEN LASSEN«.[178] Doch Poesie war nicht der Kontrolle durch den Willen unterworfen und näherte sich dem unmoralischen Zustand des Träumens. Für sie ist der Zustand des Schaffens »ein Zustand der Anfechtung. Solange man nicht begonnen hat – eine OBSESSION, solange man nicht zum Abschluß gekommen ist – eine POSSESSION.«

»Die Kunst im Lichte des Gewissens« schließt mit Marinas

programmatischer Erklärung zu ihrer eigenen moralischen Position, just zu einem Zeitpunkt, da jene, die um sie waren (in ihrer eigenen Familie Serjoscha und Alja), es eilig hatten, sich für eine Sache in den Kampf zu stürzen, die sie für erhabener hielten. Sie kannte die Grenzen ihres eigenen Dichtertums:

»Mensch zu sein ist wichtiger, weil es nötiger ist. Der Arzt und der Priester sind nötiger als der Dichter, denn am Sterbebett stehen sie, und nicht wir. Der Arzt und der Priester sind menschlich-wichtiger, alle übrigen sind gesellschaftlich-wichtiger. (Ob die Gesellschaft als solche wichtig sei – ist eine andere Frage, sie zu beantworten, wäre ich nur berechtigt, wenn ich auf einer einsamen Insel lebte.) Ausgenommen die Schmarotzer aller Spielarten sind alle wichtiger als wir.

Und indem ich das weiß und es bei vollem Verstande und klarem Bewußtsein mit meiner Unterschrift besiegle, behaupte ich dennoch nicht weniger fest und nicht weniger klar, daß ich mein Tun gegen kein anderes eintauschen würde. Indem ich das Größere kenne, tue ich das Geringere. Deshalb gibt es für mich keine Vergebung. Nur solche wie ich werden beim Jüngsten Gericht denn auch nach dem Gewissen gefragt. Aber wenn es ein Jüngstes Gericht des Wortes gibt – vor dem bin ich rein.«[179]

1936 verdiente Serjoscha eine kleine Summe, die einem speziellen Fond der sowjetischen Regierung für Geheimagenten entstammte. Marina hatte davon keine Ahnung. Sie wußte nur, daß sie sehr oft zu Hause allein gelassen wurde, während Serjoscha und Alja zusammen an Versammlungen teilnahmen, von denen Marina glaubte, sie seien ein Teil von Serjoschas Aufgabe, die Rückkehr russischer Bürger in die Sowjetunion zu fördern. Sie hatte nicht die geringste Ahnung von dem Druck, den man auf ihn ausübte. Doch er war bereits aufgefordert worden, seine Treue zur Sowjetunion auf deutliche Weise unter Beweis zu stellen, wenn er Visa für die Rückkehr haben wolle. Weil dies

Dinge waren, die er mit ihr nicht diskutieren konnte, wurde die emotionale Kluft zwischen ihnen breiter, und Marinas Verwirrung nahm zu. Selbst wenn Mann und Tochter daheim waren, vermittelte deren mangelndes Interesse an ihren Sorgen ihr den Eindruck, mit Fremden zusammenzuleben.

Ihre Einsamkeit wäre leichter zu ertragen gewesen, wenn Mur ihre Liebe erwidert hätte, aber der Junge war über seine Armut tief verärgert und gab der politischen Widerspenstigkeit seiner Mutter die Schuld an der Fortsetzung des Exils. Und Marina lebte weiter mit der Bedrohung der bevorstehenden Abreise Serjoschas und Aljas, immer versucht, ihnen zu folgen. Am 29. März 1936 schrieb sie an Anna Tesková: »Ich lebe schon nicht mehr hier.«[180] Auch Murs Leistungen auf der Privatschule, die er besuchte, waren enttäuschend, wenn Marina auch dem französischen Schulsystem die Schuld gab, welches zu viel Wert auf das Pauken lege. Sie meinte, Mur habe das Anrecht auf eine bessere Erziehung als auf die, welche er auf einer freien Schule erhielt, denn ihr Vater hatte des öfteren Schüler auf eigene Kosten ins Ausland geschickt.

Zu den wenigen Beziehungen, die sich in diesen trüben Jahren entwickelten, gehörte die zu Vera Bunina. Als Marina noch in Clamart gewohnt hatte, schrieb sie im November 1933 in ihrem ersten Brief an Anna Tesková über ihre Reaktion auf die Verleihung des Nobelpreises für Literatur an Iwan Bunin. Sie war ausnehmend kritisch, denn sie hielt »Gorki für größer und menschlicher, origineller« und glaubte, seine Bücher würden »eher gebraucht«. »Gorki«, schrieb sie, »ist eine Ära, und Bunin ist das Ende einer Ära. Aber das ist *natürlich* alles politisch, *natürlich* konnte der König von Schweden keine Medaille an Gorki verleihen, einen Kommunisten!«[181]

Marina mochte Bunin nicht, fand ihn kalt, unbarmherzig und oberflächlich. Seiner Frau jedoch brachte sie herzliche Gefühle entgegen. Vera Bunina war eine Freundin von Marinas Halbschwester Valeria, und Marina teilte mit Vera einen Schatz

gemeinsamer Erinnerungen an die verlorene Welt des vor-
revolutionären Rußlands. Vera hatte bei Marinas Vater Kunstgeschichte studiert, und aus dieser Zeit stammte ihre Bekanntschaft, obwohl sie erst in Paris enge Freundinnen
wurden. Marinas Abneigung gegen Bunin machte es ihr um so
leichter, für Veras Situation Mitgefühl aufzubringen. Jeder
wußte, daß Bunin eine junge Geliebte hatte, Galina Kusne-
zowa, die mit der Familie überall hin reiste, und Vera hatte beschlossen, die Situation gelassen hinzunehmen. Marina fand
Veras fortgesetzte Liebe zu Bunin ganz und gar bewunderungswürdig und erkannte rasch, daß Vera sich für unentbehrlich
hielt und aus diesem Grund, wie eine Mutter, bei Bunin blieb.

Bunin war immer zu einem Flirt aufgelegt. Als er Alja bei
einer Dichterlesung begegnete, witzelte und scherzte er mit ihr
und lud sie schließlich zum Essen ein. Marinas Reaktion darauf
war nicht frei von Eifersucht. Sie bemerkte, daß Alja überhaupt
keine Verlegenheit gezeigt hatte, und fragte sich, ob das wohl
das Geheimnis weiblichen Erfolges bei Männern sei. Nicht zum
ersten Mal klagte sie darüber, wie lustlos sie geliebt worden sei.
Geister wie sie, schloß sie, würden statt dessen von »Seelen geliebt, von Poeten, einsamen Greisen, Hunden, Exzentri-
kern . . . «[182]

1935 waren sich Marina und Vera am nächsten, doch wie in
allen ihren Beziehungen, fürchtete sie sich vor der winzigsten,
wenn auch nur eingebildeten Kränkung. Am 10. Januar 1935,
zum Beispiel, schrieb sie, sie zweifle an Veras Wunsch, sie zu besuchen, und erwähnte, daß man in der Redaktion der *Letzten
Nachrichten* darüber klatsche, Vera Bunina habe nicht die Absicht, sie wiederzusehen. Ihre Erleichterung war groß, als sie
entdeckte, daß Vera nicht über sie verärgert war.

Aus den Briefen an die Bunina erfahren wir viel über Marinas finanzielle Umstände zwischen 1935 und 1937. Die emotionale Bedeutung, die diese Beziehung für Marina hatte, hinderte sie nicht daran, Veras Beziehungen auszunutzen und

häufig Geld zu leihen. Vera war es, der sie erzählte, wie schwer
es ihr falle, das Schulgeld für Mur aufzubringen, und bei der sie
sich (nicht ganz im Ernst) über die große Zahl der Lesungen beklagte, die sie 1935 geben müsse. Sie erwähnte sogar, daß sie
sich von V. V. Rudnew, einem Redakteur der *Zeitgenössischen
Annalen*, einen Vorschuß auf ihr Honorar habe geben lassen
müssen – ohne Zweifel mit der Absicht, sie zu weiterer finanzieller Unterstützung zu ermutigen. Marinas Briefe an Vera
waren oft nichts anderes als Versuche, auf Umwegen Geld bei
deren reichen Freunden lockerzumachen; und wenn sie bei ihren Bitten in der Regel das Schulgeld als das Notwendigste
nannte, hatte das seinen Grund darin, daß es ihr leichter fiel,
um Geld für Luxus als um Geld für Nahrung zu bitten. Obgleich es sich in vielen Briefen an Vera um Geld drehte, war die
Beziehung auf seiten Marinas von großer emotionaler Brisanz,
wenn sie auch entschlossen war, nicht, wie in früheren Affären,
die Kontrolle über sich zu verlieren. Mit bemerkenswerter
Wahrnehmung ihrer eigenen Selbstkontrolle, die es ihrer leidenschaftlichen Natur nicht gestattete, die Oberhand zu gewinnen, schrieb sie an Vera:

»Ich weiß, ich hätte Dich tausendmal mehr lieben können, als
ich es tue. Aber, Gott sei Dank, habe ich mir *sofort* Einhalt ge-
boten ... Mein Verhalten ist vielleicht die erste vernünftige
Handlung meines Lebens ... Mein Gott, welch eine Qual wäre
das gewesen (für mich; für Dich). Ich hätte von Treffen zu Treffen gelebt, von Brief zu Brief. Treffen wären verschoben worden, Briefe wären nicht angekommen – oder sie wären angekommen, aber die falschen (immer die falschen, denn nur Du
schreibst die *richtigen*). Vera! Danke Gott, daß ich Dich tausendmal weniger liebe, als ich es könnte.«[183]

Sie schickte Vera ein Exemplar von *Mutter und die Musik*, und Vera freute sich darüber. Marina war sehr begierig zu erfahren, ob Vera das Porträt ihrer Mutter gefallen habe, d. h. sie war neugierig auf Veras Meinung über die Persönlichkeit ihrer Mutter, der sie nach ihrer Erkenntnis »alles verdanke«.

Im Juni 1935 plante Marina, mit Mur nach La Favière in der Provence zu fahren. Dort standen ihnen eine Mansarde und ein Teil des Gartens in einem nur vier Minuten vom Meer entfernten Haus den ganzen Sommer über zur Verfügung. (Das Haus gehörte der Baronin Wrangel, Tochter eines Cousins von Iwan Wladimirowitsch Zwetajew). Marina brauchte nur noch die 430 Francs für zwei Rückfahrkarten, die sie von V. V. Rudnew nicht auch noch erbitten konnte. So schrieb sie, selbst als sich bei Mur Magenschmerzen einstellten (die, wie sie fürchtete, auf eine Blinddarmentzündung hindeuteten), weiter handschriftliche Eintrittskarten für eine für Juni vorgesehene Lesung. Und sie ließ die Lesung stattfinden, obwohl sich ihre Befürchtungen um Mur bestätigten.

Zu seiner Genesung unternahmen sie die Reise nach La Favière, und während er sich erholte, widmete sie sich ihm ganz; ihr Leben konzentrierte sich völlig auf sein Wohlbefinden. Sie gab ihm das einzige Zimmer mit schöner Aussicht und verbrachte den ganzen Tag mit ihm in der Sonne, obgleich sie im Freien nicht arbeiten konnte. Nachdem er zu Bett gegangen war, saß sie allein in der Küche und lauschte fremden Stimmen. Sie drangen aus einer Ferienkolonie russischer Emigranten herüber, die sich in einem nahen Kiefernwald befand, doch von dieser Gemeinschaft wurde inzwischen kein Mitglied der Familie Efron mehr akzeptiert.

In diesem Sommer konnte sie nur nach getaner Hausarbeit in der Küche schreiben, in der es bei offener Tür strahlend hell und bei geschlossener Tür stickig war; sie hatte keinen Tisch und es mangelte ihr an Energie. Doch der Sommer war eine überaus notwendige Ruhepause, die für jemanden, dem Schreiben kein Bedürfnis war, paradiesisch gewesen wäre. Sie sehnte sich sogar danach, so zu sein wie andere Leute, für die der Sommer eine Gelegenheit war, sich von ihrer Arbeit zu erholen; sie hingegen fand Erholung in ihrer Arbeit, und wenn sie nicht schreiben konnte, war sie einfach unglücklich.

Im Herbst in Paris geriet ihre Beziehung zu Vera Bunina ins Stocken, und im Verlauf des folgenden Jahres lebten sich die beiden Frauen auseinander, ohne daß es Streit gab. Es gibt eine Notiz Marinas vom 26. Oktober 1936, in der sie Vera für Grüße dankt, die diese ihr durch Chodassewitsch übermitteln ließ, doch dieser Versuch, ihre Bekanntschaft neu zu beleben, schlug fehl.

Marinas Situation machte jetzt rasche Entschlüsse notwendig. Eifrig befragte sie Schriftsteller wie Malraux, der aus der Sowjetunion zurückgekehrt war; er sprach mit Begeisterung vom dortigen Leben, obgleich er, als Mark Slonim ihn in Marinas Gegenwart nach der Freiheit fragte, die man dort Schriftstellern zugestehe, zur Antwort gab: »Im Augenblick ist es noch nicht die Zeit dafür.«[184]

Eine weitere Lesereise nach Belgien hatte Marina 1936 so viel Geld eingebracht, daß sie Mur einkleiden konnte. Doch wieder einmal bedrückte es sie, daß Mur schlechte Charaktereigenschaften entwickelte. Er hatte keine Manieren und verfügte nicht über die geringste natürliche Freundlichkeit; er dankte der Frau, die ihm täglich sein Essen vorsetzte, als »belle er sie an«. Halb im Scherz nannte Marina ihn einen »Wilden«, doch ihr Lächeln war gequält. Sie hatte gemerkt, daß man sie bemitleidete, weil ihr Sohn sie so rüde behandelte.

Sie war durch Brüssel gewandert und hatte sich ein wenig nach einem Platz umgesehen, wo sie vielleicht, allein und ohne Freunde, leben konnte, weil das Leben in Brüssel leichter und billiger war als in Paris. Solange sie freilich Serjoscha nicht verlassen konnte, der an Paris gebunden war, würde dieser Plan nichts als ein Traum bleiben. Es war Mai, der Monat, in dem sie sich vor fünfundzwanzig Jahren in Koktebel zum ersten Mal begegnet waren, und Marina war noch immer bewegt, wenn sie sich an dieses erste Treffen erinnerte. Inzwischen entwickelte sich jedoch das Leben ihres Mannes völlig getrennt von dem ihren.

Im Frühsommer des Jahres 1936 ging von dem jungen Dichter Anatoli Steiger der Anstoß zu einer kurzen, aber emotional stark aufgeladenen Beziehung aus. Marina war ihm vorher nur einmal kurz begegnet, obwohl sie ihn durch seine Schwester Alla Golowina kannte, die von Marina verächtlich als ein »literarisches Anhängsel« bezeichnet wurde. Steiger war mit vielen alten Feinden Marinas eng befreundet, und es ist durchaus nicht klar, warum er sich an sie wandte, aber sie antwortete auf das Geschenk seines Briefes mit der ganzen verzweifelten Glut einer leidenschaftlichen Natur, die nach Zärtlichkeit hungerte. Er war schwindsüchtig, lange Zeit schwerkrank gewesen und litt unter dem Verlust einer Geliebten, die ihn vor kurzem verlassen hatte. Zwischen August und September 1936 erholte er sich in einem Berner Krankenhaus von einer Operation; von dort schickte er Marina seinen eben erschienenen Gedichtband. Auf seinen ersten Brief antwortete sie nicht mit einem, sondern mit vielen Briefen; alle paar Tage ging ein Brief ab, zusammen mit Gedichten, die sie für ihn geschrieben hatte, und jeder bejubelte ihre Freude darüber, daß sie jemanden gefunden hatte, der ihre Zuneigung wirklich brauchte. Die Verzweiflung in Steigers erstem Brief war echt, und er war glücklich, so schnell eine Antwort zu erhalten. Marina jedoch schrieb ihm lange, komplizierte Briefe, in denen sie das Wesen der Krankheit, des Schreibens und der Liebe untersuchte. Sie glaubte, auf diese Weise ihre eigene geistige Kraft dazu nutzen zu können, in ihm den Lebenswillen zu wecken. Wie vorauszusehen, zog er sich, als er kräftiger wurde, von ihr zurück. Und der Schmerz, den sie darüber empfand, war tief, wenn auch nur eine unmerkliche Zunahme einer fortdauernden Enttäuschung.

Marina wandte sich wieder ihrer Arbeit an der Übersetzung von Puschkins »Gelage während der Pest« zu, über das sie in »Die Kunst im Lichte des Gewissens« so großartig geschrieben hatte, und arbeitete an ihrem bemerkenswerten Essay »Mein Puschkin«. Mitten in ihrer Trübsal erfuhr sie, daß Anna Teskovás Mutter gestorben sei, und Marina bot in einem Brief jede erdenkliche Hilfe an. Es war ein schwieriger Brief – sie fürchtete, angesichts eines solchen Verlustes in Übertreibungen zu verfallen – doch sie tröstete sich mit dem Gedanken, daß es außer der ihren vielleicht keine andere menschliche Stimme gebe.

Gegen Ende des Jahres 1936 erkrankte Marina an Grippe und war gerade noch fähig, einen Neujahrsbaum herzurichten und Geschenke für Mur zu besorgen. Serjoscha und Alja waren zu sehr mit ihren Plänen einer Rückkehr in die Sowjetunion beschäftigt, um viel Interesse für ihre altmodische Neujahrsfeier aufzubringen.

Als Alja im März 1937 ihr Visum zur Rückkehr in die UdSSR erhielt, begann sie sofort zu packen. Jeder half. Serjoscha gab eine Menge Geld aus, um passende Kleidung für sie zu kaufen, doch Marina war vor Kummer zu betäubt, um sich zu erkundigen, woher das viele Geld stammte. Es war beinahe so, als heirate Alja, und alle ihre Bekannten beteiligten sich an der Beschaffung ihrer »Aussteuer«. Alles, was man ihr schenkte, war von bester Qualität – ein Pelzmantel, Bettwäsche, Laken, eine Uhr, Handkoffer, Feuerzeuge – all das weltliche Gut, das sie ihr Leben lang entbehrt hatte. Marina ging zum Marché aux Puces (dem berühmten Pariser Flohmarkt) und kaufte dort ein Grammophon; außerdem schenkte sie ihrer Tochter ihr eigenes silbernes Armband, eine Brosche, eine Kamee und ein Kreuz.

Alja reiste fröhlich ab. Sie war völlig neu eingekleidet und sah in der Menge, die zu ihrer Verabschiedung gekommen war, sehr elegant aus, wie eine Braut, die in die Flitterwochen fährt. Als der Zug abfuhr, war Marina tieftraurig. Sie hatte schon viele Freunde verabschiedet und wußte sehr wohl, daß die Euphorie nicht lange andauern würde. Mehrere Monate vergingen, ohne daß Nachricht von Alja kam, und Marina machte sich schreckliche Sorgen. Als jedoch schließlich ihre ersten Briefe eintrafen, waren sie überaus zuversichtlich. Alja wohnte bei Serjoschas Schwester und studierte mit Marinas Schwester Anastassja Englisch. Sie verdiente ein wenig Geld und hatte gute Aussichten, durch ihre Illustrationen noch mehr zu verdienen. Alles in allem schien sie mit ihrer Situation sehr zufrieden zu sein. Marina tröstete sich mit der Hoffnung, daß ihre Tochter die richtige Entscheidung getroffen habe.

Am 14. Juni 1937 besuchte Marina die Weltausstellung, die in Paris stattfand und betrachtete mit besonderer Aufmerksamkeit den russischen und den deutschen Pavillon. In der russischen Ausstellung glaubte sie etwas zu entdecken, das *Leben* widerspiegelte, wogegen die deutsche Kunst sie entsetzte. Ihr Eindruck war nicht ganz falsch, doch war ihr Instinkt auch nicht ganz richtig – schließlich war der stalinistische Terror 1937 unter Jeschow (Chef der Geheimpolizei 1936-38) auf dem Höhepunkt. Aber Marina bemühte sich verzweifelt zu verstehen, wie ihre Tochter und ihr Gatte sich überhaupt für eine Ideologie engagieren konnten, und sie war erleichtert festzustellen, daß sie zumindest ihren Abscheu vor dem Faschismus teilen konnte. Für sie selbst, bekannte sie, waren beide Pavillons voll von Götzenbildern.

Von Alja trafen weiterhin fröhliche Briefe ein; sie hoffte, bald bei einer Zeitung arbeiten zu können und wurde währenddessen für freie Mitarbeit gut bezahlt. Marina begann sich zu fragen, ob die Sowjetunion am Ende nicht doch menschlich und anständig sei. Nicht, daß alle Nachrichten aus Moskau gut gewesen wären. Alja schrieb, daß Sonetschka – das schöne Mädchen Sonja Holliday, mit dem Marina im Frühling und Sommer 1919 so eng verbunden gewesen war – tot sei. Marina war von Kummer überwältigt, den sie dadurch zu lindern suchte, daß sie ihre Erinnerungen an die Periode dichterisch gestaltete.

Während des ganzen Sommers stand das Moskau des Jahres 1919 vor ihrem geistigen Auge, als sie versuchte, das Leben zu rekonstruieren, das sie mit ihren jungen Freunden vom Wachtangow-Studio geführt hatte. Im Laufe des Sommers schrieb sie eine längere Prosastudie über jene Zeit des Hungers und der bitteren Kälte, über ihre Liebe zu Pawel Antokolski, ihre Schwärmerei für Sonetschka und ihre Freundschaft mit Wolodja. Sie schrieb über jene, die nach Süden gegangen waren, um sich der Weißen Armee anzuschließen – während sie selbst gerade die Rückkehr in die UdSSR erwog: ein alarmierendes Zeichen des für sie so charakteristischen Mangels an Realitätssinn. Sie hätte Zeit genug gehabt, alles reiflich zu überdenken. Sie konnte nicht wissen, daß die Ereignisse bald eine entscheidende Wendung nehmen und sich Veränderungen ergeben würden, die es Serjoscha unmöglich machten, in Paris zu bleiben.

11

»Es war alles unaufhaltsam, unabänderlich, tödlich«

1937 - 1939

Marina mit ihrem Sohn Georgi
Paris

Es ist schwer festzustellen, in welchem Maß Serjoscha in den Mord an Ignaz Reiss verwickelt war. Sein sanfter, weicher Charakter macht es unwahrscheinlich, daß man ihn für die zentrale Rolle auswählte, doch er erhielt mit Sicherheit Geld aus einem speziellen, für Spionage bestimmten sowjetischen Fond, und er hatte sich bereits dazu hergegeben, andere Personen, die man ihm als Verräter bezeichnete, zu überwachen; das NKWD setzte ihn unter Druck, die Ehrlichkeit seiner Überzeugung zu beweisen. Während kein Zweifel daran besteht, daß das NKWD letztlich für den Mord an Reiss verantwortlich war, gibt es auch ein Indiz, das auf eine eindeutige Verbindung zwischen Serjoscha und dem Mord hinweist.

Reiss war zwanzig Jahre lang als Spion für die Sowjetunion tätig gewesen, hauptsächlich in Deutschland, doch nach Hitlers Machtergreifung verbrachten er und seine Frau die meiste Zeit in Paris. Er hatte Zugriff auf offizielle Geldmittel, mit denen er deutsche Kommunisten unterstützte, die aus dem Dritten Reich hatten fliehen müssen. Auf diesem Wege lernte er Gertrude Schildbach kennen – und sie war die entscheidende Verbindung zu Serjoscha.

Sie war 1934 als echte Emigrantin in Paris eingetroffen. Reiss bezahlte die Miete für ihre Wohnung und benutzte sie gelegentlich für Treffen, ohne Gertrude in irgendeiner Weise für das NKWD einzuspannen. Er kannte Gertrude Schildbach seit 1917 und hielt sie emotional für viel zu labil, als daß er ihr eine Rolle in der Organisation anvertraut hätte. Im August 1936, nachdem die Prozesse gegen die Altbolschewisten – G. Sinowjew, L. Kamenew, L. M. Smirnow und andere – mit Todesstrafen für alle sechzehn Angeklagte geendet hatten, setzten sich in Europa viele wichtige Leute vom NKWD ab. Darunter war

auch Ignaz Reiss in Paris, der den Mut aufbrachte, in einem offenen Brief an das Zentralkomitee zu protestieren und seinen
Orden zurückzugeben, den er für seine Verdienste um die Partei seit 1919 erhalten hatte. Reiss ging davon aus, daß der Brief
auf seinem Weg durch diplomatische Kanäle eine Woche brauchen würde, bis er beim Zentralkomitee ankam, und begab sich,
der Gefahr wohl bewußt, mit seiner Frau nach Lausanne.

Währenddessen begannen Befehle einzutreffen, die viele
NKWD-Agenten nach Moskau zurückbeorderten. Die Agenten, die diese Befehle befolgten, taten das aus verschiedenen
Gründen. Selbst wenn einige von ihnen befürchteten, nach der
Rückkehr erschossen zu werden, wagten es die, deren Familien
noch in der Sowjetunion lebten, nicht, die Rückkehr zu verweigern, denn 1937 zahlten Angehörige mit ihrem Leben für jeden
politischen Fehltritt in der Familie.

Am Morgen des 4. September 1937 trafen Reiss und seine
Frau in einem Café in Lausanne mit Gertrude Schildbach zusammen und erhielten von ihr eine Schachtel mit vergifteten
Pralinen. Im Café befanden sich weitere Agenten, die darüber
wachen sollten, daß Gertrude Schildbach nicht umfiel und
Reiss warnte, doch ungeachtet einiger Bedenken, die sie vielleicht hatte, tat sie es nicht. Einer der Gründe für ihre Folgsamkeit war ein junger Mann namens Rossi (ein NKWD-
Agent), der mit ihr geschlafen hatte. Dennoch wurde sie von
ihm getäuscht, da er auch der Liebhaber eines anderen Mädchens, Renata Steiner, war. Schildbach und Steiner arbeiteten
für die gleiche Organisation wie Serjoscha, und Renata Steiner
hatte Serjoscha selbst angeworben.

Es war Rossi, der am 2. September das Fluchtauto mietete,
und obwohl Madame Poretzky (Reiss' Frau, die überlebte) behauptete, daß Efron zu den Wageninsassen gehört habe, als
Rossi kam, um Renata abzuholen, gehörte Serjoscha mit Sicherheit nicht zu den Mördern. Die französische Polizei verhörte ihn eingehend und ließ ihn wegen Mangels an Beweisen

laufen, doch die meisten seiner Freunde wußten, daß er in die Sache verwickelt war, und waren, mit Ausnahme von Vera Suwtschinski, davon überzeugt, daß er in gewissem Grad verantwortlich sei.

Vera war viel mit ihm zusammengewesen, weil sie in der gleichen kommunistischen Gruppe arbeiteten, und sie wies mit Nachdruck darauf hin, daß in der Woche nach dem Mord in seinem Verhalten keine Veränderung zu bemerken gewesen sei. Sie stand kurz vor der Entbindung, und Serjoscha brachte sie am 20. September in das Entbindungskrankenhaus. Trotzdem ist es höchst unwahrscheinlich, daß er zwei Wochen nach dem Vorfall noch immer nichts vom Mord an Reiss wußte. Daß sie zögerte, an seine Verwicklung in die Sache zu glauben, ist verständlich, sie hatte ihn immer gemocht.

Seine eigene Frau wollte es einfach nicht glauben. Marina hatte sich mittlerweile mit seinem Engagement für die sowjetische Sache abgefunden, doch sie hatte keine Ahnung, daß das Geld, das er monatlich bekam, vom NKWD stammte. Als ihn Befehle aus Moskau zur sofortigen Flucht zwangen, war sie wie vor den Kopf geschlagen. Seine übereilte Abreise war an sich schon ein Schock, doch ihr folgte auf dem Fuß eine eingehende Befragung durch die französische Sûreté. Das kam ihr höchst verwirrend vor, und sogar die Ermittler kamen rasch dahinter, daß sie nicht das geringste über Spionage, Politik und Aktivitäten ihres Mannes wußte. Sie hatte keine Ahnung, wer Serjoschas Kontaktleute waren, wußte nicht, welche Rolle er in der Organisation zur Repatriierung exilierter Russen spielte und wies jede Möglichkeit, Serjoscha könne in einen Mordfall verwickelt sein, zurück. Da sie das Bedrohliche der Anschuldigungen nicht begriff, antwortete sie mit Zitaten aus Corneille und Racine. Schließlich kamen der Polizei Zweifel an ihrer Zurechnungsfähigkeit, und man ließ sie ohne große Umstände laufen.

Danach weinte Marina tagelang. Jetzt wußte sie natürlich, daß Serjoscha Geld aus dem für Spionage bestimmten Fond bekommen hatte, doch an seine Schuld mochte sie immer noch nicht glauben. Sogar seine plötzliche Rückkehr in die Sowjetunion überzeugte sie nicht davon. Sie hatte genug erfahren, um zu wissen, daß Serjoscha, da sein Name der französischen Polizei jetzt bekannt war, für den russischen Geheimdienst nutzlos geworden war – und viele Leute in dieser Lage waren in die UdSSR zurückbeordert worden.

Was immer sie auch einwenden mochte, der Zirkel der Emigranten war zur endgültigen Überzeugung seiner Schuld gekommen, und Marina wußte, daß sie nun vollkommen von ihren Landsleuten isoliert sein würde. Sie war vor Entsetzen und Einsamkeit wie betäubt. Dennoch schrieb sie am Tag von Serjoschas Abreise in die Sowjetunion an Anna Tesková, ohne ihre augenblickliche Situation zu erwähnen.

Die wahrscheinlichste Erklärung für dieses Verhalten war Marinas alte Furcht, daß die Dinge wahrer würden, wenn man sie in Worte faßte. Als ihre Tochter Irina gestorben war, war sie drei Wochen lang herumgelaufen, ohne in der Lage zu sein, mit irgend jemandem darüber zu sprechen. Vera Suwtschinski gegenüber äußerte sie in Paris, sie habe das Gefühl gehabt, den Tod endgültig zu machen, wenn sie mit einer Person darüber spreche. Auch jetzt, den Verlust Serjoschas (der in ihrem Leben ein Fixpunkt blieb) vor Augen, fürchtete sie sich, darüber zu schreiben oder zu sprechen.

Von diesem Moment an wußte sie, daß sie keine andere Wahl hatte, als in die Sowjetunion zurückzukehren. Sie verfügte nicht mehr über Serjoschas kleines Stipendium, und seit seiner Entlarvung würden die Emigrantenkreise sie eher zu Tode hetzen als zu ihrem Unterhalt beitragen.

Mark Slonim begegnete Marina im Oktober des Jahres und war beunruhigt, wie plötzlich sie gealtert und wie verhärmt sie aussah, obwohl sie erst fünfundvierzig Jahre alt war. Es war das

erste Mal, daß Slonim sie weinen sah. Mur war nicht da, und
Slonim erinnerte sich später an ihren Satz: »Ich möchte sterben, doch um Murs willen muß ich leben. Sergej und Alja brauchen mich nicht mehr.«[185]

Während jenes Winters, zwischen November 1937 und Februar
1938, brachte Marina keine Zeile zustande. Selbst das Schreiben eines Briefes an Anna Tesková beanspruchte mehr Kraft,
als sie aufbringen konnte. Statt dessen schrieb sie Postkarten:
»Mir ist nicht mehr nach Schreiben zumute«, entschuldigte sie
sich. Erst im Mai 1938, als der Tschechoslowakei die deutsche
Invasion drohte – die Marina als eine persönliche Bedrohung
empfand – wurde sie aus ihrer Misere aufgescheucht. Als die
Großmächte im September das Münchener Abkommen unter-
zeichneten und deutsche Panzer im Oktober in Prag einrollten,
geriet sie außer sich vor Zorn. Tag und Nacht kreisten ihre Gedanken um die Tschechoslowakei. Sie schrieb an Anna Tesková:

»Ganz Böhmen ist jetzt ein riesiges menschliches Herz, das nur
für eins schlägt: für das Gleiche, wie meins. Tiefstes Schmach-
gefühl für Frankreich, doch das ist *nicht Frankreich*. Auf den
Straßen und Plätzen sehe und höre ich: das ganze wahre Frankreich, *sowohl Volksmassen als auch Köpfe*, ist für Böhmen und
gegen sich selbst.«[186]

Daß Marina so darauf bestand, das Volk auf der Straße reprä-
sentiere das »wirkliche« Frankreich, bezeichnete einen Wandel
in ihren politischen Hoffnungen. Zum ersten Mal in ihrem Leben freute sie sich, in den Straßen Kommunisten gegen die Regierung demonstrieren zu sehen. Zum ersten Mal auch las sie
linke Zeitungen. In einer Nachschrift zu einem Brief an Anna
Tesková vom 24. September heißt es:

»Ich schäme mich nun, zu leben. Jedermann schämt sich nun, zu leben. Denn man kann nicht in Schande leben... Habt Vertrauen zu Rußland!«

Marinas persönliche Isolation war jetzt total. Anfang 1938 hatte die Presse den Fall Reiss aufgegriffen, und fast alle Russen, die sie in Paris kannte, behandelten sie wie eine Kriminelle. (Salomea Halpern war eine Ausnahme, doch sie lebte in jenem Jahr in London.) Marinas russische Nachbarn zwangen sie, ihr Heim zu verlassen, und sie mußte in ein billiges Hotel auf dem Boulevard Pasteur, Nummer 13, umziehen. Dort erhielt sie den ersten Brief von Serjoscha.

Am 15. Juni 1938 konnte sie schließlich seinen Wunsch erfüllen, für Serjoschas Eltern und seinen Bruder auf dem Friedhof von Montparnasse einen Gedenkstein aufstellen zu lassen. Das hatte absurde Probleme mit sich gebracht. Die Person, welche die Grabstelle als erste erworben hatte, hatte nach französischer Gepflogenheit mit »Effront« unterschrieben, und da diese Schreibweise von allen folgenden Dokumenten übernommen worden war, wollte die Friedhofsverwaltung ihr nicht gestatten, den Namen auf dem Grabstein in »Efron« zu ändern. Es gab andere Schwierigkeiten – mit dem Datum, der kyrillischen Schrift – doch Marina schien aus Serjoschas Brief neue Energien geschöpft zu haben und setzte alles daran, daß der bescheidene Gedenkstein korrekt aufgestellt wurde.

Bald traf auch eine Postkarte aus Prag ein, die bestätigte, daß Anna Tesková zumindest noch lebte. Marina antwortete sofort, voll wehmütiger Erinnerung an die Zeit, da sie, Alja und Mur Prag verlassen hatten, um nach Paris zu gehen. Sie hatte mit der Arbeit an einem Gedichtzyklus begonnen, einem Protest gegen die Invasion; sie bat Anna um ein Buch über die Prager Legenden und wiederholte eine frühere Bitte um eine Photographie der berühmten Statue des Ritters von Prag. Im selben Brief bat Marina, die ihr Herz vorher nie an kostbare Dinge ge-

hängt hatte, um ein Halsband aus Prager Rauchquarz, das sie
bis an ihr Lebensende bewahren sollte. Außerdem versuchte
sie, wie viele andere, wo immer es möglich war, tschechische
Exporte zu kaufen. Sie erwarb sogar ein Tintenfaß aus Emaille,
weil es die Aufschrift »Hergestellt in der Tschechoslowakei«
trug.

Vielleicht ist es merkwürdig, daß Marina auf die Besetzung
der Tschechoslowakei viel heftiger reagierte als auf jedes andere
vergleichbare politische Ereignis. Sie sagte dazu: »Ich glaube,
daß die Tschechei mein erster Kummer dieser Art ist. Rußland
war zu groß, und ich war zu jung.« Marina verdächtigte alle der
Scheinheiligkeit, die ihr Bedauern aussprachen und so wenig taten. Sie hatte nicht den Wunsch, zu einer Gesellschaft von
Frauen zu gehören, die, um den Schein zu wahren, ihr Entsetzen über die schlechte Behandlung der Juden zum Ausdruck
brachten und von denen sich später herausstellte, daß sie Affären mit Angehörigen antisemitischer Gruppen hatten. Überall
umgab sie Feigheit und Komplizentum, und sie fühlte sich in
ihrer Entrüstung völlig allein.

In den Kreisen der russischen Emigranten tat sich 1938 sehr
viel. In den Theatern wurden Stücke von Mark Aldanow und
Nina Berberova gespielt, es fanden auch zahlreiche wichtige
Dichterlesungen statt, doch Marinas Name tauchte nirgendwo
auf. Man hatte sie ausgestoßen. Merkwürdigerweise erneuerte
ihre emotionale Betroffenheit über den Einmarsch in die Tschechoslowakei eine Spur ihrer früheren Kraft, und sie war imstande, an Anna Tesková zu schreiben, daß ihre Einsamkeit sie
gar nicht so sehr beschäftige. Die Gedichte, die sie zu dieser
Zeit für Prag schrieb, erwuchsen aus ihrem qualvollen Haß angesichts der Vergewaltigung eines Landes, in dem sie sich am
glücklichsten gefühlt hatte:

Klage des Zorns und der Liebe!
Salz, das auf Augen ruht!
Oh, und Böhmen in Tränen!
Oh, und Spanien im Blut!

O schwarzer Berg, der du das
Licht verdunkelt hast!
Zeit ist, Zeit, dem Schöpfer
Hinzuwerfen den Paß.

Ich weigre mich zu leben
Im Tollhaus, unter Vieh.
Ich weigre mich, ich heule
Mit den Wölfen nie.

Ich weigre mich zu schwimmen
Als Hai des Lands, stromab
Den Strom gebeugter Rücken –
Ich weigre mich, lehn ab.

Ablehn ich, daß ich höre,
Ablehn ich, daß ich seh.
Auf diese Welt des Irrsinns
Gibt es nur eins: ich geh.[187]

Indem sie von dem »Paß« spricht, den sie Gott hinwerfen will, bezieht sich Marina auf Iwan Karamasow in Dostojewskis *Die Brüder Karamasow,* der die Möglichkeit einer Erlösung zurückweist, wenn sie durch das Leid eines einzigen Kindes erkauft würde.

Eine ernsthafte Grippe schwächte sie erheblich. Träume von Prag erfüllten ihre Tage mit Sehnsucht. Es gelang ihr, für den dreizehnjährigen Mur einen Weihnachtsbaum zu beschaffen; sie tauschten Weihnachtsgeschenke. Doch es herrschte Kälte zwischen ihnen. Der einzige Lichtblick für Marina im Jahr 1939 war vielleicht ein Grußtelegramm Aljas zum Neujahrstag.

Am 31. Mai 1939 war die Entscheidung, in die Sowjetunion
zurückzukehren, getroffen, obgleich Marina nur wenigen Leuten erzählte, daß sie ein Visum beantragt hatte. Sie konnte
nicht viel mitnehmen, und außerdem war das Geld knapp, und
sie mußte viele Dinge verkaufen. Sie brachte geraume Zeit damit zu, ihre Notizbücher auszusortieren. In der übrigen Zeit
brachte sie Murs Kleider in Ordnung. Anfang Juni 1939 machte
sie sich mit Mur auf, um sich von Mark Slonim zu verabschieden, dessen Haus zu den wenigen gehörte, in denen sie noch
willkommen war. Bis zur Abreise waren es nur noch wenige
Tage, und mit großer Traurigkeit gedachten Marina und Slonim
der sorglosen Tage, die sie einst zusammen in Prag verbracht
hatten. Marina las Slonim ihr letztes Gedicht, »Der Autobus«,
vor, das Slonim in bezug auf Sprache und Humor besonders
brillant fand. Es war ein langes Gedicht von großer Virtuosität,
wie man aus dem Anfang ersehen kann:

> Über Gerümpel und Abfallstreifen
> Hüpfte der Bus wie ein Asphaltteufel.
> Durch Gassen, enger als Anmerkungen
> Hat teuflisch er den Kurs gewunden:
> Geschüttelt wie ein Beifallssaal.
> Geschüttelt wir: nach Teufelsart.
> Hast Graupen du unterm Strahl gesehn?
> Erbsen, die sich im Kochtopf drehn!
> Bald geklumpt und bald getrennt!
> Getreide, das im Mörser springt
> Palmsonntagstänzer im Fuselschwung
> Zähne im geschüttelten Mund!

> Jeder geschüttelt auf seine Art:
> Das Ganze dann zum Lüster geschart:
> Die Greisin mit Perlenglas und Knochen
> Das Mädchen mit Brüsten, vorgekrochen
> Geschmückt mit einer Perlenkette.
> Die Mutter mit Säugling, weich gebettet
> Der seinen Gutgenährten schwang.
> Wie die Geige von ihrem Klang
> Erzitterte alles. Das Schütteln gebar ein Lachen
> Das Lachen einen fröhlichen Kasten
> Schamlos geschüttelter Birnen:
> In die Kindheit gepurzelter Stirnen.[188]

Mur hörte zu und wirkte gelangweilt. Marina vertraute Slonim ihre Befürchtungen an: Was würde sie in Moskau erwarten? Würde man ihr Werk veröffentlichen? Das erregte das Interesse des gähnenden Mur, und er wies sie zurecht: »Wirklich, Mama, du wirst es nicht glauben, aber es wird alles ganz prächtig werden!« Marina und Slonim unterhielten sich bis Mitternacht, obgleich Mur seine Mutter zum Aufbruch drängte. Sie zögerte den Abschied immer wieder hinaus. Schließlich verabschiedeten sie sich auf dem Treppenabsatz, und dann sah Slonim stumm und schweigend zu, wie sie den Lift betraten. Als er sich in Bewegung setzte, ihre Gesichter unter ihm hinabtauchten und er sie aus den Augen verlor, hatte er die Vorahnung, daß es ein Abschied für immer gewesen war.[189]

Mur war nicht nur zu aufgeregt, um die Gefühle seiner Mutter wahrzunehmen, sondern war ganz seinen eigenen hingegeben. Er war ein untersetzter, gutaussehender Junge von vierzehn Jahren, der immer sehr darauf aus war, sich etwas Hübsches zum Anziehen zu kaufen, während Marina sich abrackern mußte, um sie beide überhaupt am Leben zu erhalten. Während Marinas letzter Monate in Paris kam wenigstens noch ein Brief von Serjoscha an, und darin klagte er über nichts mehr als über seine Sehnsucht nach dem französischen Kino. Vielleicht als Reaktion auf diese unerwartete Bemerkung, begann Marina öfter als gewöhnlich ins Kino zu gehen, und diese Besuche gehörten bald zu ihren wenigen Vergnügungen. Während der letzten Wochen trug Marina ständig ihr tschechisches Halsband, als verfüge es über schützende Zauberkräfte. Ein Tagebucheintrag vom 23. April 1939 verzeichnet einen Traum von Zauberkräften, aus dem Marina getröstet erwachte:

»Traum. 23. April '39: Ich gehe einen schmalen Bergpfad hinauf. Landschaft von St. Helena: rechts ein Abgrund; links eine steile Felswand. Nirgendwohin kann man ausweichen. Vor mir auf dem Pfad – ein Löwe. Ein riesiger. Mit einem Gesicht, das selbst für einen Löwen gewaltig ist. Ich bekreuzige mich dreimal. Der Löwe läßt sich auf den Bauch fallen und kriecht zwischen Abgrund und mir vorbei. Ich gehe weiter. Vor mir – ein zweihöckriges Kamel. Ebenfalls überlebensgroß, ungewöhnlich groß, selbst für ein Kamel. Ich bekreuzige mich dreimal. Das Kamel schreitet über mich hinweg (Ich unter dem gewölbten faltigen Bauch). Ich gehe weiter. Vor mir – ein Pferd. Es wird mich ohne Zweifel in den Abgrund stoßen, denn es ist in vollem Galopp. Ich bekreuzige mich dreimal. Und das Pferd fliegt durch die Luft – über mich hinweg. Ich bewundere die Anmut seines Luftgalopps.

Und – die Straße in die andere Welt. Ich fliege, auf dem Rücken liegend, die Füße nach vorn, den Kopf abgewendet. Unter mir – Städte. Zuerst in großem Maßstab und deutlich zu erkennen (ein Spiral-Galopp), dann – Haufen weißer Steine. Berge, Meerengen – ich fliege unaufhaltsam weiter; mit einem Gefühl von Heimweh und letztem Lebewohl. Mit einem Gefühl, als wenn man um die Erde fliegt, sich leidenschaftlich und hoffnungslos an sie klammernd, und dem Wissen, daß die nächste Umkreisung im Weltraum sein wird. Dieselbe totale Leere, die

ich in meinem Leben so fürchtete – auf der Schaukel, im Lift,
auf dem Meer, in meinem Inneren.

Es gab einen Trost: es war alles unaufhaltsam, unabän-
derlich, tödlich. Und es würde nicht schlimmer werden. Ich er-
wache, und meine Hand liegt auf meiner Brust, auf dem Herzen ... Ja, natürlich ...«¹⁹⁰

In diesen letzten Wochen vor ihrer Abreise war Marina abgestumpft. In einem Ende, gleich welcher Art, liegt auch eine Art
Frieden, doch mit ahnungsvoller Furcht sah sie dem entgegen,
was sie erwartete, als könne sie bereits im Geist voll Schmerz
auf jene zurückblicken, die sie, wie Anna Tesková, so sehr
geliebt hatte. Ihr einziger Trost war die Erinnerung an die heißgeliebte Landschaft des Landes, in das sie nach so langer Zeit
zurückkehrte: zum Wacholderbaum, zur Kiefer und dem Vo-
gelbeerstrauch, die sie so lange vermißt hatte.

Marina Zwetajewa und ihr Sohn verließen Paris am 12. Juni
1939. Während sie auf die Abfahrt des Zuges nach Le Havre
wartete, begann Marina einen Brief an Anna Tesková:

»Liebe Anna Antonowna! (Ich schreibe auf dem Handteller, daher die kindliche Schrift.) Ein riesiger Bahnhof mit grünen Fen-
sterscheiben: ein schrecklicher grüner Garten – was da nicht alles wächst! Zum Abschied saßen Mur und ich nach alter Sitte
ein paar Minuten, bekreuzigten uns zum leerstehenden Platz
der Ikone (sie ist in gute Hände gekommen, seit 1918 lebte und
reiste sie mit mir – na ja, irgendwann trennt man sich von allem: *ganz!* Und das ist eine Vorübung, damit es dann nicht
schrecklich, ja nicht einmal sonderbar ist...). Ein Leben von 17
Jahren ist zu Ende. Wie glücklich ich damals war! Die glücklich-
ste Periode meines Lebens aber ist – merken Sie es sich – Mokropsy und Všenory und noch – mein vertrauter Berg. Seltsam,
gestern begegnete ich auf der Straße dessen Held, den ich Jahre
nicht sah, er überfiel uns von hinten und hakte sich ohne Erklä-

rung bei Mur und mir ein – ging in der Mitte –, als wäre nichts
gewesen. Und ich traf noch – ebenso ein Wunder – den alten
verrückten Dichter mit Frau – bei Bekannten, wo er ein Jahr
lang nicht war. Als ob es alle ahnten. Dauernd traf ich – alle.
(Eben höre ich laut hallend: Express de Vienne... und ich
mußte an die Türme und Brücken denken, die ich nie mehr sehen werde.) Man schreit: En voiture, Madame! – das ist an
mich gerichtet, so als wollte man mich von allen bisherigen
Aufenthaltsorten meines Lebens abschneiden. Unnötig zu
schreien, ich weiß es selbst. Mur hat sich (bei diesem Wort hat
sich der Zug in Bewegung gesetzt) mit Zeitungen eingedeckt.

Wir nähern uns Rouen, wo einst menschliche Dankbarkeit
Jeanne d'Arc verbrannt hat. (Eine Engländerin hat ihr 500 Jahre
später an ebendieser Stelle ein Denkmal errichtet.) Wir haben
Rouen passiert – Ráčte dále! ich werde auf Nachrichten von Ihnen allen warten, übermitteln Sie der ganzen Familie meinen
heißen Gruß, ich wünsche Ihnen allen Gesundheit, Mut und
ein langes Leben. Ich träume von einer Wiederbegegnung in
Murs Heimat, die mir heimatlicher als die eigene ist. Ich drehe
mich bei ihrem Klang um wie bei meinem Namen. Erinnern Sie
sich, ich hatte eine Freundin, Sonetschka, alle sagten zu mir:
›Ihre Sonetschka‹. – Ich fahre fort mit *Ihrem* Halsschmuck und
einem Mantel mit *Ihren* Knöpfen, und auf dem Gürtel ist *Ihre*
Spange. All das Bescheidene und Wahnsinnig-Geliebte nehme
ich mit ins Grab oder lasse mich damit zusammen einäschern.
Auf Wiedersehen! Jetzt ist es schon nicht mehr schwer, jetzt ist
es bereits Schicksal. Ich umarme Sie und alle die Ihren, jeden
einzeln und alle zusammen. Ich liebe Sie und bewundere Sie...
Ich glaube an Sie wie an mich selbst.«[191]

Der Brief trägt den Poststempel: Le Havre-Gare, 16 Uhr 30,
12. Juni 1939.

TEIL V
DIE RÜCKKEHR
NACH RUSSLAND

12
Moskau und Jelabuga
1939 - 1941

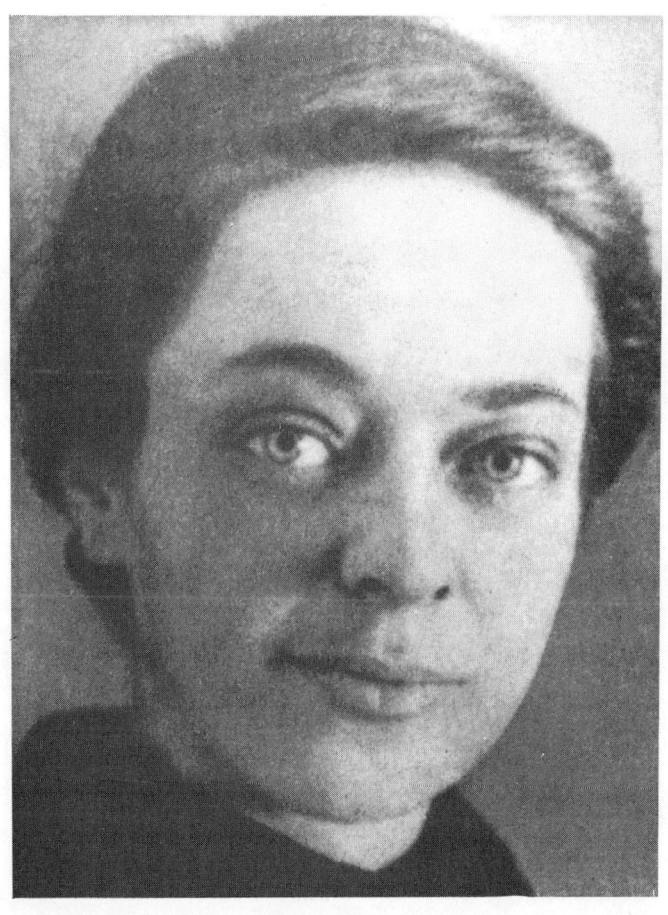

Ariadna Efron
1939 / 40

Marina und Mur nahmen den Zug von Le Havre nach Polen und reisten über Warschau nach Moskau, wo sie am 18. Juni ankamen. Nachdem Marina Paris verlassen hatte, drangen Gerüchte zu den Emigranten, Serjoscha sei bereits tot; und jemand war davon so überzeugt, daß er Marina ein Telegramm vorausschickte, um sie zu warnen. Die Botschaft erreichte sie nie, und sie war ja ohnehin falsch. Serjoscha und Alja (die schwanger war von einem Mann mit dem Spitznamen Mulia, mit dem sie zusammenlebte) waren in Freiheit, als Marina in Moskau ankam. Zwei Monate war die ganze Familie in einem kleinen Haus im Dorf Bolschewo in der Nähe von Moskau wieder vereint. Serjoscha war in der ziemlich privilegierten Lage, für frühere Dienste, die er dem Sowjetstaat geleistet hatte, eine kleine Vergütung zu bekommen; Alja hatte einen Posten bei der Gesellschaft für Kulturelle Beziehungen zu ausländischen Staaten. Allerdings war Serjoscha von Anfang an krank, und Marina mußte sich auf eine zunehmend unsichere Situation einstellen.

Sie begann wieder Aufzeichnungen in ihrem Notizbuch zu machen, und selbst die wenigen Passagen, die erhalten sind, verraten sowohl Enttäuschung als auch Erleichterung. Serjoschas Schwäche jagte ihr Furcht ein, wenn sie sich auch den Mühen, für ihn zu sorgen, wie gewöhnlich unterzog; doch ihre Notizen zeigen, wie sehr sie ihm seinen Mangel an Energie verübelte, seine geistige Hilflosigkeit – *impotent* war das Wort, das sie in ihren Notizen benutzte:

»In die Datscha. Wiedersehen mit S., der krank ist. Petroleum geholt. S. kauft Äpfel. Herz wird immer schwerer. Verhängnis am Telephon. Alja rätselhaft, trotz ihrer gekünstelten Fröhlichkeit. (All das nur für mein eigenes Gedächtnis, für niemanden sonst. Mur wird es nicht verstehen, wenn er es je lesen sollte – er wird nicht, denn er flieht vor solchen Dingen.) Kuchen, Ananas – das macht die Sache nicht leichter. Spaziergänge mit Lilja [Serjoschas Schwester]. Meine Einsamkeit. Abwaschen, Wasser, Tränen. Der Oberton und der Unterton des ganzen ist – Grauen. Uns wird eine Trennwand zugesagt [in der Wohnung] – und die Tage vergehen. Hoffnung auf eine Schule für Mur – und die Tage vergehen. Und die gewohnte hölzerne Szenerie – ohne Stein, ohne festes Fundament. S.'s Krankheit. Die Angst vor seiner Angst. Bruchstücke von seinem Leben ohne mich; ich habe keine Zeit, zuzuhören. Der Keller: hundertmal am Tag. Wann soll ich schreiben?«[192]

Marinas fortgesetzte Einsamkeit, selbst nach der Vereinigung mit denen, die sie am meisten liebte, ist herzzerreißend. Ihre Schwester Anastassja war bereits zu Lagerhaft verurteilt worden, und Mur hatte für seine Mutter wenig Interesse. Trotzdem waren diese ersten beiden Monate relativ hoffnungsvoll. Am 27. August ging auch diese kurze Zeit der Hoffnung mit Aljas plötzlicher Verhaftung zu Ende. Etwa einen Monat später wurde auch Serjoscha verhaftet.

Die letzte glückliche Erinnerung an ihre Tochter war ihr Anblick in einem roten tschechischen Kopftuch, einem Geschenk, das Marina mitgebracht hatte. Vier Tage später wurde Alja gewaltsam fortgeschleppt. Mutig versuchte sie die Bedeutung der Verhaftung mit Lachen herunterzuspielen, doch die Anklage wegen Spionage war schwer genug, um ihr fünfzehn Jahre Haft einzubringen. Traurig hielt Marina die Unerbittlichkeit von Aljas Verhaftung in ihrem Notizbuch fest:

»Ich: Was ist los, Alja? Warum sagst du uns nicht auf Wiedersehen? Sie, in Tränen, blickte über die Schulter – und zuckte die Achseln.«[193]

Die Trennung von Serjoscha machte sie rasend. Und es war nicht leicht, sich alten Freunden zuzuwenden.

Wie vorauszusehen, war Marinas Begegnung mit Pasternak nach ihrer Rückkehr enttäuschend. Vielleicht lag es daran, daß beide von ihren häuslichen Problemen zu mitgenommen waren, wenn diese auch verschiedener Art waren. Pasternak hatte inzwischen eine zweite Familie, und seit er überaus schmerzhaft mit der ersten gebrochen hatte, erschreckte ihn die Drohung jeglicher emotionaler Störung – und das einzige, was sich Marina nach ihrer langen brieflichen Romanze mit Sicherheit versprach, war emotionale Zuwendung. Er wußte, daß er weder ihr Bedürfnis stillen noch riskieren durfte, sie zu enttäuschen.

Pasternak hat nie eine zusammenhängende Schilderung seiner ersten Begegnung mit Marina Zwetajewa nach ihrer Rückkehr gegeben. Es quälte ihn, sich daran zu erinnern, wie unangemessen er sich verhalten hatte, und als seine Gefährtin Olga Iwinskaja ihn mit dem maliziösen Vorschlag aufzog: »Du hättest Marina heiraten sollen«, machen die Heftigkeit seines Leugnens und der Hinweis auf den Schrecken, den ihm weibliche Hysterie einjage, deutlich, daß er sein Versagen spürte. Später machte er sich Vorwürfe, nicht zu jener Art von leidenschaftlicher Intimität gefunden zu haben, die sie erwartet haben mußte. Er entschuldigte das damit, daß sie andere Freunde habe, doch in Wahrheit wollte er die Nähe nicht.

Gerechterweise muß man sagen, daß Zwetajewa und Pasternak in menschlichen Belangen gegensätzliche Persönlichkeiten waren. Jewgeni, Pasternaks Sohn, erinnert sich noch immer an den Besuch Marinas in ihrem Hause, als er etwa siebzehn Jahre alt war, und er macht den Unterschied zwischen den beiden Dichtern an ihrer Einstellung gegenüber dem gewöhnlichen, häuslichen Leben fest. Der tägliche Trott war für Marina eine Last – nicht nur weil sie eine Frau war, obgleich sie diese Arbeit gerade deswegen als Last empfand. Für Pasternak hingegen war das häusliche Leben eine Quelle endloser Abwechslung und Freude.

Er wollte ihr helfen, und er unternahm vieles, um ihre Lage zu erleichtern. So war es Pasternak, der Marina mit dem Redakteur Viktor Golzew zusammenbrachte und dafür sorgte, daß sie sofort eine Arbeit bekam. Man bot ihr an, georgische Dichter zu übersetzen, eine Arbeit, mit der Pasternak selbst einige Jahre seinen Lebensunterhalt verdient hatte. Man gab ihr auch Werke jiddisch schreibender Autoren, wobei sie wörtliche Übersetzungen benutzte, und sie machte die Erfahrung, daß sie für Arbeiten bezahlt wurde, ohne auf deren Veröffentlichung warten zu müssen. Emotional mag Marina sich zurückgewiesen vorgekommen sein, aber Pasternak tat viel für sie, und einige Übersetzungen aus dem Französischen, besonders die Lyrik von Baudelaire, waren so anspruchsvoll, daß die Arbeit ihr Vergnügen bereitete.

Da Serjoscha jedoch verhaftet worden war, hatte Marina keine Wohnung mehr. Einige Zeit wohnte sie mit Mur in einem kleinen Zimmer, das Serjoschas Schwester, Jelisaweta Efron, gehörte, dann zog sie für kurze Zeit in die Merzlik-Straße. Alles war nur vorübergehend. Pasternak unternahm einige Anstrengungen, für sie eine Unterkunft zu finden, und suchte sogar Fadejew in Peredelkino* auf. Doch, wie so oft, wenn er unter Druck stand, konnte er nur in einer aufgeregten, weitschweifigen Weise sprechen, ohne je zum Zweck seines Besuches zu kommen. Doch ein paar Abende später, als Fadejew Marina in Pasternaks Haus traf, muß der Funktionär gemerkt haben, für wen sich Pasternak indirekt verwenden wollte.

Dieser Kontakt blieb ohne Ergebnis, doch Marina war so verzweifelt, daß sie es riskierte, sich selbst an ihn zu wenden. Seine Antwort war erwartet kühl (ohne »liebe« oder »geschätzte« in der Anrede und ohne Gruß am Schluß). Trotzdem war er nicht

---

* Fadejew war Sekretär des Schriftstellerverbandes. Er besaß, wie auch Pasternak, eine Datscha in Peredelkino, einem Dorf in der Nähe Moskaus, in dem der Staat Schriftstellern Datschen zur Verfügung stellte.

gänzlich abgeneigt, ihr zu helfen, wenn er sich auch der besonderen »Umstände« deutlich bewußt ist, von denen er im ersten Abschnitt indirekt spricht und die sie für den Schriftstellerverband nicht akzeptabel machten.

17. 1. 40

Genossin Zwetajewa!
Betr. Deine Anfrage: Ich werde versuchen, etwas zu finden, obwohl das in Anbetracht der Umstände nicht leicht sein wird. Jedenfalls werde ich versuchen, etwas zu tun.

Aber es ist absolut unmöglich, in Moskau für Dich ein Zimmer zu finden. Wir haben eine große Gruppe guter Schriftsteller und Dichter, die einen Platz zum Leben brauchen. Und seit Jahren haben wir für sie nicht einen einzigen Quadratmeter auftreiben können.

Die einzige Lösung für Dich: nimm ein Zimmer oder zwei in Golizyno: Die Leiterin des dortigen Erholungsheimes wird Dir helfen (sie ist Mitglied des örtlichen Einquartierungssowjets). Das wird Dich 200 bis 300 Rubel im Monat kosten. Teuer, gewiß, aber bei Deiner Qualifikation kannst Du recht gut durch Übersetzungen verdienen – für Verlage und Zeitschriften. Was Arbeit angeht, wird der Schriftstellerverband Dir helfen, bei der Zimmersuche in Golizyno wird auch der Litfond helfen. Ich habe schon mit dem Genossen Oskin (Leiter des Litfonds) gesprochen, und ich rate Dir, Dich an ihn zu wenden.

A. Fadejew[194]

In ihrem Tagebuch dachte Marina über ihren Charakter nach, dem jedermann eine fast unmenschliche Stärke zusprach:

»Über mich selbst. Alle halten mich für tapfer und männlich. Ich kenne keinen furchtsameren Menschen als mich. Ich habe Angst vor allem: vor Augen, vor der Dunkelheit, vor Schritten und am allermeisten vor mir selbst, meinem Kopf (falls es wirk-

lich mein Kopf ist, der mir bei meinen Notizen so treu dient und
mich im wirklichen Leben mordet). Niemand sieht, niemand
weiß, daß ich schon seit über einem Jahr nach einem Haken suche. Aber es gibt keine Haken; überall ist elektrischer Strom,
keine ›Lüster‹ . . .

Seit einem Jahr erwäge ich den Tod. Alles ist häßlich und
furchteinflößend. Du schluckst – scheußlich; du springst –
Feindseligkeit, das ureigentlich Abstoßende des Wassers. Ich
will nichts durcheinanderbringen (nach dem Tod), ich glaube,
ich habe bereits Angst vor mir nach dem Tod. Ich will nicht sterben. Ich will nicht existieren.

Unsinn. Solange man mich braucht . . . aber, Gott weiß, wie
klein ich bin, wie wenig ich zu tun vermag! Zu Ende leben, zu
Ende kauen. Den bitteren Wermut.«[195]

Marina hatte keine Hoffnung, ihre Schwester Anastassja besu-
chen zu können, doch sie meinte, daß ihr Sohn Mur sie noch
immer brauche, obgleich er dafür nur dürftige Beweise lieferte.
Um seinetwillen blieb sie außerhalb von Moskau, um ihn zur
Schule von Golizyno bringen und wieder abholen zu können.
Sie haßte es, ihn jeden Tag dort abzuliefern, sich von ihm loszu-
reißen, um an ihre Übersetzungsarbeit zu gehen, die sie den
ganzen Tag beschäftigte. Sie kam sich vor wie ein Ochse im
Joch. Wenn sie in Moskau ankam, hatte sie sogleich den
Wunsch, sich wieder aus dem Staub zu machen. Immer noch
hatte sie nicht mehr als einen Verschlag, kein Fenster, keinen
Tisch. Und (für Marina eine schreckliche Einschränkung) die
Regeln verboten das Rauchen. Die ersten sechs Monate des Jahres 1940 waren ein Alptraum an Einsamkeit und Kummer. Marina übersetzte georgische Dichter, während sie zugleich von
Haus zu Haus zog und es nichts gab, das sie ihr eigen nennen
konnte.

Nichtsdestotrotz wohnte sie in einem Heim des Schriftstellerverbandes, wo sie und Mur ordentliche Mahlzeiten erhiel-

ten. Doch die Situation war nicht von Dauer. Im März 1940 teilte ihr der Verwalter des Heims mit, daß sie für ihre Mahlzeiten zweimal soviel bezahlen müsse als andere Gäste, und da das ihre Verhältnisse nicht erlaubten, war sie gezwungen, auszuziehen.

Bald hatte sich Marinas wirtschaftliche Lage noch mehr verschlechtert, als sie es für möglich gehalten hatte. In Moskau fand sie ein armseliges Zimmer, dessen Kochmöglichkeiten so eingeschränkt waren, daß sie sich mit zwei kleinen Kochtöpfen behelfen mußte. Es gab keinen Platz, um die riesigen Mengen von Material, das sie für ihre Arbeit brauchte, abzulegen. Andererseits wußte sie, daß sie, immer noch im Genuß der Freiheit, glücklicher zu schätzen war, als viele derer, die sie liebte und die hinter Steinmauern schmachteten.

Viele alte Freunde waren tot. Einer davon war Ossip Mandelstam, dessen Witwe Nadeshda in der Provinz lebte, doch niemand teilte ihr mit, daß Marina zurückgekehrt war. Aber Anna Achmatowa konnte Marina 1940 treffen. Anna hielt sich in Moskau bei der Familie Ardow auf, als Pasternak sie anrief, um ihr zu sagen, daß Marina sie gern aufgesucht hätte.

Anna Achmatowas Situation in der Sowjetunion war ebenso bitter gewesen wie Marinas jetzige – zum Beispiel hatte Stalin ihren Sohn viele Jahre im Gefängnis als Geisel gehalten. Dann wurde 1940 unerwartet das Publikationsverbot aufgehoben, und im Frühsommer erschien eine Auswahl aus ihren früheren Büchern, zusammen mit ein paar neuen Gedichten. Obgleich das Buch nicht die besten Gedichte enthielt, die sie geschrieben hatte, brachte es ihr die freudige Anerkennung vieler Freunde ein, unter denen auch Pasternak war. Die Leute standen Schlange, um das Buch zu erwerben, und der Preis für ein antiquarisches Exemplar erreichte 150 Rubel. In ihrer Handtasche hatte Anna überall eine Abschrift des Gedichtzyklus mit sich getragen, den Marina 1916 für sie geschrieben hatte. Kurz bevor sie sich endlich begegneten, hatte sie selbst ein Gedicht für

Marina geschrieben, in dem sie sich ausmalt, wie sie zusammen durch die winterlichen Straßen Moskaus gehen.

Nach Pasternaks Anruf meldete sich Anna Achmatowa sofort bei Marina, um ein Treffen zu vereinbaren. Die Unterhaltung am Telephon war kurz. Als Anna Achmatowa fragte, ob sie zu Marina kommen solle, erwiderte Marina bloß: »Es wäre besser, wenn ich zu Ihnen käme.« Viktor Ardow ließ Marina ein, doch er brauchte seine beiden Gäste nicht miteinander bekannt zu machen. Sie begrüßten einander ohne die üblichen Floskeln mit einem einfachen Händedruck. Dann gingen die beiden Dichterinnen in das winzige Zimmer, das Anna gewöhnlich bewohnte, wenn sie sich bei den Ardows aufhielt, und dort verbrachten sie allein den größten Teil des Tages. Worüber sie sich unterhielten, hat Anna Achmatowa nie im Detail geschrieben, doch da sie so gut wie jeder andere wußte, daß die kürzlich veröffentlichte Auswahl nicht ihre besten Stücke enthielt, dürfte sie Marina ihre großartigen Gedichte für das *Requiem* gezeigt haben. Sie sagte bloß, Marina Zwetajewa habe sich als eine vollkommen normale Person gezeigt, die wegen des Schicksals ihrer Familie in tiefer Sorge sei.

Als Marina am folgenden Tag anrief, schlug Anna Achmatowa vor, man solle sich bei ihrem Freund Nikolai Chardschiew treffen. Dieser erinnert sich gut an das Zusammensein. Sie saßen in seinem Haus, unterhielten sich und tranken Wein. Marina hatte ihren Elan wiedergefunden und erzählte geistsprühend, vor allem von Paris. Anna Achmatowa sagte später zu Chardschiew, verglichen mit Marina sei sie sich schwerfällig und beschränkt vorgekommen, doch auf Chardschiew machte sie überhaupt nicht diesen Eindruck. Im Gegenteil: Neben der quecksilbrigen Marina wirkte Annas ursprüngliche Kraft faszinierend auf ihn. Sie verließen Chardschiews Haus gemeinsam, und als sie durch die Straßen gingen, löste sich eine Gestalt aus dem Schatten und folgte ihnen. Anna Achmatowa fragte sich: »Folgt sie mir oder ihr?«

Ungeachtet der mißbilligenden Bemerkungen Anna Achmatowas über sich selbst war das Treffen mit Marina für Anna
keine Enttäuschung. Es bestätigte sie in ihrer Überzeugung,
daß es zwischen ihr, Mandelstam und Marina Zwetajewa eine
besondere Verbindung gebe, und fügte ihren eigenen Leiden
eine neue, tragische Dimension hinzu. Als Anna Achmatowa
viele Jahre nach Marinas Tod über sie schrieb, veranlaßte sie ihr
Eindruck von der vollkommenen Rechtschaffenheit ihrer
Freundin dazu, sie »Marina, die Märtyrerin« zu nennen. Sie
hatte sich durch Marinas geistreiches Feuerwerk nicht täuschen
lassen, das diese eine ungeheure Nervenkraft gekostet hatte –
es war typisch für sie, dem Anlaß auf diese Weise Hochachtung
zu bezeigen.

Marina konnte sich ihren sinkenden Mut nur mit großer
Mühe bewahren, wie sie sie in einem Brief an Vera Alexandrowna Merkurjewa* vom 31. August 1940 schreibt:

»Mein Leben ist sehr schlecht. Mein Nichtleben. Gestern bin
ich von der Herzen-Straße, wo wir uns sehr wohlgefühlt haben, in ein vorübergehend leerstehendes winziges Zimmerchen
in der Mersljakowski-Gasse gezogen. Die ganze Habe (gewaltig
groß, immer noch unermeßlich trotz eines ganzen Monats Aus-
verkauf und Wegschenken) haben wir bis zum 15. September
im leerstehenden Zimmer eines Professors in der Herzen-
Straße gelassen.

Und weiter???

Ich habe mich an einen Stellvertreter Fadejews gewandt –
Pawlenko –, ein bezaubernder Mensch, er hat volles Mitgefühl,
kann aber nichts geben, die Schriftsteller haben in Moskau
nicht einen Quadratmeter, und ich glaube ihm. Er schlug etwas
außerhalb der Stadt vor, ich führte mein Hauptargument an:
hündische Schwermut, und er hat wenigstens nicht darauf be-

---

* Eine Dichterin, die Marina während des Bürgerkrieges kennenlernte, und
die soviel Courage hatte, den Verkehr mit ihr zu riskieren.

standen. (Außerhalb der Stadt läßt es sich in einer großen, einträchtigen Familie leben, wo einer dem anderen hilft, für ihn einsteht usf. – aber so: Mur in der Schule und ich von einem Morgen bis zum anderen allein mit meinen Gedanken [nüchternen, ohne Illusionen] und Gefühlen [törichten, scheinbar törichten – prophetischen] und den Übersetzungen – ein solcher Winter hat mir gereicht.)

Ich habe mich an den Literaturfonds gewandt, man versprach, mir zu helfen, ein Zimmer ausfindig zu machen, warnte aber, daß jeder Vermieter einen alleinstehenden Mann ohne Kocherei, Wäsche etc. einer Schriftstellerin mit Sohn vorzieht – wie soll ich mich mit einem alleinstehenden Mann messen!

Mit einem Wort, Moskau nimmt mich nicht auf.

Ich beschuldige niemanden. Auch mich selbst nicht, weil es mein Schicksal ist. Nur – womit soll das enden?

Mein Werk ist geschrieben. Ich könnte natürlich noch schreiben, aber ich kann es *nicht* frei. Übrigens übersetze ich seit mehr als einem Monat nichts mehr, ich komme einfach nicht dazu: das Zollamt, das Gepäck, der Verkauf, Geschenke (wem – was), Laufereien nach Anträgen (vier habe ich gestellt – und *nichts* ist dabei herausgekommen), die Familie, der Umzug... Wie lange noch?

Schön, nicht ich allein ... Ja, aber mein Vater hat das Museum der Schönen Künste geschaffen – einzig im ganzen Land –, er ist der Begründer und Sammler, 14 Jahre hat er dafür gearbeitet. Von mir will ich nicht reden, nein, ich sage es trotzdem mit den Worten von Chénier, seinen letzten Worten: et pourtant, il y avait quelque chose là... (er wies auf die Stirn) – ich kann mich nicht, ohne zu heucheln, mit jedem beliebigen Kolchosbauern gleichsetzen – oder Odessaer – für den sich *ebenfalls* kein Platz in Moskau fand.

Ich kann aus mir nicht die Gefühle *des Rechts* ausrotten (schon gar nicht davon zu reden, daß im Rumjanzew-Museum unsere *drei* Bibliotheken stehen: die des Großvaters Alexander

Danilowitsch Meyn, die der Mutter Maria Alexandrowna Zwetajewa und die des Vaters Iwan Wladimirowitsch Zwetajew. *Wir
haben die Stadt Moskau überhäuft mit Geschenken. Und sie
wirft mich hinaus, stößt mich aus. Wer ist sie denn, um sich vor
mir zu brüsten?*).

Ich habe Freunde, aber sie sind machtlos. Mich bemitleiden
(was mich schon irritiert, nachdenklich macht) völlig fremde
Menschen. Das ist am allerschlimmsten, weil ich vom kleinsten
guten Wort – einer Intonation – von Tränen überschwemmt
werde wie ein Felsen von einem Wasserfall. Mur gerät davon in
Wut. Er begreift *nicht*, daß da nicht eine Frau, sondern ein Felsen weint.

... Meine einzige Freude – Sie werden lachen – ist der orien-
talische muselmanische Bernstein (den ich vor zwei Jahren auf
einem Pariser Trödelmarkt kaufte als völlig toten, wächsernen,
schimmelbedeckten Stein, und der zu meiner Freude mit jedem
Tag auflebt, von innen heraus leuchtet). Ich trage ihn am Körper, unsichtbar. Ähnlich einer Ebereschenbeere.

Mur ist in eine gute Schule gekommen, war heute schon zur Parade und geht morgen den ersten Tag in die Klasse.

> Wenn in des Herzens Wüste
> Um eines leid mir war,
> So nur um den Sohn, das Liebste,
> Wolfjunges – wölfischer gar.

(Das sind alte Verse. Übrigens sind alle alt. Neue gibt es nicht.)

Mit dem Ortswechsel verliere ich allmählich das Gefühl für
die Wirklichkeit: ich werde immer weniger und weniger wie
jene Herde, die an jedem Zaun ein Flaumbüschel zurückließ...
Bleibt nur mein grundsätzliches *Nein*.

Noch eins. Ich bin von Natur sehr fröhlich (vielleicht heißt das anders, aber ich habe kein anderes Wort dafür). Ich habe *sehr* wenig gebraucht, um glücklich zu sein. Meinen *Tisch*. Die Gesundheit der Meinigen. Beliebiges Wetter. Volle Freiheit. – Das ist alles. Und daß ich nun – um dieses unglückselige Glück – so ringen muß, darin liegt nicht nur Grausamkeit, sondern Dummheit. Über einen glücklichen Menschen sollte sich das Leben freuen, sollte ihn in dieser *seltenen* Gabe ermuntern. Denn von einem Glücklichen geht Glück aus. Von mir ging es aus. Reichlich. Ich habe mit fremden (aufgebürdeten) Lasten gespielt wie ein Athlet mit Gewichten. Von mir ging Freiheit aus. Der Mensch hatte – in seinem Innersten – die Gewißheit, wenn er sich aus dem Fenster stürzt, fällt er *nach oben*. Durch mich lebten die Menschen auf wie der Bernstein. Sie begannen von innen heraus zu leuchten. Ich bin nicht in meiner Rolle – der eines Felsens unter dem Wasserfall: eines Felsens, der zusammen mit dem Wasserfall auf den Menschen (das Gewissen) *niederfällt* . . . Die Versuche meiner Freunde verwirren und verstimmen mich. Es ist mir peinlich, daß ich noch lebe.

So müssen sich hundertjährige (kluge) Greisinnen fühlen. Wenn ich zehn Jahre jünger wäre – nein, fünf! –, wäre ein Teil dieser Last – *von meinem Stolz* – genommen durch das, was wir kurz weibliche Reize nennen (ich rede von meinen männlichen Freunden), aber so, mit meinem grauen Kopf, habe ich nicht die geringste Illusion. Alles was man für mich tut, tut man *für mich* und nicht für sich . . . Und das ist bitter. Ich bin es *so* gewöhnt zu schenken!

(So weit hat mich das »Zimmer« gebracht.)

Mein Unglück besteht darin, daß es für mich keine äußeren Dinge gibt, Herz und Schicksal sind alles.

Gruß an Ihre wunderbaren stillen Orte. Ich hatte keinen Sommer, doch ich bedaure es nicht, das einzige, was an mir russisch ist, ist das Gewissen, und das würde mir nicht erlauben,

mich an der Luft, der Stille, der Bläue zu erfreuen, weil ich weiß
und keinen Augenblick vergesse, daß ein anderer in dem gleichen Augenblick in Hitze und Stein erstickt.

Das wäre eine unnötige Qual.

Der Sommer ist gut verlaufen: Ich habe mich mit einer
84jährigen Kinderfrau angefreundet, die 60 Jahre in dieser Familie gelebt hat. Und es gab einen wunderbaren Kater, mausfar-
ben, einen Ägypter, auf hohen Beinen, ein Scheusal, aber eine
Gottheit. Ich würde meine Seele hergeben für eine solche Kinderfrau und einen solchen Kater.

Morgen gehe ich zum Literaturfonds (»noch viele, viele
Male«), um nach einem Zimmer nachzufragen. Ich glaube
nicht daran. Schreiben Sie mir an die Adresse: Moskau, Mersljakowski-Gasse, Haus 16, Quartier 27. An Jelisaweta Jakow-
lewna Efron

(für M. I. Z.)

Ich bin hier nicht gemeldet, und es ist besser, nicht an mich zu
schreiben.

Ich umarme Sie, danke herzlich, daß Sie an mich gedacht haben, herzlichen Gruß an Inna Grigorjewna.«[196]

Marina arbeitete, wenn auch langsam, an ihren Übersetzungen
weiter. In der März-Nummer der Zeitschrift *Dreißig Tage*
wurde eines ihrer alten Gedichte, geschrieben 1920, abgedruckt:

EIN LIED

Gestern sah er* mir ins Auge noch,
Heut, ach, kann ich seinen Blick nicht fangen.
Gestern blieb er bis zum Morgen doch,
Heut schrein Raben, dort wo Lerchen sangen.

* Das »er« dürfte sich nicht auf Serjoscha beziehen.

Du bist klug, ich töricht; sieh mich an:
Stein bin ich und kann dich nicht geleiten.
»Liebster, sag, was hab ich dir getan?«
O du Schrei der Frauen aller Zeiten.

Liebe: nur ein Stiefkind sind wir dir.
Ach, erwartet nicht Gericht noch Gnade.
Tränen gelten nur wie Wasser dir,
Blut und Tränen wählst du dir zum Bade;

Schiffe führen die Geliebte fort,
Ziehen fort auf ihrer weißen Bahn.
Und ein Stöhnen eilt von Ort zu Ort:
»Liebster, sag, was hab ich dir getan?«

Gestern kniete er vor mir. Im Spiel
Hat er Königsnamen mir gegeben.
Jäh tat er die Hand auf, aus ihr fiel
Eine rostge Münze nur: das Leben.

Mich, die Kindesmörderin, verklagen
Vor Gericht die, die mich mutlos sahn,
Selbst noch in der Hölle werd ich sagen:
»Liebster, sprich, was hab ich dir getan?«

Stuhl und Bett, euch will ich nochmals fragen:
»Wofür dulde, wofür leide ich?«
»Ausgeküßt. – Du wirst aufs Rad geschlagen;
Eine andre küßt er und nicht dich.«

Ach, du lehrtest mich, im Feuer leben,
Warfst mich dann auf eisger Steppe Plan.
Das, Geliebter, hast du mir gegeben.
»Liebster, sag, was hab ich dir getan?«

Nicht die Deine mehr, weiß ich zu sehen.
Widersprich mir nicht: kein Blick, kein Du.
Will die Liebe lieblos von uns gehen,
Tritt der Tod, der Gärtner, auf uns zu.

> Ja, von selbst, was schüttelst du die Zweige? –
> Fällt die Frucht, will ihre Zeit sich nahn.
> Ach, verzeih – das Leben geht zur Neige –
> Alles, Liebster, was ich dir getan.[197]

Die Ironie wollte es, daß ein Freund aus jener Periode erregenden Theaterspielens, Pawel Antokolski, in Moskau wohnte, doch er zog es vor, den Umgang mit ihr sehr einzuschränken. Als er fünfunddreißig Jahre später befragt wurde, erzählte er von einer Gruppe von Freunden, die Marina unterstützt hätten, darunter der Lyriker und Übersetzer Arseni Tarkowski. Sie sei nicht ohne finanzielle Mittel gewesen, und sie hätte Arbeit gehabt, doch in Antokolskis Erinnerungen war sie eine Frau, die von jener, die er zwischen 1917 und 1922 gekannt hatte, völlig verschieden war. Es waren freilich nicht nur Entbehrungen und Leid, die diese Frau hatten altern lassen. Er beschrieb eine Lesung, die im Haus von Viktor Golzew stattfand. Marina las mit einer Stimme, die der ihren nicht ähnlich war, und schien dem Publikum entrückt zu sein. Alles in allem zeichnet Antokolski das Bild eines Menschen, dessen Existenzangst derart von den Zuhörern Besitz ergriff, daß keine gewöhnliche menschliche Beziehung mehr möglich schien – mit Antokolskis Worten: »*Elle est autre*.« Er machte auch eine Bemerkung über das formelle, wenn nicht gar offen feindselige Verhältnis zwischen Marina und ihrem Sohn Mur, der sie üblicherweise mit »*Vous*« anredete. An jenem Abend hörte Antokolski, wie er der Haltung seiner Mutter die Schuld an ihrer Situation gab.

Es war nicht nur das Fehlen ihrer früher so ungewöhnlichen Ausstrahlung, das Antokolski betroffen machte, sondern auch ihre gedämpfte Art, zu lesen. Er beschrieb sie als furchtsam und gar nicht auf ein Publikum bezogen. Auch die Veränderung ihrer äußerlichen Erscheinung schockierte ihn. Er hatte sie in den Jahren zuvor einmal, 1928, in Paris getroffen, wo sie mit ihm auf dem Boulevard St. Michel gesessen hatte. Damals hatte er sie schlanker und grauer gefunden als in ihrer Jugend, doch noch immer erstaunlich schön.

Etwa um die Zeit ihrer Rückkehr nach Moskau muß jenes Photo von Marina aufgenommen worden sein, auf das sich Bella Achmadulina, die moderne russische Dichterin, in den ersten Zeilen ihres Gedichtes »Ich schwöre« bezieht:

ICH SCHWÖRE
bei jenem sommerlichen Foto, auf irgendeiner
Veranda aufgenommen, die so schief steht,
daß sie einem Galgen ähnelt und aussieht,
als führe sie vom Hause fort und nicht hinein;
wo Du ein grellfarbenes Satinkleid trägst,
das Deine Halsmuskeln wie eine Rüstung umschließt;
und Du sitzt einfach da, mit dem Gleichmut
eines erschöpften Pferdes, nach all der Mühe –
bis zum Ende von deinem Schmerz und Verlangen zu
                                        singen . . .[198]

Für Antokolski blieb sie, wenn er die Größe ihrer Dichtung auch bewunderte, »zuallererst eine Frau«.

Daß Marina Zwetajewa überhaupt in der Öffentlichkeit erscheinen konnte, ist vielleicht bemerkenswerter als die Tatsache, daß von ihrem früher so stolzen Selbstgefühl nichts mehr übrig war. Gezwungen, unaufhörlich von einer Bleibe in die nächste zu ziehen, befand sie sich in einem Zustand ständiger Panik. In hastigen Aufzeichnungen am Rand ihres Notizbuches schrieb sie am 24. Januar 1940:

»Ein neues, unbehagliches Haus – wieder kann ich nachts nicht schlafen. Ich fürchte mich – zuviel Glas – zuviel Einsamkeit – Nachtgeräusche und Ängste; ein Auto (Gott weiß, wohin es fährt); eine streunende Katze, Knacken von Holz – ich springe auf – schmiege mich an Mur auf seinem Bett (ohne ihn zu wek-

ken) – und ich lese weiter... und springe wieder auf und so bis
zum Tagesanbruch.«[199]

Marina wußte nicht mehr, ob die Arbeit, die man ihr aufgetragen
hatte, sie stumpfsinnig machte oder ob sie sich einfach
nicht mehr dazu aufraffen konnte: »Ich weiß nicht mehr, was
fader ist – meine wörtliche Übersetzung oder ich selbst. Und ich
habe kein anderes *Ich*. Ohne die Übersetzungen gehe ich zugrunde!«

Obgleich überzeugte Kommunisten im Sommer 1940 nichts
mehr erschütterte als der Hitler-Stalin-Pakt, war Marina zu erschöpft,
um mit Erstaunen zu reagieren. Sie wurde von dem
Verlangen gequält, in Moskau für sich und Mur eine Bleibe zu
finden. Ein unerwarteter Glücksfall war um diese Zeit das Eintreffen
ihres Gepäcks aus Paris, das wenig Wertvolles, doch
einige Dinge enthielt, die sie leicht verkaufen konnte. Auch
Manuskripte von frühen Gedichten waren darunter, und Marina
stellte daraus eine Auswahl für einen Moskauer Verlag zusammen;
sie ließ sie sogar gegen Bezahlung ins Reine schreiben,
obwohl sie nicht wirklich daran glaubte, daß aus dem Plan
etwas werden würde.

Nachdem sie nun in die UdSSR zurückgekehrt war, konnten
jene Gönner, mit denen Marina gerechnet hatte, ihr nicht länger
mit Geschenken helfen, und ein anderer, Mirski, war seit
1937 spurlos verschwunden. Sie mußte auf Freunde bauen, deren
Leben ebenso der Macht des Staates unterworfen war wie
ihr eigenes. Und sie hatte keine Freundinnen mehr, an die sie
sich vertrauensvoll wenden konnte, obgleich sie einige Briefe
an Olga Alexejewna Motschalowa (eine Dichterfreundin)
schrieb, mit der sie ein enges Verhältnis, nach dem sie sich so
sehnte, aufzubauen suchte.

Monatelang hörte sie nichts von ihrem Mann und von ihrer
Tochter. Viele Male reihte sie sich vor dem Gefängnis in die
Schlange ein und versuchte, Lebensmittelpakete für Serjoscha

abzugeben. In einem Brief (undatiert, doch vermutlich Anfang 1941 geschrieben) an einen Bekannten, Jewgeni Sormow, erwähnte Marina, daß sein Brief der erste gewesen sei, den sie seit vier Monaten von jemandem erhalten habe. Diese Vergessenheit und die Angst um Alja und Serjoscha waren unzweifelhaft die Ursache für ihr zurückhaltendes Wesen, von dem Antokolski sprach. Trotz des schrecklichen Schweigens schrieb Marina viele Briefe an ihre Tochter, wie z. B. diesen bewegenden aus dem Frühjahr 1941:

Moskau, Frühjahr 1941

(...) Ich bin achtundvierzig, und ich schreibe seit vierzig, wenn nicht gar zweiundvierzig Jahren, und meiner Natur nach bin ich natürlich Philologe, und da erfahre ich heute aus einem winzigen Wörterbuch, ja sogar aus dreien, daß *pashit* eine Weide und nicht etwa ein Feld ist, daß niwa ein abgeerntetes, braches Feld ist. So habe ich also mein ganzen Leben lang pashit für Feld gehalten und (o Schreck!) es vielleicht sogar *geschrieben*, dabei ist es eine Wiese, eine kleine Wiese. Doch trotz der drei Wörterbücher (die nicht abgestimmt sind: eins ist ein französisches, altes, das andere eine sowjetische Ausgabe, das dritte eine deutsche) glaube ich es noch immer nicht. Pashit klingt wie shat, shatwa.*

Und da sagt doch gestern ein (mir unbekannter) Komponist im Radio: »Diese Oper muß ich schnell schreiben, weil das Theater schon dann und dann mit der Inszenierung beginnt.« In Gedanken habe ich gefragt: Wie machen Sie das? Schnell schreiben? Hängt denn das von Ihnen (uns) ab? Schreiben Sie es etwa ab?

Und noch etwas: »... das Theater schon dann und dann mit der Inszenierung beginnt.« Mit der Inszenierung einer ungeschriebenen, nicht existenten Oper! Der Name des Komponisten ist das einzig Gesicherte.

* shat – ernten, shatwa – Ernte

Schnell. Man kann schreiben ohne Unterbrechung, ohne den Rücken grade zu machen, und im Laufe eines ganzen Tages kommt nichts heraus. Man kann *nicht* schreiben, sich nicht mal an den Tisch setzen – und auf einmal ist der ganze Vierzeiler fertig, während man gerade das letzte Hemd bei der Wäsche auswringt oder fieberhaft in der Tasche nach genau 50 Kopeken wühlt und dabei denkt: 20 und 20 und 10. Usw.

Jeden Tag schreiben. Ja. Ich mache das mein ganzes (bewußtes) Leben. Auf gut Glück. Vielleicht glückt es ... Aber vom »Jeden Tag« bis zum »Schnellschreiben« ... Woher hat er die Gewißheit? Aus Erfahrung? Ich habe auch – Erfahrung. Die gleiche. Den »Rattenfänger« lieferte ich an eine Zeitschrift, die monatlich ein Kapitel *anforderte*. Aber habe ich etwa jemals gewußt, ob ich zum Termin fertig werde? Habe ich etwa gewußt, wie lang das Kapitel wird, wann es endet? Das Kapitel endete – plötzlich – von ganz allein bei dem für das Kapitel nötigen Wort (damals – *Silbe*). Bei der für das Werk nötigen – Silbe. Ich hätte verzweifeln können, wie langsam es ging, aber von da bis zum Schnellschreiben ...

Ja, ja, so gelangt man zu Wohlstand, so werden vielleicht geniale Opern geschrieben (glauben wir an das trügerische Wunder!), so entstehen sie, so *kommen sie zustande*, doch die Würde des Schöpfers geht dabei verloren.

Kein Theater, kein Honorar, keine *Not* kann mich zwingen, ein Manuskript abzuliefern, bevor nicht der letzte Punkt gesetzt ist. Wann aber die Zeit für diesen Schlußpunkt gekommen ist, weiß Gott allein. Der Gott der Dichter.

»Mit Gott!« oder »Geb's Gott!« – damit hat bei mir jede Sache begonnen, damit beginnt jede meiner Nachdichtungen, selbst die erbärmlichste. Das ist kein Gebet, schon deshalb nicht, weil es eine *Forderung* ist. Ich habe nie »*von oben*« einen Reim erbeten (*das* ist meine Sache!), ich erbat (forderte!) die Kraft, ihn zu finden, die Kraft für diese Qual. Und sie wurde mir gegeben; gewährt. [200]

Als Marina bald darauf Nachricht von ihrer Tochter erhielt, war sie vor Freude und Schmerz überwältigt. Endlich hatte sie den Beweis, daß Alja noch lebte, endlich konnte sie wirklich etwas tun und helfen: Sie konnte einkaufen, Zucker und Kakao beschaffen, Rat einholen, wie man unter harten Bedingungen am besten überlebte, und ihn weitergeben. Gleichzeitig machte sie keinen Versuch, vor Alja zu verbergen, daß, obgleich sie selbst in keiner Weise ungerecht behandelt wurde (die Arbeit an den Übersetzungen beschreibt sie ziemlich heiter), ihr körperlicher Zustand sich verschlechtert habe und sie inzwischen wie eine alte Frau aussehe.

Marinas Brief an Alja ist es wert, in vollem Umfang zitiert zu werden.

Liebe Alja!
Endlich Dein erster Brief – in einem blauen Umschlag, datiert vom 4. Ich habe ihn von 9 Uhr früh bis um 3 Uhr nachmittags angestarrt, als Mur aus der Schule kam. Er lag auf seinem Teller und er erblickte ihn, sobald er die Tür öffnete, und mit einem befriedigten, beinahe selbstgefälligen »Aha!« stürzte er sich auf ihn. Er ließ ihn mich nicht lesen. Sowohl seinen als auch den an mich gerichteten Brief las er laut vor. Doch noch vor dem Lesen habe ich Dir – vor lauter Ungeduld – eine Postkarte geschickt. Das war gestern, am 11. Und am 10. habe ich Papa ein Paket gebracht, und sie haben es angenommen.

Ich habe gleich angefangen, mich um Lebensmittel für Dich zu kümmern, Alja. Ich habe schon Zucker und Kakao; jetzt will ich versuchen, Speck und Käse zu bekommen – den kräftigsten, den ich finden kann. Ich werde Dir einen Beutel mit gebackenen Karotten schicken; ich habe sie im Herbst auf dem Heizkörper getrocknet. Du kannst sie kochen. Wenigstens ist es Gemüse. Es ist ein Jammer, wenn auch nicht unnatürlich, daß Du keinen Knoblauch ißt. Ich habe für alle Fälle ein ganzes Kilo eingelagert. Aber vergiß nicht, daß eine rohe Kartoffel eine verläßliche

und weniger unangenehme Methode ist. Sie wirkt gegen Vita-
minmangel so gut wie eine Zitrone – das weiß ich mit Sicherheit.

Ich habe Dir schon geschrieben, daß Deine Sachen freigege-
ben sind. Man übertrug mir die Aufgabe, mich um sie zu kümmern – auf die Weise werden wir alles retten. Zum Glück haben
die Motten nichts gefressen. Alle Deine Sachen sind in gutem
Zustand – Bücher, Spielzeug und eine Menge Photos. Ich habe
mir eine Art von Rindenkästchen genommen und bewahre
meine Perlen darin auf. Soll ich Dir vielleicht das Armband aus
Silber und Türkis für Deine andere Hand schicken? Du kannst
es tragen, ohne es je abzunehmen; es ist sogar schwierig, es abzunehmen. Und vielleicht einen der Ringe? Bitte beantworte
diese Fragen. Welche Decke? (Deine blaue Reservedecke ist in
Bolschewo verlorengegangen, zusammen mit vielen anderen,
von denen keine Dir gehörte). Ich habe: meine farbige, gehäkelte (groß, aber nicht schwer; warm); das beige Plaid Deines
Vaters (klein) und den dunkelblauen spanischen Schal. Ich
würde die gehäkelte nehmen; den Schal schicke ich dann beim
nächsten Mal (er gehört schließlich Dir). Ich werde auch Naph-
talin schicken. Die Beutel sind fertig. Da sind auch noch zwei
Kleider – eines streng und das andere verziert; wir werden die
Ärmel ändern. Mulja schwört, daß er Nelkenöl gegen die
Stechmücken herstellen kann. Ein wundervoller Geruch – seit
meiner Kindheit habe ich ihn verehrt. Und da gibt es noch eine
Menge Kleinigkeiten zum Verschenken.

Hier ist der Frühling noch ziemlich kühl. Das Eis ist noch
nicht gebrochen. Gestern brachte mir die Putzfrau als Geschenk einen Zweig Weidenkätzchen. Und am Abend blickte ich
durch das Fenster (ich habe ein riesiges Fenster, das die ganze
Wand füllt) auf den großen gelben Mond, und der Mond blickte
auf mich. Mit einem frischgeschälten Weidenzweig fühlt man
sich selber wie gehäutet – und wie! Mur sagte gerade voller Entrüstung zu mir: »Mama, Du siehst aus wie eine schreckliche

alte Dorfhexe!« und ich war sehr froh, daß er »Dorf« gesagt hatte. Armes Schätzchen! Er liebt Schönheit und Ordnung so sehr, und unser Zimmer ist wie das in der Boris-und-Gleb-Straße, alles übereinandergetürmt. Seine größte Freude ist das Radio, das, aus unbekanntem Grund, angefangen hat, alle Sender auszustrahlen. Kürzlich hörte ich Eva Curie aus Amerika. Alja, unter meinen Schätzen (ich schreibe absurdes Zeug) hüte ich Deine schnurrbärtige Lebkuchenkatze. Gib der Roten einen Kuß von mir – eine gute Katze. Ich werde nie eine andere Katze haben. Nach der, die Du hattest, die in Nikolkas Wiege kroch. Ich liebte sie wahnsinnig, und es war schrecklich, sie zurückzulassen. Sie ist wie ein Nagel in meinem Herzen geblieben.

Mit meinen weißrussischen Juden bin ich fertig. Ich übersetze jeden Tag. Die Hauptschwierigkeit ist der mangelnde Zusammenhang, die Ungenauigkeit und die fehlende Begründung der Bilder. Alles zerfällt in Einzelteile. Überall werden die Nähte sichtbar, wo sie zusammengeleimt sind. Einige schreiben ohne Reim oder Versmaß. Es scheint, daß nach den weißrussischen Juden die Balten kommen werden. Ich selbst schreibe nichts. Keine Zeit. Eine Menge Hausarbeit. Die Putzfrau kommt einmal in der Woche.

Ich habe auch Leskow wiedergelesen – im letzten Winter in Golizyno. Und ich las »Benvenuto Cellini« in Goethes Übersetzung, als ich siebzehn war. Besonders erinnere ich mich an den Salamander und an die Ohrfeige.

Während des Winters habe ich Nina ein paarmal besucht. Sie ist dauernd kränklich, aber sie arbeitet, und wenn es ihr gut geht, ist sie glücklich dabei. Ich habe ihr eine kurze unechte Pelzjacke geschenkt – sie hatte sich wirklich zu Tode gefroren – und zu ihrem Geburtstag schenkte ich ihr eine meiner Metalltassen, aus denen niemand trinkt, außer mir und ihr.

Ich will diesen Brief jetzt abschicken, also werde ich schließen. Halte Dich gesund und munter. Ich hoffe, daß Muljas Reise nur eine vorübergehende sein wird. Kürzlich bin ich zum

Mitglied der hiesigen Sektion des Schriftstellerverbandes gewählt worden – einstimmig. Du siehst also, ich tue mein Bestes.

Laß es Dir gut gehen. Küsse . . .

Mur wird Dir selbst schreiben.

Mama[201]

Marina schrieb weiterhin ausführliche Briefe an Serjoscha und ihre Tochter Alja, doch sind unglücklicherweise nur wenige erhalten geblieben. Die Beschreibung ihrer Aufnahme in den Schriftstellerverband im obigen Brief läßt kaum auf den wirklichen Verlauf der Sitzung schließen. Eine Frau hatte Marina als frühere Emigrantin heftig angegriffen und darauf hingewiesen, sie sei eine nahe Verwandte von Leuten, die in Haft seien. Marina hatte einen Behälter aus Bakelit ergriffen, wütend alle Federhalter und Bleistifte ausgekippt und dann ein Wortgefecht eröffnet. Diese Geste und ihre Worte hatten Folgen. Es war die unbehagliche Zeit des Hitler-Stalin-Paktes, verwirrend für überzeugte Kommunisten, obgleich sich für Marina daraus keine ethischen Probleme ergaben. Bald nach ihrer Rückkehr in die Sowjetunion hatte sie die Hoffnung verloren und war inzwischen davon überzeugt, sie sei »dazu verdammt, zu schreiben, wie ein Wolf heult, unter welchem System auch immer«. Am 10. Juni funktionierte Marinas Telephon nicht mehr, und der Umzug in eine neue Datscha stand nahe bevor. Doch alle Pläne wurden durch die Tatsache des deutschen Einmarsches zunichte gemacht.

Ihre Situation verschlechterte sich mit einem Schlag. Aus einem einsamen, unglücklichen Geschöpf mit einer anrüchigen Vergangenheit hatte sie sich plötzlich zu einer potentiellen Spionin gewandelt. Ihre frühen Texte mit ihrem Lob Deutschlands und seiner Literatur wurden als politische Aussagen betrachtet. Es schien sogar unerwünscht, daß sie fließend Französisch und Deutsch konnte.

Erst jetzt, nach dem deutschen Einmarsch am 22. Juni 1941, hatte Marina ihre erste und letzte Begegnung mit dem einzigen Freund, der während der ganzen Zeit in der sowjetischen Hierarchie eine höchst einflußreiche Position bekleidet hatte – mit Ilja Ehrenburg. Er schilderte ihr Treffen kurz nach der Invasion als für beide Teile enttäuschend. Er sagte freimütig:

»Das Wiedersehen mißlang – durch meine Schuld. Sie kam an einem Morgen, der Heeresbericht hatte bereits neue Hiobsbotschaften gebracht. Meine Gedanken weilten ganz woanders. Marina spürte das sofort und gab dem Gespräch eine geschäftsmäßige Wendung: Sie lenkte es auf Übersetzungen, an denen sie damals arbeitete.«[202]

Nach Beginn der deutschen Invasion machte sich Marina Sorgen um den fünfzehnjährigen Mur, der einer Brandwache zugeteilt worden war, mit der Aufgabe, Brandbomben vom Dach des hohen Wohnhauses zu werfen, in dem sie im obersten Stockwerk ein winziges Zimmer gemietet hatte. Pasternak war ebenfalls zur Brandwache auf dem Dach des Schriftstellervereins abkommandiert worden, und Marina suchte ihn auf, um ihn um Rat zu fragen, wie sie Mur helfen könne. Sie trug sich bereits mit der Idee, in die Tatarische Autonome Sowjetrepublik zu gehen, wo, wie sie wußte, zahlreiche andere Schriftsteller des Verbandes evakuiert waren. Pasternak versuchte sie davon abzubringen, doch er bot ihr nicht an (was er sehr wohl hätte tun können), in seinem Heim in Peredelkino zu wohnen; das geschah in erster Linie, weil seine eigene häusliche Situation sehr gespannt war und er, wie immer, im Gespräch zu keinem Entschluß kommen konnte. Nichtsdestotrotz muß sie auf eine Einladung gewartet haben, die nie erfolgte.

Einer der Gründe für Marinas Verlangen, Moskau zu verlassen, ist vielleicht in den zunehmenden Verdächtigungen zu suchen, denen sie, je näher die Deutschen der Stadt kamen, von allen Seiten ausgesetzt war. Sie wußte, daß es Stimmen gab, die fälschlicherweise behaupteten, sie hoffe auf die Ankunft der Deutschen. So kam es, daß sie auf verhängnisvolle Weise ihre Evakuierung selbst in die Hand nahm.

Pasternak verabschiedete sich in den Außenbezirken Moskaus von ihnen; von dort war es möglich, auf dem Fluß Kama mit dem Schiff nach Tschistopol und anderen Städten zu gelangen. Dieses Lebewohl sollte ihr letztes sein.

> Vorraum verwaist. Dieser blinde. So kam es doch
> hier, daß der Hanfstrick als gut sich erwies,
> Hier, wo vom eisigen Wasser der Kama noch
> Letztmals die Kelle den Mund feuchten ließ.
>
> Nagel. Kein Haken. Ein schwerer, der Kanten hat.
> Dem haben Kummets und Kescher gereicht.
> Niedrig. Sich hier zu erhängen – wer kann denn das.
> Sich nur erdrosseln, das ginge ganz leicht.
>
> Oma, bin bange im Vorraum und Zimmer drin,
> hätt gern bei Euch an der Schulter geweint.
> Morde nur gibt's auf der Welt – merkt das immerhin.
> Selbstmorde nicht. Sind anders gemeint.
>
> J. Jewtuschenko[203]

August 1941, Jelabuga: die Fliegen schwärmten noch, der Fluß Kama floß noch. Seit zehn Tagen wohnte Marina Zwetajewa als eine aus Moskau Evakuierte bei der Familie Brodelschtschikow. Es war ein kleines, ruhiges Haus. Marina teilte mit Mur ein Zimmer. Aus dem Fenster blickte man auf Wiesen, noch frei vom sibirischen Schnee.

Sie wußte, daß sie ihren bäuerlichen Wirtsleuten komisch vorkam. Sie hatten nie von ihr gehört. Alles, was sie sahen, war ihr langes, dunkles Kleid, ihr alter brauner Mantel und die Linien der Erschöpfung und Furcht in ihrem Gesicht. Sie mußten

über ihr gehäkeltes, erbsengrünes Käppchen und die große
Schürze lachen, die sie im Haus trug, obwohl ihre magere, gebückte Gestalt etwas Hexenähnliches hatte, das ihnen ein unbehagliches Gefühl einflößte.

Auch ihr hektisches Benehmen verwirrte sie. Sie hatte keine
Arbeitserlaubnis, doch sie ging jeden Tag auf Arbeitssuche. Ei-
nen Tag oder zwei ließ ein Polizist aus dem Ort sie in seinem
Waschhaus helfen, doch er wurde gemaßregelt. Jelabuga war
eine kleine Stadt, in der es nur wenige wohlhabende Leute gab.
Es war unwahrscheinlich, daß sie jemanden fand, der ihr Silber
kaufen wollte; trotzdem hatte sie es immer bei sich, für den
Fall, daß sie einen Käufer fand. Am Abend war sie zu erschöpft,
um zu kochen; statt dessen aßen Mur und sie in der örtlichen
Kantine.

Marina wußte, daß Schriftsteller, die dem Staat genehm waren, in Tschistopol auf der anderen Seite des Flusses evakuiert
waren, drei Tagesreisen entfernt; also beschloß sie, hinzugehen
und einen letzten Versuch zu machen, Arbeit zu finden, gleich,
welcher Art. Ein früherer Brief an den Präsidenten des Tatari-
schen Schriftstellerverbandes, in dem sie um Arbeit als Übersetzerin gebeten hatte, war unbeantwortet geblieben. Jetzt war
sie bereit, jede Art von Arbeit anzunehmen, sogar in der Küche.
Lydia Tschukowskaja, Anna Achmatowas Gefährtin, begriff das
ganze Ausmaß ihrer Verzweiflung und konnte nicht verstehen,
warum Marinas Schriftstellerkollegen nicht beschämt waren,
sie in dieser Lage zu sehen. Nach ihrer Meinung hätte Anna
Achmatowa eine solche Demütigung nicht zugelassen. Aber
Marina wurde sogar die Erlaubnis verweigert, in der Küche zu
arbeiten.

In einer normalen Welt hätte sie beim besten Willen nicht als
eine Bedrohung erscheinen können. Doch Nikolai Assejew, der
für die Zuteilung von Wohnraum verantwortlich war, hatte allen Grund, Schlimmes für sich zu befürchten, wenn man zu der
Ansicht gelangte, er habe stillschweigend geduldet, daß man

ihr half. Als das Komitee über den Antrag abstimmte, enthielt
er sich der Stimme; doch er weigerte sich nicht nur, ihr eine Unterkunft zuzuweisen, sondern lehnte es sogar ab, ihr etwas Geld
zu leihen. Nach dieser letzten Unterredung saß Marina lange
auf einer Bank am Fluß, betäubt von der Endgültigkeit der Zurückweisung.

Von dieser Reise kam sie so trostlos und erschöpft zurück,
daß sie nicht einmal die Kraft hatte, den Fisch auszunehmen,
den ihr Wirt gefangen hatte, geschweige denn, ihn zu braten.
Anastassja Iwanowna Brodelschtschikowa tat es für sie; in einer
ähnlichen Stimmung hatte sie ihr früher gezeigt, wie man Zigaretten aus selbstangebautem Tabak drehte. Oft rauchten sie
zusammen, ohne viel zu sprechen.

Marina verfiel in bitteres Schweigen. Es war nicht mehr
möglich, die Feindseligkeit in Murs mürrischem Gesicht zu
übersehen. Er war ein bäurischer Junge, seinen Kleidern ent-
wachsen und zu kräftig für sein Alter. Er war unglücklich, weil
ihn auf der Straße oft Leute fragten, warum er keine Uniform
trage. Daran und an seiner Absonderung von den anderen Jungen seines Alters gab er seiner Mutter alle Schuld.

Am Sonnabend, 30. August, hörte man ihn heftig mit ihr
streiten. Er warf Marina ihr unverantwortliches Leben vor, das
dazu geführt habe, daß sein Vater in Haft und seine Schwester
zu Zwangsarbeit verurteilt worden sei. Marinas Stimme wurde
ebenfalls lauter, doch klang sie eher bittend als wütend, und sie
machte keinen Versuch, seine Vorwürfe zu entkräften, und immer sprach sie ihn mit seinem Kosenamen an.

Am Morgen des darauf folgenden Sonntags waren alle Ein-
wohner aufgerufen, bei der Planierung eines neuen Flugplatzes
zu helfen; jeder, der diesen unbezahlten Arbeitseinsatz leistete,
bekam einen Laib Brot. Frau Brodelschtschikowa ging mit Mur
zu dieser Arbeit, während ihr Mann mit seinem Enkel fischen
ging. Marina schien beschäftigt. Es machte ihr nichts aus, allein gelassen zu werden.

Sie war neunundvierzig Jahre alt: Eine einsame, gehetzte Frau, deren geistige Kraft erschöpft war. In allen ihren langen, von Armut heimgesuchten Jahren des Exils hatte sie nie aufgegeben. Jetzt verstand sie nicht mehr, was die Plackerei nützen sollte. Ihr Leben lang hatte sie überlebt, weil sie gewußt hatte, daß sie gebraucht wurde. Jetzt hatte Murs Groll die letzten Überreste ihres Glaubens an sich selbst zerstört.

Sie war nicht ohne wirtschaftliche Hilfsmittel. Sie verfügte über mehr als 400 Rubel, hatte, was noch wertvoller war, Vorräte an Grieß, Zucker und Reis. Es gab sogar noch einen Topf mit gekochtem Fisch.

Sie wußte, daß sie eine der größten europäischen Dichterinnen des Jahrhunderts war. Aber ihre innere Einsamkeit war nun vollkommen.

Keiner kann mit Sicherheit wissen, woran sie in ihren letzten Augenblicken dachte. Da war ihre Moskauer Kindheit in dem Holzhaus an der Straße der Drei Teiche. Serjoscha, dem zuliebe sie 1922 die Sowjetunion verlassen hatte und dessen Rückkehr dorthin auch zu der ihren geführt hatte. Das goldene Prag und die Elendsviertel von Paris. Spülwasser und Tränen. Vielleicht dachte sie an ihre Tochter im hellroten, tschechischen Kopftuch, in den wenigen Wochen des Glücks, die auf Marinas Rückkehr nach Moskau folgten. Vielleicht verfolgte sie aber auch ihr letzter Blick auf Alja, die sich bei ihrer Verhaftung mit einem Achselzucken langsam abwandte. Kurz danach hatte Marina notiert: »Im Augenblick bin ich tot. Im Augenblick existiere ich nicht. Ich weiß nicht, ob ich in der Zukunft lange existieren werde.«

Falls Stalin keinen Sinn darin sah, Mühe auf die Evakuierung von Gefangenen aus der Lubjanka zu verwenden, war Serjoscha schon längst erschossen. Von dieser Möglichkeit mußte Marina gerüchteweise gehört haben. Und so hat sie vielleicht, als sie den Nagel zum Anschirren der Pferde fand und das Hanfseil daran befestigte, geglaubt, ihm noch einmal zu folgen, zum letzten Mal.

Mur nahm am Begräbnis seiner Mutter nicht teil, und falls er Kummer über ihren Tod empfand, zeigte er ihn niemandem. Anna Achmatowa, die sich nach Marinas Tod mit großer Freundlichkeit um ihn kümmerte, bemerkte die Kälte gegenüber dem Andenken seiner Mutter. Das ist um so trauriger, weil es durchaus möglich ist, daß seine Mutter sich seinetwegen das Leben nahm, um ihn von der Bürde der Ächtung zu befreien. Wenn das stimmt, war die Geste vergebens. Mur meldete sich rasch zur Armee und fiel später in der Schlacht um Moskau.

Serjoscha wurde in der Lubjanka erschossen. Alja, welche die beiden ersten Jahre ihrer Strafe ebenfalls dort verbüßte, verlor aufgrund grausamer Prügelstrafen ihr Kind. Sie wurde 1941 in ein Arbeitslager im hohen Norden verlegt, wo sie zu weiteren zehn Jahren Lager verurteilt wurde. Sie mußte die Strafe jedoch nicht ganz verbüßen. Pasternak (der mit ihr im Briefwechsel gestanden hatte) und Olga Iwinskaja nahmen sie, als sie 1955 nach sechzehnjähriger Haft entlassen wurde, auf und sorgten für sie, bis sie sich wieder erholt hatte. Sie blieb bei ihnen während der Zeit, in der Pasternak selbst heftigsten Angriffen ausgesetzt war, und zog später in ein Haus in Tarussa, wo Marina ihre Kindheit verbracht hatte. Dort widmete sie sich der Ordnung und Bewahrung des Werks ihrer Mutter und sorgte, sobald es möglich wurde, für die Veröffentlichung. Sie publizierte ihre Erinnerungen an die Mutter, bevor sie 1975 an einem Herzinfarkt starb.

Anastassja verbrachte die Jahre 1938 bis 1940 in Sibirien und hatte keine Gelegenheit, Marina nach deren Rückkehr in die Sowjetunion wiederzusehen. 1971 wurde in Moskau ein Band mit Erinnerungen an ihre Schwester veröffentlicht. Zur Zeit lebt sie in einem Altersheim für Schriftsteller nahe Moskau.

Marina Zwetajewas Tod verfolgte alle, die sie gekannt hatten bis zum Ende ihres Lebens. Pasternak beklagte sein willkürliches Spielen auf Zeit, weil er, voller Schuldgefühl meinte, daß er es vielleicht hätte schaffen können, Quartier und Arbeit für sie in Tschistopol zu finden, wenn sie nur noch einen Monat länger hätte durchhalten können. Lydia Tschukowskaja, deren fanatische Hingabe an Anna Achmatowa die Dichterin in ihren letzten Jahren am Leben erhielt, erinnerte sich an eine Begegnung mit Marina bei deren letztem Besuch in Tschistopol. Sie hatte bei dem Gespräch bezweifelt, ob Anna Achmatowa die dortigen schweren Bedingungen würde ertragen können, und Marina hatte voller Bitterkeit geantwortet, es sei doch bezeichnend, daß die Leute der Ansicht seien, sie dagegen könne alles ertragen. Marinas Tod beraubte Anna Achmatowa der Möglichkeit, Marina das Gedicht zu geben, das sie als Gegengabe für die vielen Gedichte, die Marina ihr gewidmet hatte, ihr zu Ehren geschrieben hatte. Sie bewahrte ein Photo von Marina zusammen mit einem von sich auf, weil sie beide darauf mit der gleichen Brosche zu sehen waren. Marina hatte sie ihr geschenkt.

Wenn in literarischen Arbeiten Vergleiche zwischen den beiden Schriftstellerinnen angestellt wurden, war Anna Achmatowa zu Recht ungehalten und verdächtigte die Verfasser, sie hauptsächlich deswegen nebeneinanderzustellen, weil sie beide Frauen seien. 1959 hatte sie zu der Tragödie soviel Abstand gewonnen, daß sie bemerkenswert skeptische Anmerkungen zu Marina Zwetajewa und Pasternak machen konnte, doch eines stand für sie nie in Frage: die glanzvolle Schöpferkraft Marina Zwetajewas.

Danksagung

Marina Zwetajewa
Moskau 1941

Ich möchte all jenen danken, die mir bei der Arbeit an dieser Biographie geholfen haben. Besonders dankbar bin ich Vera Traill, die den Kontakt zu Salomea Halpern und Konstantin Rodzewitsch herstellte. Ihr verdanke ich auch zahlreiche Einzelheiten über Marina Zwetajewas Aufenthalt in Paris.

Zu tiefstem Dank bin ich Simon Karlinskys materialreichen Büchern verpflichtet; alle diese Quellen werden in der Bibliographie nachgewiesen. Ich bin Natascha Franklin überaus dankbar, die mir bei der Erstellung des Anmerkungsapparates behilflich war.

Besonders dankbar bin ich Mascha Enzensberger, Margarita Aliger und Jewgeni Jewtuschenko, die mich in Moskau mit Leuten bekanntmachten, die Marina Zwetajewa gekannt haben oder über ihre Dichtungen arbeiteten, in erster Linie Viktoria Schweitzer, jetzt in Ann Arbor; ich danke Konstantin Rodzewitsch, daß er sich in Paris von mir interviewen ließ und später meine Fragen beantwortete, die ich ihm durch Vermittlung von Vera Traill brieflich stellte.

Wie jeder, der über Marina Zwetajewa arbeitet, bin ich der Forschungsarbeit verpflichtet, die Professor Simon Karlinsky in seinen bahnbrechenden Büchern geleistet hat. Ich möchte auch Dr. Andrew Kelus danken, der dafür sorgte, daß ich an der Universität Basel Zwetajewa-Manuskripte einsehen konnte; ich danke Catherine Carver, die auf eine frühere Fassung dieses Manuskriptes immense Arbeit verwendet hat und Olwyn Hughes, die bei der letzten Fassung mit großer Sorgfalt Korrektur gelesen hat.

Elaine Feinstein

ANHANG

Anmerkungen

1 Ariadna Efron: *Stranicy vospominanij*. Paris 1979, Seite 17
2 M. Zwetajewa an Boris Pasternak. In: M. Z.: *Ausgewählte Werke*. Hrsg. von Edel Mirowa-Florin. 3 Bände. (Band 1 Lyrik / Band 2 Prosa / Band 3 Briefe) Berlin 1989. Band 3, Seite 90 (Andreas Weihe)
3 Mark Slonim: *O Marine Cvetaevoj*. In: Novyj zurnal (New York) Nr. 100. 1970
4 M. Zwetajewa: »Die Kunst im Lichte des Gewissens«. In: M. Z.: *Ein gefangener Geist*. Essays. Aus dem Russischen übertragen und mit einem Nachwort versehen von Rolf-Dietrich Keil. Frankfurt am Main 1989. Seite 101
5 M. Zwetajewa: *Pis' ma k Anne Teskovoj*. Prag 1969. (20. Juli 1926)
6 M. Zwetajewa: »Mutter und die Musik«. In: M. Z.: *Ausgewählte Werke* (siehe Anm. 2) Band 2, Seite 21 (Ilse Tschörtner)
7 M. Zwetajewa: Abendalbum
8 M. Zwetajewa: »Mein Puschkin«. In: M. Z.: *Ausgewählte Werke*. (siehe Anm. 2) Band 2, Seite 114 (Hilde Angarowa)
9 Ebda., Seite 115
10 M. Zwetajewa: »Mutter und die Musik«. In: M. Z.: *Ausgewählte Werke*. (siehe Anm. 2) Band 2, Seite 21 (Ilse Tschörtner)
11 Ebda., Seite 26
12 M. Zwetajewa an Pasternak (25. Mai 1926) In: Rainer Maria Rilke, Marina Zwetajewa, Boris Pasternak: *Briefwechsel*. Herausgegeben von Jewgenij Pasternak, Jelena Pasternak und Konstantin M. Asadowskij. Aus dem Russischen übertragen von Heddy Pross-Weerth. Frankfurt am Main 1983, Seite 150
13 M. Zwetajewa: »Das Haus am Alten Pimen«. In: M. Z.: *Ausgewählte Werke*. (siehe Anm. 2) Band 2, Seite 69 (Elke Erb)
14 Ebda., Seite 64
15 M. Zwetajewa: »Mein Puschkin«. In: M. Z.: *Ausgewählte Werke* (siehe Anm. 2) Band 2, Seite 130 (Hilda Angarowa)
16 Ebda., Seite 134
17 M. Zwetajewa: »Die Kirillstöchter«. In: M. Z.: *Mutter und die Musik*. Autobiographische Prosa. Aus dem Russischen und mit einem Nachwort von Ilma Rakusa. Frankfurt am Main 1987, Seite 87

18 Ebda., Seite 86

19 M. Zwetajewa: »Das Haus am Alten Pimen«. In: M. Z.: *Ausgewählte Werke*. (siehe Anm. 2) Band 2, Seite 88 (Elke Erb)

20 M. Zwetajewa: »Mein Puschkin«. In: M. Z.: *Ausgewählte Werke*. (siehe Anm. 2) Band 2, Seite 157 (Hilde Angarowa)

21 M. Zwetajewa: *Mutter und die Musik*. In: siehe Anm. 17, Seite 42

22 Anastassja Zwetajewa: *Vospominanija*. Moskau 1971. Deutsch unter dem Titel: *Kindheit mit Marina*. Übersetzt von Alexander Kaempfe. Wiesbaden 1977, Seite 155

23 M. Zwetajewa: *Mutter und die Musik*. In: siehe Anm. 17, Seite 44

24 Ebda., Seite 44

25 M. Zwetajewa: »Mein Puschkin«. In: M. Z.: *Ausgewählte Werke*. (siehe Anm. 2) Band 2, Seite 132 (Hilde Angarowa)

26 Anastassja Zwetajewa: *Kindheit mit Marina* (siehe Anm. 22) Seite 278

27 Ebda., Seite 318

28 M. Zwetajewa: *Ein gefangener Geist*. In: siehe Anm. 4, Seite 178

29 Anastassja Zwetajewa: *Vospominanija*, Teil 2. Moskau 1981, Seite 357.

30 Ebda., Seite 308

31 Nikolai Gumiljow in »Apollon«. St. Petersburg, Mai 1911

32 M. Zwetajewa: *Izbrannaja proza v dvuch tomach 1917-39*. New York 1979. Band 1, Seite 358

33 M. Zwetajewa: »Vater und sein Museum«. in: M. Z.: *Das Haus am Alten Pimen. Eine Auswahl*. Übersetzt und herausgegeben von Elke Erb. Leipzig 1989, Seite 29

34 Zitiert nach Simon Karlinsky: *Marina Tsvetaeva. The Woman, her World and her Poetry*. London / New York 1985.

35 Ariadna Efron: *Stranicy vospominanija*. Paris 1979, Seite 29

36 Ebda., Seite 30

37 Ebda., Seite 36

38 M. Zwetajewa: *Izbrannye proizvedenija*. Hrsg. von A. Efron und A. Saakjanc. Moskau / Leningrad 1965, Seite 76 (übersetzt von Richard Pietraß)

39 Ebda., Seite 73 (übersetzt von Richard Pietraß)

40 M. Zwetajewa: »Ein Abend nicht von dieser Welt«. in: M. Z.: *Ausgewählte Werke*. (siehe Anm. 2) Band 2, Seite 206 f. (Ilse Tschörtner)

41 Ebda., Seite 206

42 Vgl. Sophia Olljakowa: »Zakatnye ony dni. Cvetaeva i Parnok«. Ann Arbor 1982

43 M. Zwetajewa: »Du wirfst den Kopf zurück«. In: M. Z.: *Ausgewählte Werke*. (siehe Anm. 2) Band 1, Seite 36 (Ilse Tschörtner)

44 Ossip Mandelstam: »Im Friedhof gingen wir«. In: M. Z.: *Ausgewählte Werke*. (siehe Anm. 2) Band 2, Seite 184 f. (Ilse Tschörtner)

45 M. Zwetajewa: *Izbrannye proizvedenija*. (siehe Anm. 38) Seite 72 (übersetzt von Richard Pietraß)

46 Nadeshda Mandelstam: *Generation ohne Tränen*. Aus dem Russischen von Godehard Schramm. Frankfurt am Main 1975, Seite 321

47 M. Zwetajewa: *Izbrannye proizvedenija*, (siehe Anm. 38) Seite 87 (übersetzt von Richard Pietraß)

48 Ossip Mandelstam: *Sobranie socinenij*. Washington/Paris 1964-81

49 M. Zwetajewa: *Izbrannye proizvedenija*. (siehe Anm. 38) Seite 25 (übersetzt von Richard Pietraß)

50 M. Zwetajewa: *Briefe an Roman Gul*. in: Nowy Zhurnal New York, No 58, 1959

51 M. Zwetajewa: *Auf eigenen Wegen*. Tagebuchprosa. Moskau 1917-1920, Paris 1934. Übersetzung und Nachwort von Marie-Luise Bott. Frankfurt am Main 1987, Seite 15

52 M. Zwetajewa: *Erzählung von Sonečka*. Aus dem Russischen übersetzt und mit einem Nachwort versehen von Margarete Schubert. Berlin 1984, Seite 10

53 Ebda., Seite 10

54 Ebda., Seite 98

55 Ebda., Seite 96

56 Ebda., Seite 97

57 Ebda., Seite 122

58 Ebda., Seite 125

59 Ebda., Seite 194

60 Ebda., Seite 16

61 Ebda., Seite 17

62 Ebda., Seite 26

63 Ebda., Seite 36

64 Ebda., Seite 36

65 Ebda., Seite 38

66 Ebda., Seite 128-129

67 Ebda., Seite 211

68 M. Zwetajewa: *Auf eigenen Wegen*. (siehe Anm. 51) Seite 24

69 Ebda., Seite 27

70 Ebda., Seite 60

71 Ebda., Seite 91

72 Ebda., Seite 111

73 Ebda., Seite 114

74 Ariadna Efron: *Stranicy vospominanij*. (siehe Anm. 1)

75 Brief von M. Z. an Anastassja (Dezember 1920) In: *Neizdannye pis'ma*. Herausgegeben von Gleb und Nikita Struve. Paris 1972

76 Diese Überlegungen hat Pasternak im *Dr. Schiwago* seinen Helden Juri anstellen lassen.

77 Brief von M. Z. an Anastassja (Dezember 1920) In: *Neizdannye pis'ma*. (siehe Anm. 75)

78 M. Zwetajewa: »Geroj truda«. In: *Izbrannye proza*. (siehe Anm. 32) Seite 204

79 M. Zwetajewa: Gedicht 1 der »Gedichte an Blok«. In: M. Z.: *Gedichte und Prosa*. Hrsg. von Fritz Mierau. Leipzig 1989, Seite 9 f. (Adolf Endler)

80 M. Zwetajewa: Gedicht 9 der »Gedichte an Blok«. In: M. Z.: *Ausgewählte Werke*. (siehe Anm. 2) Band 1, Seite 43 f. (Ilse Tschörtner)

81 Ilja Ehrenburg: *Menschen, Jahre, Leben*. Aus dem Russischen von Alexander Kaempfe. München 1962, Seite 302

82 Nina Berberova: *Ich komme aus St. Petersburg*. Deutsch von Christine Süß. Düsseldorf 1990, Seite 157

83 Anna Achmatowa: Zitiert nach: A. A.: *Im Spiegelland*. Ausgewählte Gedichte. Hrsg. von Efim Etkind. München/Zürich 1982, Seite 57 (Kay Borowsky)

84 Brief von M. Z. an Anna Achmatowa (31. August 1921) in: M. Z.: *Ausgewählte Werke*. (siehe Anm. 2) Band 3, Seite 54 (Andreas Weihe)

85 Zitiert nach Ariadna Efron: *Stranicy* (siehe Anm. 1), S. 86 f.

86 Nadeshda Mandelstam: *Generation ohne Tränen* (siehe Anm. 46)

87 Ariadna Efron: *Stranicy* (siehe Anm. 1) Seite 75

88 Ebda., Seite 75

89 Ebda., Seite 79

90 Ebda., Seite 91

91 Ebda., Seite 94

92 M. Zwetajewa: »Der gefangene Geist«. In: M. Z.: *Ausgewählte Werke*. (siehe Anm. 2) Band 2, Seite 274 (Ilse Tschörtner)

93 Ariadna Efron: *Stranicy*. (siehe Anm. 1) Seite 96

94 Pasternak an M. Z. (13. Juni 1922). In: *Neizdannye pis'ma*. (siehe Anm. 75)

95 M. Z. an Pasternak (19. Juni 1922). In: *Neizdannye pis'ma*. (siehe Anm. 75) (übersetzt von Erika Pietraß)

96 M. Z. an Pasternak (9. März 1923). In: *Neizdannye pis'ma*. (siehe Anm. 75) (übesetzt von Erika Pietraß)

97 Zitiert bei: Ariadna Efron: *Stranicy*. (siehe Anm. 1) Seite 132

98 M. Z.: »Der Dichter über die Kritik«. In: M. Z.: *Ein gefangener Geist*. (siehe Anm. 4), Seite 41.

99 Zitiert nach Ariadna Efron: *Stranicy*. (siehe Anm. 1) Seite 96

100 M. Z. an Pasternak (19. November 1922). In: *Neizdannye pis'ma*. (siehe

Anm. 75) (übersetzt von Erika Pietraß; Das Gedicht »Das Gold meiner Haare« übersetzte Richard Pietraß)

101 Zitiert nach Nina Berberova (siehe Anm. 82) Seite 241

102 M. Z.: »Lob den Reichen«. In: M. Z.: *Ausgewählte Werke.* (siehe Anm. 2) Band 1, Seite 91 (Richard Pietraß)

103 M. Zwetajewa: *Briefe an Bachrach und Ausgewählte Gedichte.* Hrsg. von Siegfried Heinrichs. Ausgewählt und übertragen von Irmgard Wille. Berlin 1989, Seite 28

104 Ebda., Seite 32

105 Ebda., Seite 33

106 Ebda., Seite 41

107 Ebda., Seite 53

108 Ebda., Seite 51

109 Ebda., Seite 64

110 Ebda., Seite 66

111 Ebda., Seite 65

112 Ebda., Seite 70

113 Mitschnitt eines Interviews mit Konstantin Rodzewitsch 1976.

114 M. Zwetajewa: »Poem vom Berg«. In: *Izbrannye proizvedenija.* (siehe Anm. 38) (übersetzt von Richard Pietraß)

115 Zitiert nach Ariadna Efron: *Stranicy.* (siehe Anm. 1) Seite 167

116 Briefe an Bachrach: (siehe Anm. 103) Seite 76

117 M. Zwetajewa: »Poem vom Ende«. In: *Izbrannye proizvedenija.* (siehe Anm. 38) Seite 451-473. (übersetzt von Richard Pietraß)

118 Ebda.

119 Ebda.

120 B. Pasternak an M. Zwetajewa (14. Juni 1924)

121 M. Zwetajewa an Pasternak (14. neuer Februar 1923). In: M. Z.: *Ausgewählte Werke* (siehe Anm. 2) Band 3, Seite 73 (Andreas Weihe)

122 M. Zwetajewa an Anna Tesková (5. Dezember 1924) in: *Pis'ma k Anne Teskovoj.* (siehe Anm. 5)

123 Ebda. (Februar 1925)

124 Ebda. (10. Februar 1925

125 Ebda. (20. Oktober 1925)

126 M. Zwetajewa an Pasternak (19. Juli 1925). In: *Neizdannye pis'ma.* (siehe Anm. 75) (übersetzt von Erika Pietraß)

127 M. Zwetajewa an Anna Tesková (10. Oktober 1925) In: Pis'ma k Anne Teskovoj. (siehe Anm. 5)

128 Ebda. (30. Dezember 1925)

129 Siehe »Der Rattenfänger«. In: M. Z.: *Izbrannye proizvedenija.* (siehe Anm. 38) Seite 7

130 Pasternak an Marina Zwetajewa (20. April 1926) In: (siehe Anm. 12)
     Seite 93
131 M. Zwetajewa an Anna Tesková (26. Mai 1934). In: *Pis'ma k Anne Tesko-
     voj.* (siehe Anm. 5)
132 Jelena Iswolskaja: *Ten' na stenach.* In: Opty 3/1954, Seite 152
133 M. Zwetajewa an Anna Tesková (8. Juni 1926). In: *Pis'ma k Anne Tesko-
     voj*
134 M. Zwetajewa an Pasternak (10. Juli 1926). In: (siehe Anm. 12) Seite 213
135 Ebda. Seite 190
136 Rainer Maria Rilke: *Die Gedichte.* Frankfurt am Main 1986, Seite 1058
137 Rilke schickte ihr Ende Juni 1926 ein Exemplar mit dieser Widmung.
138 M. Zwetajewa an Pasternak (26. Mai 1926). In: siehe Anm. 12, Seite 153;
     und 23. Mai 1926, S. 147 f.
139 M. Zwetajewa an Rilke (2. August 1926) In: M. Z.: *Ausgewählte Werke*
     (siehe Anm. 2) Band 3, Seite 125 (Andreas Weihe)
140 M. Zwetajewa an Pasternak (1. Januar 1927). In: (siehe Anm. 12) Seite 245
141 Ebda., Seite 246
142 Anastassja Zwetajewa: *Vospominanija,* Teil 2 (siehe Anm. 29) Seite 507
143 M. Zwetajewa an Anna Tesková. (12. Dezember 1927). In: M. Z.: *Ausge-
     wählte Werke.* (siehe Anm. 2) Band 3, Seite 164 (Monika Tantzscher)
144 M. Zwetajewa an Anna Tesková (3. Januar 1928) In: *Pis'ma k Anne Tesko-
     voj.* (siehe Anm. 5)
145 M. Zwetajewa: »Versuch einer Eifersucht«. In: M. Z.: *Ausgewählte
     Werke.* (siehe Anm. 2) Band 1, Seite 119 (Rainer Kirsch)
146 M. Zwetajewa an Anna Tesková (Februar 1928). In: *Pis' ma k Anne Tesko-
     voj.* (siehe Anm. 5)
147 Mark Slonim (siehe Anm. 3)
148 M. Zwetajewa an Jurij Ivask (8. März 1935). In: *Russkij literaturnyj ar-
     chiv.* New York 1956
149 M. Zwetajewa: *Izbrannye proizvedenija.* (siehe Anm. 38) Seite 310
     (übersetzt von Richard Pietraß)
150 M. Zwetajewa an Anna Tesková (7. April 1929). In: *Pis'ma k Anne Tesko-
     voj.* (siehe Anm. 5)
151 Mark Slonim (siehe Anm. 3)
152 M. Zwetajewa an Anna Tesková (21. April 1930).In: *Pis'ma k Anne Tesko-
     voj.* (siehe Anm. 5)
153 M. Zwetajewa: »Der Tisch«, In: M. Z.: *Ausgewählte Werke* (siehe Anm.
     2) Band 1. Seite 155 (Ilse Tschörtner)
154 Alexander Gladkow: *Meetings with Pasternak.* London 1977
155 M. Zwetajewa an Anna Tesková (26. Februar 1931). In: *Pis'ma k Anne
     Teskovoj.* (siehe Anm. 5)

156 M. Zwetajewa: »Der Dichter über die Kritik«. In: siehe Anm. 4, Seite 25
157 Mark Slonim (siehe Anm. 3)
158 M. Zwetajewa an Anna Tesková (31. August 1931). In: *Pis'ma k Anne Tes-kovoj.* (siehe Anm. 5)
159 Mark Slonim (siehe Anm. 3)
160 M. Zwetajewa an Anna Tesková (25. Februar 1931). In: *Pis'ma k Anne Teskovoj.* (siehe Anm. 5)
161 Mark Slonim (siehe Anm. 3)
162 M. Zwetajewa: »Ein lebendiges Wort über einen Lebenden«. In: *Izbran-nye proza,* Band 2 (siehe Anm. 32)
163 M. Zwetajewa: *Izbrannye proza.* Band 2 (siehe Anm. 32)
164 M. Zwetajewa an Jurij Ivask 4. April 1933 (siehe Anm. 148)
165 M. Zwetajewa an Anna Tesková (24. November 1933). In: M. Z.: *Ausgewählte Werke.* (siehe Anm. 2) Band 3, Seite 168 (Monika Tantz-scher)
166 M. Zwetajewa. In: *Izbrannye proizvedenija.* (siehe Anm. 38) (übersetzt von Richard Pietraß)
167 M. Zwetajewa: *Vogelbeerbaum.* Ausgewählte Gedichte. Hrsg. von Fritz Mierau. Berlin 1986, Seite 61 (Christa Reinig)
168 B. Pasternak: *Über mich selbst.* Frankfurt am Main 1959, Seite 83
169 M. Zwetajewa an Jurij Ivask 4. April 1933 (siehe Anm. 148)
170 B. Pasternak: *Ausgewählte Werke.* 2 Bände. Moskau 1985. (Übersetzt von Richard Pietraß)
171 Adriadna Efron: *Stranicy.* (siehe Anm. 1) Seite 17
172 Pasternak. In: *Novy Mir,* 1967
173 Olga Ivinskaja: *Lara. Meine Zeit mit Pasternak.* Hamburg 1978.
174 M. Zwetajewa an Anna Tesková (2. Juli 1935). In: *Pis'ma k Anne Teskovoj.* (siehe Anm. 5)
175 M. Zwetajewa an Pasternak (Ende Oktober 1935). In: M. Z.: *Ausgewählte Werke.* (siehe Anm. 2) Band 3, Seite 90 f. (Andreas Weihe)
176 M. Zwetajewa an Anna Tesková (15. Februar 1936). In: *Pis'ma k Anne Teskovoj.* (siehe Anm. 5)
177 M. Zwetajewa: »Die Kunst im Lichte des Gewissens«. In: siehe Anm. 4, Seite 75
178 Ebda., Seite 113
179 Ebda., Seite 114
180 M. Zwetajewa an Anna Tesková (29. Mai 1936). In: *Pis'ma k Anne Teskovoj.* (siehe Anm. 5)
181 M. Zwetajewa an Anna Tesková (29. März 1936). In: *Pis'ma k Anne Teskovoj* (siehe Anm. 5)
182 Mark Slonim (siehe Anm. 3)

183 M. Zwetajewa an Vera Bunina (2. Juni 1935). In: M. Z. *Neizdannye pis'ma*. (siehe Anm. 75)

184 Mark Slonim (siehe Anm. 3)

185 Ebda.

186 M. Zwetajewa am Anna Tesková (24. September 1938 und 24. November 1938). In: *Pis' ma k Anne Teskovoj*. (siehe Anm. 5)

187 M. Zwetajewa: »Klage des Zorns und der Liebe«. In: M. Z.: *Ausgewählte Werke*. (siehe Anm. 2) Band 1, Seite 195 f. (Karl Mickel)

188 M. Zwetajewa: *Izbrannye proizvedenija*. (siehe Anm. 38) (übersetzt von Richard Pietraß)

189 Mark Slonim (siehe Anm. 3)

190 M. Zwetajewa: *Neizdannye pis'ma*. (siehe Anm. 75) Seite 627 f.

191 M. Zwetajewa an Anna Tesková (12. Juni 1939). In: M. Z.: *Ausgewählte Werke*. (siehe Anm. 2) Band 3, Seite 176 (Monika Tantzscher)

192 M. Zwetajewa: *Neizdannye pis'ma*. (siehe Anm. 75) Seite 629

193 Ebda., Seite 630

194 Russian Literary TriQuarterly

195 M. Zwetajewa: *Neizdannye pis'ma*. (siehe Anm. 75) Seite 630

196 M. Zwetajewa an Vera A. Merkurjewa (31. August 1940). In: M. Z.: *Ausgewählte Werke*. (siehe Anm. 2) Band 3, Seite 182 f. (Monika Tantzscher)

197 M. Zwetajewa: »Ein Lied«. In: M. Z.: *Ausgewählte Werke*. (siehe Anm. 2) Band 1, Seite 73 (Uwe Grüning)

198 Aus: Elaine Feinstein: *Three Russian Poets*. Carcanet, 1976

199 M. Zwetajewa: *Neizdannye pis'ma*. (siehe Anm. 75)

200 M. Zwetajewa an Ariadne Efron. In: M. Z.: *Ausgewählte Werke*. (siehe Anm. 2) Band 3, Seite 190 (Monika Tantzscher)

201 M. Zwetajewa an Ariadne Efron (12. April 1941). M. Z.: *Neizdannye pis'ma* (siehe Anm. 75)

202 Ilja Ehrenburg: *Menschen, Jahre, Leben*. (siehe Anm. 81) Seite 307

203 J. Jewtuschenko: »Vorraum verwaist.« Übersetzt von Elisabeth Kottmeier.

Bibliographie der Werke
von Marina Zwetajewa

RUSSISCH:

Izbrannye proizvedenija.
Herausgegeben von Ariadna Efron und Anna Saakjanc.
Moskau / Leningrad 1965.

Nesobrannye proizvedenija.
Herausgegeben und mit einem Nachwort von Günther
Wytrzens.
München 1971.

Neizdannye pis'ma.
Herausgegeben von Gleb und Nikita Struve.
Paris 1972.

Izbrannaya proza v dvuch tomach. 1917 - 1937.
Herausgegeben von Alexander Sumerkin.
Mit einem Nachwort von Josef Brodskij.
Russian publishers, New York 1979.

Neizdannye. Stikhi, teatr, proza.
Paris 1976.

Pis'ma k Anne Teskovoj.
Herausgegeben von V. Morkovin.
Prag 1969.

Stranicy vospominanij.
Herausgegeben von Ariadna Efron.
Paris 1979.

DEUTSCHE ÜBERSETZUNGEN:

Gedichte.
(russ.- deutsch). Aus dem Russischen von Christa Reinig.
Berlin 1968.

Prosa.
Herausgegeben von Ilma Rakusa.
Aus dem Russischen von Ilma Rakusa und Felix Philipp Ingold.
Zürich, Köln 1973.

Marina Zwetajewa.
Auswahl von Fritz Mierau.
Berlin / DDR 1974.

Mein Puschkin. Puschkin und Pugatschow.
Aus dem Russischen von Elke Erb.
Berlin / DDR 1978.

Gedichte 1909 - 1939.
Auswahl, Übersetzung und Einleitung von Maria Razumovsky.
Wien 1979.

Maßlos in einer Welt nach Maß.
Gedichte (russ.-deutsch), herausgegeben und mit einem
Nachwort von Edel Mirowa-Florin.
Berlin / DDR 1980.

Krysolov. Der Rattenfänger.
Herausgegeben, übersetzt und kommentiert von Marie-Luise
Bott. Mit einem Glossar von Günther Wytrzens.
Wien 1982.

Erzählung von Sonečka.
Aus dem Russischen übersetzt und mit einem Nachwort
versehen von Margarete Schubert.
Berlin 1984.

Mein weiblicher Bruder.
Nachwort und aus dem Französischen von Ralph Dutli.
München 1985.

Mutter und die Musik.
Autobiographische Prosa.
Aus dem Russischen und mit einem Nachwort von Ilma
Rakusa.
Frankfurt am Main 1986.

Vogelbeerbaum.
Ausgewählte Gedichte.
Herausgegeben und mit einem Nachwort von Fritz Mierau.
Aus dem Russischen von Elke Erb, Sarah Kirsch, Christa
Reinig, Rainer Kirsch, Karl Mickel, Richard Pietraß.
Berlin 1986.

Auf eigenen Wegen.
Tagebuchprosa.
Aus dem Russischen und mit einem Nachwort von Marie-Luise
Bott.
Frankfurt am Main 1987.

Irdische Zeichen.
Übersetzt von Ruth Malez und Marga Erb. Mit einem
Nachwort von I. Schäfer.
Leipzig 1989.

Gedichte. Prosa.
(russ.-deutsch). Herausgegeben von Fritz Mierau. Aus dem
Russischen von Adolf Endler, Elke Erb, Uwe Grüning, Rainer
Kirsch, Uwe Kolbe, Richard Pietraß u. a.
Leipzig 1987.

Ein gefangener Geist.
Essays.
Aus dem Russischen und mit einem Nachwort versehen von
Rolf-Dietrich Keil.
Frankfurt am Main 1989.

Das Haus am Alten Pimen.
Eine Auswahl.
Übersetzt und herausgegeben von Elke Erb.
Leipzig 1989.

*Rainer Maria Rilke, Marina Zwetajewa, Boris Pasternak,
Briefwechsel.*
Herausgegeben von Jewgenij Pasternak, Jelena Pasternak und
Konstantin M. Asadowskij. Aus dem Russischen von Heddy
Pross-Weerth.
Frankfurt am Main 1983.

Briefe an Bachrach und Ausgewählte Gedichte.
Briefe und Gedichte ausgewählt und übertragen von Irmgard
Wille. Herausgegeben von Siegfried Heinrichs.
Berlin 1989.

Ausgewählte Werke.
Herausgegeben von Edel Mirowa-Florin.
Band 1 Lyrik.
Mit einem Vorwort von Edel Mirowa-Florin und Anna
Saakjanz. Aus dem Russischen von Waldemar Dege, Elke Erb,
Uwe Grüning, Rainer Kirsch, Sarah Kirsch, Uwe Kolbe, Katja
Lebedewa, Karl Mickel, Richard Pietraß, Brigitte Struzyk,
Ilse Tschörtner.
Band 2 Prosa.
Aus dem Russischen von Hilde Angarowa, Elke Erb, Ilse
Tschörtner.

Band 3 Briefe.
Auswahl von Anna Saakjanz. Aus dem Russischen von Monika
Tantzscher und Andreas Weihe.
Berlin/DDR 1989. München Wien 1989.

Dein Lächeln noch unbekannt gestern.
Verse russischer Frauen.
Übertragen und herausgegeben sowie mit einem Nachwort
versehen von Johannes von Guenther.
Heidelberg 1958.

Russische Lyrik.
Gedichte aus drei Jahrhunderten.
Übersetzt von Irmgard Wille, Ludolf Müller, Kay Borowsky,
Karl Mickel u. a. Ausgewählt und eingeleitet von Efim Etkind.
München 1981.

ÜBER MARINA ZWETAJEWA:

Anastassja Zwetajewa: *Vospominanija.*
Moskau 1971.

Deutsch:
Kindheit mit Marina.
Übersetzt von Alexander Kaempfe.
Wiesbaden 1977.

Maria Razumovsky: *Marina Zwetajewa.*
Eine Biographie.
Frankfurt am Main 1989.

Namenregister

Ossip Mandelstam

Das Rauschen der Zeit
Gesammelte »autobiographische« Prosa der 20er Jahre
Herausgegeben und übersetzt von Ralph Dutli
Band 9183

Mitternacht in Moskau
Die Moskauer Hefte
Gedichte 1930 - 1934. Russisch und Deutsch
Herausgegeben und übersetzt von Ralph Dutli
Band 9184

Gedichte
Aus dem Russischen übertragen von Paul Celan
Band 5312

Im Luftgrab
Ein Lesebuch
Herausgegeben von Ralph Dutli
Mit Beiträgen von Paul Celan, Joseph Brodsky,
Pier Paolo Pasolini und Philippe Jaccottet
Band 9187

Nadeschda Mandelstam
Das Jahrhundert der Wölfe
Eine Autobiographie
Aus dem Russischen übersetzt von Elisabeth Mahler
Band 5684

Fischer Taschenbuch Verlag

fi 1804 / 2

Russische Literatur

Boris Pasternak
Doktor Shiwago
Roman. Neu übersetzt von Thomas Reschke
Band 9519

Maxim Gorki
Erzählungen aus dem alten Rußland
Band 9294

Nikolai Gogol
Der Mantel / Die Nase
Zwei Erzählungen
Band 9328

Valentin Rasputin
Die letzte Frist
Roman. Band 5946

Alexander Solschenizyn
Im ersten Kreis
Band 5873

Jurij Tynjanow
Sekondeleutnant Saber
Erzählung
Band 10541

Fischer Taschenbuch Verlag

fi 1068 / 5

Russische Literatur

Wassili Axjonow
*Der rosa Eisberg oder
Auf der Suche nach der Gattung*
Roman. Band 10427

Andrej Bitow
Die Rolle
Roman. Band 9578

Daniil Charms
Zwischenfälle
Mit Zeichnungen des Autors
Herausgegeben von Lola Debüser
Band 11123

Fasil Iskander
Tschik
Geschichten aus dem Kaukasus
Band 9190

Viktor Jerofejew
Die Moskauer Schönheit
Roman. Band 11410

Fischer Taschenbuch Verlag

f i 732 / 6

Fjodor M. Dostojewski
Traum eines lächerlichen Menschen
Eine phantastische Erzählung
Bobok
Aufzeichnungen einer gewissen Person

Band 9304

In bitterer Verzweiflung an der Welt und den Menschen beschließt der sich selbst einen »lächerlichen Menschen« nennt, Selbstmord zu begehen. Doch bevor es dazu kommen könnte, hat er in einem phantastischen Traum die Vision des Goldenen Zeitalters: auf einen fremden Stern versetzt, erlebt er eine Menschheit im paradiesischen Urzustand der Harmonie, des Glücks, der Idylle – eine Welt, in der es keinen Sündenfall gegeben hat. Doch während der Traum Jahrtausende durchfliegt, zieht bei den glücklichen, friedlichen und zufriedenen Menschen die Lüge ein – Mißgunst, Mord, Krieg. Als sich das Leid des Erdenmenschen angesichts dieser katastrophalen Entwicklung, an der er schuld zu sein glaubt, bis zum Unerträglichen steigert, erwacht er aus seinem Traum – und ist verwandelt.

Durchaus nicht ins Kosmische, sondern buchstäblich unter die Erde führt das Traumspiel der zweiten Erzählung, »Bobok«, ebenfalls aus dem Spätwerk Dostojewskis.

Fischer Taschenbuch Verlag

fi 1310 / 2

Alexander S. Puschkin
Die Erzählungen des verstorbenen
Iwan Petrowitsch Belkin

Band 9331

»Was ist das für ein Teufelsspuk, dachte er,
trat eilig ein – und konnte sich nur mit Mühe
auf den Beinen halten. Das Zimmer war voller
Leichen. Der Mond schien durch das Fenster
auf ihre gelben und blauen Gesichter, auf die
eingefallenen Münder, auf die trüben, halb-
geschlossenen Augen und hervorstehenden
Nasen ...«

Fischer Taschenbuch Verlag

fi 1084 / 1

Karl Otto Conrady
Goethe
Leben und Werk
2 Bände:
Bd. 5670 / Bd. 5671

Peter Lahnstein
Schillers Leben
Band 5621

Wolfgang Leppmann
Gerhart Hauptmann
Leben, Werk
und Zeit
Band 5683

Albrecht Goes
Mit Mörike
und Mozart
Band 10835

Peter Stephan Jungk
Franz Werfel
Eine Lebensgeschichte
Band 10181

Erika Mann
Das letzte Jahr
Bericht über
meinen Vater
Band 11581

Friderike Maria Zweig
Spiegelungen
des Lebens
Band 5639

Leonard Woolf
Mein Leben
mit Virginia
Erinnerungen
Band 5686

Edith Sitwell
Mein exzentrisches
Leben
Autobiographie
Band 10782

Anne Stevenson
Sylvia Plath
Eine Biographie
Band 10780

Kyra Stromberg
Djuna Barnes
Leben und Werk
einer Extravaganten
Band 10992

Elaine Feinstein
Marina Swetajewa
Eine Biographie
Band 11284

Frederick Brown
Jean Cocteau
Eine Biographie
Band 5640

Arthur Miller
Zeitkurven
Ein Leben
Band 5685

Fischer Taschenbuch Verlag

fi 600 / 13